Detlef Kleinert

DAS MERKEL-DESASTER

Für Waltraud

Detlef Kleinert

DAS
MERKEL-DESASTER

Deutsch-europäische Irrwege

DRUFFEL & VOWINCKEL-VERLAG
GILCHING

Internationale Standard-Buchnummer
978-3-8061-1261-0

1. Auflage 2017

© by Druffel&Vowinckel-Verlag
Talhofstraße 32
82205 Gilching

Satz-und Gestaltung: Verlagsdienstleistung Michael Croon, Rendsburg
Schutzumschlag: druckfahne-medien.de
Gedruckt in der Europäischen Union

Inhaltsverzeichnis

Deutsch-europäische Irrwege

Die Gegensätze könnten größer nicht sein: Da wirbt die (selbst-ernannte) Polit-Elite um das Vertrauen der Bürger, die aber haben erkannt, dass sie mehr und mehr Opfer von Täuschung und Verlo-genheit sind; da versprechen Politiker (besonders vor Wahlen), sich nur um die Sorgen des »kleinen Mannes« zu kümmern, der aber muss immer öfter feststellen, dass wesentliche Entscheidungen von sachfremden Interessen gesteuert oder gar von handfesten Egois-men bestimmt sind; da wird geschworen, den Nutzen des deut-schen Volkes zu mehren und Schaden von ihm zu wenden, aber in der Realität wird der Schaden vergrößert und der Nutzen verpul-vert. Die Kluft zwischen der sich selbst mit Privilegien ausgestatte-ten politischen Klasse und dem hochnäsig als »einfachem Mann« geschmähten Bürger ist bedrückend: Selbsttäuschung, Realitätsver-lust, Selbstüberschätzung, Arroganz und Intoleranz kennzeichnen das politische Berlin. Aktuelles Beispiel die Asylkrise, die inzwi-schen von mehr als 60 Prozent der Deutschen als Desaster angese-hen wird, was aber die Regierenden nur insofern stört, dass sie um den Verlust ihrer Pöstchen, ihrer Dienstwagen, ihres Personen-schutzes fürchten. Wehe dem Bürger, der ein kritisches Wort wagt! Dass da eine Partei aufgetaucht ist, die AfD, die sich der Verantwor-tung stellen will, die deutsche Interessen im Mittelpunkt ihres Pro-gramms hat, die den Rechtsstaat wieder ins Zentrum politischen Handelns rücken will – das alles verstört das Polit-Establishment zutiefst. Und deshalb ist eine gefährliche Rutschbahn zu beobach-ten, auf der immer öfter Menschen von der Politikverdrossenheit über die Politikerverdrossenheit hin zu einer Demokratieverdros-senheit gleiten.

Bleiben wir deshalb zunächst beim Thema Asyl. Im Kalender-jahr 2014 haben Polizeibehörden (freilich vertraulich, so etwas soll eigentlich nicht in die Öffentlichkeit geraten) ermittelt, dass rund 5000 kampferprobte Jihadisten in Deutschland unterwegs sind.

Der Mörder vom Berliner Weihnachtsmarkt war einer davon, ein sogenannter »Gefährder«, den der Staatsschutz zwar observiert, aber – obwohl er abgeschoben werden sollte – nicht weiter unter Kontrolle hatte (siehe Seite 145).

Die Politik hatte ängstlich vermieden, Zwangsmittel einzusetzen, wie auch bei jenen Kriminellen, die als »Schutzsuchende« zwischen Januar und Dezember 2015 insgesamt 208.344 Straftaten verübt haben, also jeden Tag 570 – das heißt, 23 pro Stunde. August Hennig, ehemals Chef des BND gab im Interview an: »Wir haben 200.000 bis 300.000 nicht registrierte Personen in der BRD; zumeist junge Männer zwischen 20-25 Jahren, keiner weiß, wer sie sind, keiner weiß, wo sie sind!«

»Das eben ist der Fluch der bösen Tat, dass sie fortzeugend immer Böses muss gebären«, heißt es bei Schiller. Der verantwortungslose, törichte Satz von Kanzlerin Angela Merkel – »Wir schaffen das!« – hat inzwischen in der Tat fortzeugend Böses geboren, und es sieht so aus, als ob damit noch längst nicht Schluss ist.

Die frühere FDJ-Agitatorin, von der es heißt, sie sei unter dem alias-Namen IM Erika für die Stasi tätig gewesen, hat nicht nur Deutschland, sondern ganz Europa in eine fatale Lage gebracht, als sie meinte, sich als Heilige aufspielen zu müssen für die Mühseligen und Beladenen aus aller Welt. Die Deutschen waren (und sind) ihr dabei wurscht.

Aber immer mehr Menschen sehen die Ungerechtigkeit als Skandal an, dass in Deutschland mit großer Selbstverständlichkeit über Altersarmut gesprochen, Kinderarmut konstatiert wird, dass rund 40 Prozent der arbeitenden Bevölkerung von ihrem Einkommen nicht leben kann (das heißt, ein Leben unter Sozialniveau), dass aber für die »Schutzsuchenden« die Kassen geplündert werden, dass für die »Flüchtlingshilfe« offenbar unbeschränkt Geld zur Verfügung steht (man spricht über einen Betrag zwischen 20 und 50 Milliarden Euro jährlich), was auch daran zu erkennen ist, dass viele der »Flüchtlinge« in teuren Markenklamotten herumlaufen und das teure Smart-Phon am Ohr wohl zur Grundausstattung gehört.

Wer sich über solche Gegensätze wundert, wer es gar wagt, Kritik zu üben, der wird in diesem »freiesten Staat der deutschen Geschichte« der Hetze geziehen und gesellschaftlich isoliert. Um es klar zu sagen: Wir leben in einer DDR-light (wer erinnert sich nicht an das »Verbrechen« der »staatsfeindlichen Hetze«?), in der der Bürger den Politikern mit Ehrerbietung zu begegnen hat – die Kanzlerin hat ja da ihre ganz eigenen Erfahrungen. Und die Medien, früher, während der Regierung Kohl, mehr als kritisch, versuchen sich heute, in der Verehrung der Kanzlerin und ihrer Vasallen zu übertreffen. Politisch korrekt wird jeder verdammt und nach einem medialen Schauprozess gesteinigt, der dem Mainstream zu widersprechen wagt: Hetze, Populismus, Rassismus usw. Die Vokabeln, Redewendungen und Vorwürfe sind inzwischen standardisiert. Steht da etwa im Grundgesetz etwas von Meinungsfreiheit?

Die existiert nur, wenn man linke Thesen verbreitet, wenn linke Chaoten mit dem Ruf »Deutschland verrecke« und »Nie wieder Deutschland« durch die Straßen ziehen, wenn die Bundestagsvizepräsidentin dem Skandieren »Deutschland, du mieses Stück Scheiße« ihren offiziellen Glanz verleiht. Auch das ist das moderne Deutschland: Die Gosse bestimmt, was demokratisch ist, wer sich zu einer Demonstration treffen kann, welche Partei ungehindert den Bürger informieren darf. Und das alles mit dem Segen derer, die das Hirn durch eine Tränendrüse ersetzt haben.

Deren Wutgeheul ist freilich mehr als verständlich: Parteien, die zur Nation stehen, sind ihnen ein Graus, denn die Nation, insonderheit die Kulturnation, ist die Basis einer funktionierenden Ordnung, bedeutet Freiheit und Individualität des Bürgers, heißt Heimatgefühl und damit Identität des einzelnen. Und auch wenn die nützlichen Idioten in der Gosse es nicht merken (merken können), sie sind Handlanger für ein viel größeres, umfassenderes Unternehmen, das die Freiheit des einzelnen zu vernichten droht: die Globalisierung (siehe Seite 68). Weltweit versuchen Polit-Akteure und Finanzhaie, mit Hilfe der Massenimmigration einen neuen Menschen zu kreieren, der – so wortwörtlich in einer amerikanischen

Studie – »zu dumm ist, zu begreifen, aber intelligent genug ist, um zu arbeiten«. Dass man sich zur Nation bekennt, dass man gar vom Vaterland (eines der Tabu-Wörter, die bei facebook demnächst wohl gelöscht werden) sprechen kann, ist dem unter einer weltanschaulichen Käseglocke agierenden Mainstream in Politik und Medien heute kaum noch zu vermitteln. Mit sklavischer Ergebenheit hält man sich an den Zeitgeist. Doch es stimmt auch, was Kierkegaard meinte: »Wer sich mit dem Zeitgeist vermählt, wird bald Witwer sein.«

Das Fatale, Tragische an dieser Situation ist, dass die Menschen diese Politik zwar verabscheuen, dass im Freundeskreis der Satz »Merkel muss weg« zu jeder politischen Diskussion dazugehört (so lange man im vertrauten Kreis ist), dass geradezu verzweifelt nach einer Alternative zu der Alternativlosen gesucht wird, dass aber niemand weiß, wie es weiter gehen soll. Frau Merkel hat alle potentielle Konkurrenz weggebissen, und die SPD tritt mit einem Heißluftballon an, der schon am ersten Tag einer Kanzlerschaft mit lauten Knall platzen dürfte – seine Tätigkeit in Brüssel war nach allgemeiner Einschätzung nicht mehr als heiße Luft. Das heißt: Jeder weiß, dass es so nicht weitergehen kann, aber keiner hat eine Alternative. Deutschland gleitet auf einer schrägen Rutsche abwärts, eine Bremse aber scheint nicht vorhanden. Die Deutschen sind zu einem Volk in der Resignation geworden. Alexander Meschnig sieht in dem blog »achgut« eine trostlose Entwicklung: »Im Prinzip läuft die Entwicklung auf eine Auflösung des National- und damit auch des Sozialstaates in Deutschland hinaus. Ersterer ist in den Augen der politischen und medialen Eliten sowieso nur noch ein Relikt dunkler Zeiten und durch die europäische Idee zu ersetzen. Die unkontrollierte Masseneinwanderung und die offensichtlich von höchster Stelle gewollte Transformation – »Das Volk ist jeder, der hier im Land lebt« – werden in absehbarer Zeit die Grundlagen des Sozialstaates zerstören, der auf fragilen Voraussetzungen beruht: Solidarität, Gegenseitigkeit, Vertrauen, ein funktionierender Rechtsstaat, die Aufgabe tribalistischer Strukturen und eine weitgehend kulturelle Homogenität seiner Bürger. Erschreckend an den vergangenen zwei Jahren ist insbesondere die Geschwindigkeit, mit der sich die Veränderungen unserer gewohnten Welt vollziehen. Die menschliche Psyche hat aus Überlebensgründen die Fähigkeit, sich an veränderte Bedingungen anzupassen. Durch Gewöhnung verschieben sich die Maßstäbe dessen, was noch vor kurzem als »normal« galt, mehr und mehr. Was früher als ein Einbruch in unser Leben oder Skandal galt, wird heute als unveränderbare Realität wahrgenommen, akzeptiert und/oder resignativ hingenommen… Die Liste der bis vor kurzem noch für ganz unwahrscheinlich gehaltenen Tatsachen lässt sich endlos fortführen. Der Gewöhnungseffekt hat dabei längst eingesetzt, nur noch spektakuläre Ereignisse lassen uns aufhorchen. Die Abstumpfung hat uns alle erfasst und das ist ein wirklich schlechtes Zeichen.«

Erinnern wir uns noch: Das ganze Schwindelsystem haben sie uns zunächst als Beglückung verkauft. Diejenigen, die heute den Staat in den Abgrund steuern, haben 1968 als Revoluzzer mit Heilsversprechungen ein Teil des Volkes, insbesondere die Intelligenzija, hinter sich geschart. Deutschland verrecke, das klang damals nicht anders als heute. Aber damit haben sich die Deutschen in Europa isoliert, alle, wirklich alle anderen Völker haben ihren Nationalstolz, demonstrieren Selbstbewusstsein, verteidigen ihre eigenen Interessen. Solches zu tun ist Deutschen im Jahre 2017 aber nicht mehr gestattet. Im Multi-Kulti-Staat, der von Feigheit geprägt ist, wird der Hinweis auf eigene Interessen von den Blockwarten der politischen Korrektheit grundsätzlich als nationalistisch/faschistisch eingestuft. Beispiel Landsmannschaft Schlesien: Da erlaubte sich doch einer, an die Vertreibung nach 1945 zu erinnern und von Polen und Tschechen eine Entschuldigung zu verlangen. Die rot-grüne Landesregierung von Niedersachsen (das seit 1950 Schirmherr der Schlesier ist) drohte sofort, es werde keine finanzielle Förderung der Landsmannschaft mehr geben, sollte der Verband bei solch »rückwärtsgewandten und revanchistischen Äußerungen« bleiben. Wehe, sollte einer das Wort »Vertreibung« –

was es ja in der Tat war, entgegen allen Völker- und Menschenrechten – heute noch aussprechen. Nationalbewusstsein wird allen anderen Völkern dieser Erde zugestanden – nur nicht den Deutschen. Es müssen immer wieder Ausländer sein, die die Deutschen darauf hinweisen, dass man nur aufrecht stehend anderen ins Auge blicken kann. Salvador de Madariaga, ein exzellenter Kenner der Völker Europas, der als Spanier kaum eines deutschen Nationalismus verdächtigt werden kann, schrieb nach dem Zweiten Weltkrieg: »Deutschland bildet das Herzstück Europas, ist im Mittelpunkt seines Körpers, am Gipfel seines Geistes, in den innersten Räumen seines bewussten und unbewussten Wesens: die Quelle seiner erhabensten Musik, Philosophie, Naturwissenschaft, Geschichte, Technik – sie alle sind undenkbar ohne Deutschland. Wenn Deutschland fällt, so fällt Europa. Wenn Deutschland verrückt wird, so wird auch Europa verrückt. Die moralische Gesundheit des deutschen Volkes ist eine der Hauptbedingungen für die moralische Gesundheit Europas, ja für seine Existenz selbst.«

An all das ist zu erinnern, wenn über die Nation diskutiert wird und im Deutschland des 21. Jahrhunderts Politiker, Medien und gesellschaftliche Gruppen beim Wort Nation aufjaulen, »rechtes« Gedankengut feststellen und die Zukunft Europas beschwören. Reaktionäre eben! Dabei sollte unstrittig sein: Menschen werden geprägt durch die Region, in der sie aufwachsen, die ihnen Wärme und Selbstvertrauen gibt, ihre Heimat eben. Ach ja, Heimat, schon wieder so ein unzeitgemäßer Begriff. Die Ideologen, die mit menschlichen Gefühlen nichts anzufangen wissen, die kalten Technokraten, die Empathie aus ihrem politischen Vokabular gestrichen haben, die menschliches Gespür für den Nächsten nur als Feindschaft mit anderen Menschen definieren, sie werden nicht verstehen, dass die Identifikation des Menschen sich in der unmittelbaren Umgebung entwickelt, dass es Verwandte und Freunde braucht, um eine stabile Persönlichkeit heranreifen zu lassen. Genau dies aber bedeutet Heimat. Sogar Egon Bahr, dem niemand einen »rechten« Gedanken unterstellen kann, meint zu diesem Thema: »Ich jedenfalls habe immer die These von Willy Brandt vertreten, dass auch im Zeitalter der Großraumkonstellationen die Nation der einzige Raum bleibt, in dem man sich zu Hause fühlen kann und selbstverständlich lebt. Ein Blick nach England, in die skandinavischen Länder oder auch nach Amerika zeigt, dass Demokratie und Nation kein Widerspruch sind. Und kein Volk kann auf Dauer leben, ohne sein inneres Gleichgewicht zu verlieren, wenn es nicht ja sagen kann zum Vaterland.«

Nation, Nationalstaat, Nationalist – Worte, nein, Vorwürfe, die in der politischen Diskussion der Lynchjustiz gleichkommen. Nationalismus gilt als das zentrale Tabu-Wort unserer Tage. Wer andere diffamieren will, in einer Talk-show zu punkten gedenkt, sich in den Medien als besonders schlau produziert, wirft dem anderen den Begriff »Nationalismus« vor die Füße. Es ist ja auch so einfach: Nationalismus gleich Faschismus gleich Nationalsozialismus gleich Rassismus – trefflich lässt es sich aus dem Eimer voll Unrat schöpfen, er ist schließlich – nach vielen Jahren medialer Gehirnwäsche – randvoll. Und die »glücklichen Sklaven« (Marie von Ebner-Eschenbach: Die glücklichen Sklaven sind die erbittertsten Feinde der Freiheit), die vor dem Fernseher (politisch) schlafenden Bürger, möchten mit Fragen nach der Nation nicht belästigt werden, ihre medialen Einpeitscher könnten darauf ja ziemlich unwirsch reagieren.

Was überall in der Welt gilt, sollte auch für die Deutschen selbstverständlich sein: Die Heimat von Menschen gleicher Herkunft (was nicht nur ihre Vorfahren betrifft), gleicher Sprache und Tradition, gleicher erlebter Geschichte ist das Vaterland, die Nation. Der Schriftsteller Ulrich Schacht hat dies so beschrieben: »Menschen ohne Heimat und Nation sind Irrläufer der Geschichte. Heimat ist ein lokaler und regionaler Prägegrund, unhintergehbar, radikal im Sinne des Wortes. Nation bündelt Regionen, produziert und symbolisiert in einem das allen Gemeinsame. Funktionierende Staatsnationen sind der beste Garant für qualifizierte Ordnungen, in denen der Mensch sich zurechtfindet, wo er ankommen und ausruhen, von wo aus er aufbrechen und ausgehen kann.« Theresa May, die englische Premierministerin, hat das ähnlich, aber kürzer formuliert: »Wenn du meinst, du seiest ein Weltbürger, bist du in Wirklichkeit ein Bürger von nirgendwo.«

Nein, keine Verschwörungstheorie! Aber es scheint mir wahrscheinlich, dass eben hier der Grund zu finden ist für den fanatischen Kampf der zeitgeistigen Einpeitscher gegen Begriffe wie Nation und Heimat. Emotionale Erfahrungen und individuelle Entwicklungen sollen unterdrückt werden zugunsten einer Masse, die leichter zu führen, zu leiten, zu manipulieren ist. Der Mensch als Herdentier, das dann im Zweifelsfall auch problemlos zur Schlachtbank geführt werden kann. Die Kriecherei wurde zur deutschen Staatsräson, der Abschied von der eigenen Nation gehört zur politischen Grundausstattung der Volksvertreter. Der ehemalige Staatspräsident Estlands, Lennart Meri, hat in Berlin zum fünften Jahrestag der Wiedervereinigung der »Canossa-Republik Deutschland« ein paar unvergessliche Sätze ins Stammbuch geschrieben: »Als Este frage ich mich: Warum zeigen die Deutschen so wenig Respekt vor sich selbst? Man kann einem Volk nicht trauen, das rund um die Uhr eine intellektuelle Selbstverachtung betreibt.« So weit Meri im Jahre 1995 – heute würden solche Worte als »rechtsradikal« eingestuft und mit einem Tabu belegt werden. Denn wer die Entwicklung der vergangenen Jahre betrachtet, muss mit Entsetzen feststellen: Die Hysterie gegenüber allem, was die etablierte Linke (also CDU, SPD, FDP, Grüne und Linke sowie die Mainstream-Medien) als »rechts« bezeichnet, ist heute penetranter, fanatischer als je zuvor, wird übernommen von Kreisen, die sich vor zehn, zwanzig Jahren noch offen als konservativ eingeordnet haben und die nun wie Schaum auf dieser schmutzigen Brühe schwimmen.

Völkerwanderung

In Deutschland hat inzwischen auch der letzte Ignorant begriffen: Die seit zwei Jahren anhaltende Asylantenflut ist zu einer tödlichen Gefahr für das Gemeinwesen geworden. Aber dies gilt nicht nur für Deutschland, es gilt für ganz Europa – wiewohl nicht alle anderen Länder den fatalen Weg der Deutschen mitgegangen sind. Aber auch sie leiden unter dem törichten Wort der deutschen Kanzlerin »Wir schaffen das!«, ein Signal, das in Afrika und im Nahen Osten begierig aufgenommen worden ist und das hierzulande zu einer Willkommenskultur (so sagen die einen), zu einer Willkommenshysterie (so sollte man es realistisch formulieren) geführt hat. Nennen wir es Flüchtlingsproblematik, nennen wir es Asylkrise, nennen wir es Migranten-Ansturm (in der Sprache unserer Medien heißt es Hilfe für Schutzsuchende), es ist in Wirklichkeit eine Völkerwanderung.

Und wer einigermaßen ehrlich ist, muss hinzufügen, es ist zuvörderst ein Zustrom von Menschen aus einer demokratiefeindlichen Religionskultur, von Menschen mit grundsätzlich anderen Wert-, Moral- und Rechtsvorstellungen. Die Grünen sind gar der Meinung, die Migranten aus dem kulturellen Mittelalter sollten Europa erneuern.

Wer anderer Meinung ist, wird als Rassist diffamiert. Faktum ist: Die größten Exporteure von Migranten sind afrikanische Despoten und Diktatoren mit ihren korrupten Machtstrukturen. Für den Normalbürger heißt das: Hier stehen sich zwei Geisteshaltungen im Widerstreit gegenüber: Christenpflicht und Selbstbehauptung. Der einzelne mag durchaus der Christenpflicht den Vorrang einräumen, für den Staat aber gilt nicht die Haltung des einzelnen, sondern die Existenz des großen Ganzen: Und das heißt Privatmoral und Staatsraison gehören getrennt.

Einer der Gründe für das Ansteigen der AfD – aber keineswegs der einzige – ist der Versuch der Regierung, den Zulauf von Ausländern ständig zu erleichtern und damit das Sozialsystem in die Pleite zu treiben. Die Sozialromantiker sind bei diesem Thema sofort in ihrem Element: Ausländerfeindlichkeit, Fremdenfeindlichkeit, die sich als Intellektuelle aufspielenden greifen vorzugsweise zum Fremdwort: Xenophobie. Alles Unsinn! Man hat kein Problem damit, Menschen aus der europäischen Kulturfamilie zu integrieren, ob es Spanier, Italiener oder Griechen sind, aber es gibt leider viel zu oft größte Probleme damit, Menschen aus anderen Kulturfamilien aufzunehmen, insbesondere aus der islamischen, also Türken oder Araber, die sich in vielen Fällen einer Integration bewusst entziehen. Wenn die Medien in ihrer meist so oberflächlichen Art von »Ausländern« sprechen oder schreiben, so ist dies zumindest falsch, meist sogar demagogisch.

1993 hat der amerikanische Politologe Samuel Huntington seine Betrachtung vom »Clash of Civilizations« veröffentlicht, im deutschen erschienen als »Kampf der Kulturen«. Seine Hauptthese: Eine identitätsstiftende Polarisierung der Ideologien wie in der Zeit des Kalten Krieges gibt es nicht mehr. Menschen suchen Identität wieder in ihrer Kultur. Infolgedessen findet tendenziell ein Rückbezug auf Herkunft, Religion, Sprache, Sitten und Gebräuche, Werte und traditionelle Institutionen statt. Huntington hatte insbesondere die Gegensätze der westlichen Zivilisation mit dem chinesischen und – was für die Europäer besonders wichtig ist – dem islamischen Kulturkreis im Auge.

Es konnte nicht überraschen, dass sich fortschrittlich dünkende Menschen diese Thesen aufgriffen, sie als Angriff auf die Multi-Kulti-Ideologie ansahen und diese zu verteidigen suchten. Dabei muss jedem logisch Denkenden klar sein: Der Versuch, dem Bürger eine Multi-Kulti-Kultur aufzuzwingen, ist eine Beleidigung des menschlichen Geistes. Die Herolde der Multi-Kulti-Ideologie wollen ja auch nicht wahrhaben, dass nahezu alle Terrorakte unserer Zeit auf die Aggression von Islamisten zurück gehen. Was all das für die Kultur des Abendlandes bedeutet, hat dankenswerter Weise der türkische Staatspräsident Erdogan erläutert: Er hält die Türkei für eine »Weltmacht«, er meint, dass die Türkei »das Land ist, das in der Welt die Tagesordnung bestimmt« und folgert daraus: »Wir werden die europäische Kultur mit der türkischen impfen, um diese Länder zu türkisieren. Die Türken werden die europäische Kultur wesentlich verändern.« Es ist erfahrungsgemäß immer gefährlich, Diktatoren nicht erst zu nehmen; der Drohung Erdogans kann gar nicht genug Bedeutung beigemessen werden.

In der Öffentlichkeit gibt es bei diesem Thema eine ungeheure Begriffsverwirrung, da werden Begriffe – wohl nicht ohne Absicht – immer wieder verwechselt. Wobei, was den Begriff Flüchtling angeht, gleich hinzugefügt werden muss: In aller Regel handelt es sich ja bei denen, die da zu uns kommen, nicht um Flüchtlinge im eigentlichen Wortsinne – ich darf das aus eigener Erfahrung sagen, denn ich bin selbst Flüchtling. Wir haben es in Wirklichkeit zumeist mit Wirtschaftsprofiteuren zu tun, die sich hierzulande ein Leben erträumen, das sie in ihrer Heimat niemals haben würden. Nur eine Minderheit flüchtet wirklich vor Krieg und Gewalt, und ich möchte keinen Zweifel daran lassen, dass ich durchaus dafür bin, diesen Menschen zu helfen, damit sie eines Tages wieder zurück in ihre Heimat gehen können. Aber wir müssen natürlich auch sehen, dass mit dem Strom der Migranten auch Elemente kommen, die uns Sorgen bereiten.

Kein Zweifel, bei der überwiegenden Mehrheit der Migranten handelt es sich um Profiteure, trotzdem sprechen unsere Medien fast ausschließlich von Flüchtlingen oder Schutzsuchenden. Politiker und Wirtschaftsbosse preisen das hohe Niveau dieser Menschen (ich hoffe, da ist auch einmal ein Ingenieur dabei, der den Berliner Flughafen fertigstellen kann). Beispielhaft für das Wolkenkuckucksheim der Bourgeoisie ein Beitrag in der »Zeit«, in dem es hieß: »Einwanderer haben ihre Gesellschaften immer bereichert und Innovation, Dynamik und wirtschaftlichen Erfolg gebracht.« Begründet wurde das besonders von Wirtschaftsbossen, die davon träumten, durch Zuwanderer billige Arbeiter zu bekommen, und weil dies zu sagen nicht opportun ist, schwadronieren sie dann, die

Flüchtlinge würden einen Fachkräftemangel beheben und die Demografie-Probleme des Landes ausgleichen zu können – in Wirklichkeit handelte es sich wohl nicht um die Hoffnung auf ein neues Wirtschaftswunder, das vordergründige Gerede war wohl eher eine Vereinigung von Moralismus und Habgier.

Der ehemalige Herausgeber der »Zeit«, Helmut Schmidt, hat die Willkommenskultur der Gutmenschen seit Jahren bekämpft, er hat unter anderem gemeint: »Dass man unsere Gesellschaften auffüllen muss mit Leuten aus Zentralasien, aus dem Mittleren Osten oder aus Schwarzafrika, das ist eine der Schnapsideen, auf die Intellektuelle kommen, wenn sie nicht genug nachdenken.« Dies gilt in besonderem Maße für das Ringen um den Multi-Kulti-Staat, der nicht bunt ist, wie die Grünen meinen, sondern nur burkaschwarz, und von dem auch die Bundeskanzlerin einst meinte, dass er nur scheitern kann – wobei man sich dann schon fragt, warum sie mit der Multi-Kulti-Partei, den Grünen, ein so enges Verhältnis pflegt. Richtig ist: Das alles führt zu wirtschafts- und sicherheitspolitischen sowie zu menschlichen Problemen mit der Gefahr der staatlichen Destabilisierung. »Das von Kennern wie Daimler-Chef Dieter Zetsche und Ex-McKinsey-Chef Jürgen Kluge ausgerufene zweite Wirtschaftswunder ist ausgeblieben. Statt dessen gab es die Todesfahrt vom Breitscheidplatz sowie Vergewaltigungen und Morde durch Flüchtlinge im hochgradig überproportionalen Maße. Die Städte Berlin, Köln, Ansbach, Würzburg und Freiburg stehen als Chiffren für diese neue Lage im Lande. Und auch Europa befindet sich unter dem Druck des Merkel-Solos in einer ‚existenziellen Krise‘«, so die Zeitschrift »cicero«.

Wer die Bevölkerungsbewegung dieser Tage einigermaßen ehrlich betrachtet, kommt notwendigerweise zu der Erkenntnis: Wir stehen vor einer Völkerwanderung. So etwas hat es in der Geschichte Europas schon öfter gegeben, nicht eben zum Vorteil der Eroberten. Auf das heutige Europa bezogen, heißt das: Es wird nur Verlierer geben. Sowohl die Migranten verlieren ihre Identität als auch die Europäer, die ihre in Jahrtausenden entwickelte Kultur einbüßen werden, eine Kultur, geprägt vom Christentum. Ich will keine Diskussion über Religionen beginnen, nur eines muss unzweideutig klar sein: Der Islam ist eben nicht nur eine Religion, sondern auch und vor allem ein politisches System, das den Staat in all seinen Teilbereichen beherrscht, man nehme nur als Beispiel das Justizwesen, die Scharia.

Dort, wo der Staat sich zum Islam bekennt, gibt es keine Trennung von Staat und Religion, was in unserer Gesellschaft eine Selbstverständlichkeit ist. Nachdem die Asylantenflut aber in der Tagespolitik größere Kontroversen ausgelöst und der AfD einen ziemlich unerwarteten Zugewinn gebracht hatte, geriet die Regierung in Panik. Und der Innenminister, die wandelnde Mumie, hatte keine Hemmungen, fröhlich drauflos zu schwadronieren: »Die Maßnahmen der Bundesregierung entfalten ihre Wirkung. Es ist gelungen, das Migrationsgeschehen zu ordnen, zu steuern und die Zahl der Menschen, die zu uns kommen, zu begrenzen.« Nach 890.000 Asylsuchenden 2015 habe die Zahl 2016 bei 280.000 gelegen.

Fakenews nennt man das. Das Bundesamt für Migration und Flüchtlinge nennt für 2016 die Zahl 745.545 – wohlgemerkt, eine Bundesbehörde, die dem Innenminister untersteht. Kommentar überflüssig! Aber was soll dieser profillose Lakai der Flüchtlingskanzlerin auch anderes sagen!?

Die Kollegin Cora Stephan hat auf ein zusätzliches Problem hingewiesen. Unter dem Stichwort »Deutscher Selbsthass« hat sie gemeint: »Eine Mehrheit der Zugewanderten besteht aus jungen Männern, die weder durch Familie noch durch Arbeit ‚befriedet‘ und gebunden sind und deren Religion oder Nationalgefühl nicht zu einem säkularen und wenig national gestimmten Deutschland passt. Mit ihrer Frustration ist zu rechnen, wenn die Versprechen, die sie aus der deutschen Willkommensseligkeit herausgelesen haben, nicht eingelöst werden.« Zu solch klugen Analysen ist die Bundesregierung natürlich nicht fähig, sie ergeht sich in billiger Polemik, wenn es um »Flüchtlinge« geht. Einen Spitzenplatz hat sich dabei der Bundesfinanzminister erworben: Schäuble habe, so war zu lesen, Europa angesichts immer größerer Hürden für Migranten eindringlich vor einer Einigelung gewarnt: »Die Abschottung ist doch das, was uns kaputt machen würde, was uns in Inzucht degenerieren ließe«, sagte er der Wochenzeitung »*Die Zeit*«. Nichts gegen Polemik, aber das ist lupenreiner Rassismus – man stelle sich vor, ein AfD-Mann hätte das gesagt. Doch der Mainstream schwieg, ich will hoffen, er war wenigstens betroffen.

Die Konsequenz der Asylflut hat das Bundes-Kriminalamt kürzlich mitgeteilt: »Angesichts der anhaltenden Zuwanderungsbewegung nach Deutschland müssen wir davon ausgehen, dass sich unter den Flüchtlingen auch aktive und ehemalige Mitglieder, Unterstützer und Sympathisanten terroristischer Organisationen oder islamistisch motivierte Kriegsverbrecher befinden können«. Was dann dazu führt, dass pervertierte Willkommens-Enthusiasten jede Straftat von »Flüchtlingen« entschuldigen und sogar Morde in die Kategorie Verkehrsunfall einordnen wollen.

Ein anderer Begriff, der in diesem Zusammenhang regelmäßig missbraucht wird, ist das Wort Einwanderung. Wir sollten bei diesem Begriff einmal auf die klassischen Einwanderungsländer schauen, auf die USA, auf Kanada, auf Australien. Dort hat man erkannt, dass Einwanderung nur dann akzeptiert werden kann, wenn es dem Lande, der Gesellschaft nützt. Der ehemalige bayerische Innenminister Beckstein hat dies auf die einfache Formel gebracht: Kommen darf, wer uns nützt und nicht, wer uns nur ausnützt. Tatsache ist, dass die überwiegende Mehrheit unserer »Bereicherer« in die Sozialkassen einwandert, nach einer Studie des Instituts für Arbeitsmarkt- und Berufsforschung sind 87 Prozent aller erwerbsfähigen Flüchtlinge mit Bleibeperspektive ohne Berufsaussichten. Etwa vier Prozent der Migranten erfüllen die Voraussetzung, sich in unser Berufsleben einzufügen. Seriösen Schätzungen zufolge kosten uns die sogenannten Schutzsuchenden zwischen 25 und 50 Milliarden Euro im Jahr – und das in einer Zeit, in der zum Beispiel Kindergärtnerinnen streiken müssen für ein paar Euro mehr im

Monat. Und in einer Zeit, in der rund zwei Millionen Familien von der Grundsicherung leben, das heißt, dass jedes siebente Kind in diesem angeblich so reichen Lande in Armut lebt.

Thilo Sarrazin hat in seinem Buch »Deutschland schafft sich ab« auch auf die gesellschaftspolitischen Konsequenzen der Einwanderung hingewiesen: Frau Merkel startete mit ihrer Grenzöffnung vom September 2015 »das größte Sozialexperiment Europas seit der Russischen Revolution und stellte damit die Existenzvoraussetzung eines jeden Staates – nämlich die Herrschaft über sein Gebiet – grundsätzlich in Frage.« Und er weist in diesem Zusammenhang auf das Leben in einer Gemeinschaft hin: »Sozialkapital gründet auf Vertrauen und Gemeinschaftsgefühl. Letzteres hängt davon ab, wie weit der Mensch die Gesellschaft, in der er lebt, als ‚seine' empfindet. Je fremder sie ihm wird, desto geringer sein Gemeinschaftsgefühl.« Das bedeutet, auch wenn es Politiker und Journalisten nicht wahrhaben wollen: »Das Sozialkapital einer Gesellschaft ist umso niedriger, je heterogener und ethnisch diverser sie ist. Das heißt, Gesellschaften mit hoher Einwanderung haben weniger Sozialkapital.« Mit anderen Worten: solche Gesellschaften sind anfällig für Konflikte, im Ergebnis sogar für Bürgerkriege. Was ohne Zweifel bedeutet: »Die Rückgewinnung der Kontrolle über unsere Grenzen, seien es die Deutschlands oder die des Schengen-Raums wird zur Existenzfrage unserer Kultur und des Überlebens unserer Gesellschaft.«

Solche Fragen zu stellen war in der Zeit, als die sogenannten Flüchtlinge in Deutschland ankamen und an den Bahnhöfen mit Applaus und Wurstsemmeln begrüßt wurden, ein Sakrileg. Die Kanzlerin hatte, unterstützt von den Herolden und Lautsprechern in den Medien, dem Volk die Aufgabe als Helfer zugewiesen, die für Bürger und Migranten gleichermaßen fatal war. Der Chefredakteur der »Zeit«, di Lorenzo, hat mit entlarvender Offenheit zugegeben (freilich mehr als ein Jahr später), dass der deutsche Journalismus »beseelt« war von der »historischen Aufgabe« und dass »damit einher ging die Missachtung der Ängste in der Bevölkerung«. Die

Speichellecker in den Medien plapperten kritiklos nach, was die Regierenden zur Verschleierung ihrer Missgriffe schönzureden versuchten. Folge ist die beispiellose Vergiftung der Gesellschaft und ein Vertrauensverlust gegenüber der Politik insgesamt. Und die von ARD und ZDF aufgepeitschten Bürger reagierten. Der Blog »achgut« dazu: »Mir waren die Deutschen, die das selbstergriffen patriotisch und tränengerührt stolz in die Kameras sagten, von Anfang an suspekt. Ich hatte nämlich das Gefühl, dass es ihnen gar nicht um die Flüchtlinge ging, sondern nur um ihr eigenes Image! Sie benutzten die Flüchtlinge, um ihr eigenes schlechtes Gewissen zu beruhigen. Wäre es ihnen um die Flüchtlinge gegangen, sie hätten sich der Verantwortung stellen müssen, die mit der Hilfsbereitschaft einhergeht: Die Frage nach der Grenze der eigenen Kapazität.« Wie sich bald herausstellen sollte, wurden diese Kapazitäten denn auch weit überschritten, um die Betroffenen – noch einmal: Deutsche und Migranten – kümmerten sich fortan im Wesentlichen die Profiteure auf beiden Seiten (wobei sich auch ehrenamtlich Helfer bis zur körperlichen Erschöpfung eingesetzt haben).

Flüchtlinge und Kriminelle

Wer über die Kriminellen unter den Migranten spricht, muss eines voraus schicken: Niemand sollte den Eindruck erwecken, dass all jene, die da hereingeströmt sind, alles Diebe und Vergewaltiger sind. Insbesondere die wenigen, die in der Tat vor Krieg und Gewalt fliehen mussten, sind mit großer Wahrscheinlichkeit froh, hier leben zu können; und rund um den Erdball weiß man auch in jedem afrikanischen Kraal, dass Diebstahl ungesetzlich ist (insbesondere im arabischen Kulturkreis, wo einem Dieb die Hand abgehackt werden kann). Also: Keine Pauschalierung! Dass jedoch angesichts von Millionen von Einwanderern auch Gesetzesbrecher ins Land geströmt sind, kann nur von besonders dummen Ideologen bestritten werden. Die Tatsache, dass wir praktisch täglich von Übergriffen, von Vergehen oder Verbrechen unserer »Schutzsuchenden« hören und lesen (die von der Politik und von den Medien jeweils als »Einzelfälle« beschönigt werden), ist nicht zu bestreiten, und so stellt sich die Frage des Rechtsstaates in einer dramatischen Weise. Da wird zwar immer von »Werten« schwadroniert, in Wirklichkeit aber unterstützt die deutsche Presse den offenen Rechtsbruch zugunsten der illegalen Masseneinwanderung. Ebenso offen stellen sich die Politiker gegen Recht und Gesetz in der Frage der Abschiebung: So lebten in Deutschland, Stand 31. Dezember 2016, sage und schreibe 556.499 Ausländer, deren Asylanträge rechtskräftig abgelehnt wurden. Auch diese Zahl wird in den Medien sorgsam verschwiegen, stattdessen wird das Märchen von der erfolgreichen Abschiebepraxis erzählt, um die Argumentationslinie der AfD zu konterkarieren.

Die Frage stellt sich also: Welche Geisteshaltung steht hinter der anscheinend so großherzigen Entscheidung der Kanzlerin, die Grenzen zu öffnen und alle, wirklich alle sogenannten Flüchtlinge hereinströmen zu lassen. Im Klartext: Es handelt sich um den Widerstreit von Christenpflicht und Selbstbehauptung. Für den Staat darf nicht die Haltung des einzelnen gelten, wenn es um die Existenz des großen Ganzen geht. Das heißt, um es noch einmal zu betonen, Privatmoral und Staatsraison gehören getrennt, und die Staatsraison hat Vorrang. Der Theologe Richard Schröder hat das so formuliert: »Der Staat aber darf nicht barmherzig sein, weil er gerecht sein muss. Er muss nach Regeln verfahren und die Folgen bedenken. Wenn er Ausnahmen machte, wäre er korrupt. Denn Korruption ist ja nichts anderes als die vorteilhafte Ausnahme für wenige auf Kosten der Allgemeinheit.«

Der Genosse Richard Schröder muss aufpassen, dass er von den deutschen Medien nicht ins rechtsradikale Schubfach geschoben wird. Denn diese sehen nicht die Gefahr eines Bürgerkrieges, nehmen nicht die in Rückständigkeit versinkende islamische Welt zur Kenntnis, sie sehen nur den Heiligenschein der Kanzlerin und verpassen jedem einen Maulkorb, der ihre Meinung nicht teilt. Nur noch als Satire zu verstehen ist jedoch, dass das Bundesamt für Migration und Flüchtlinge zwar vollmundig erklärt, »Dem BAMF liegen für alle 2015 eingereisten Flüchtlinge biometrische Daten vor.« Dies würde ja eigentlich bedeuten, dass sämtliche Asylanten erkennungsdienstlich erfasst sind und die dramatisch hohe Zahl der Sozialbetrüger, die mehrfach Unterstützung aufgrund verschiedener Personalien absahnen, nicht möglich ist. Doch im Lande der Schildbürger, in dem der Amtsschimmel wiehert, hat auch das einen Haken: Die biometrischen Daten nützen fast nichts, denn, so musste das BAMF zugeben, nur rund zehn Prozent der Ausländerbehörden verfügt über die notwendige technische Ausstattung, die Daten lesen zu können. Wie fast immer produzierte die Regierung also auch hier nicht mehr als heiße Luft.

Welch katastrophale Zustände in Sachen Rechtsstaat, aber auch in Sachen Meinungsfreiheit in diesem Lande herrschen, belegt eine Initiative von fünf Bürgern, die sich seit den Silvester-Vorfällen in Köln und anderswo ehrenamtlich mit dem Erstellen einer »Einzelfall-Karte« beschäftigen, eine Dokumentation der Schande für unsere Regierenden. Auf dieser Karte sind allein für 2016 nicht weniger als rund 142.500 Straftaten und 300 Tötungsdelikte verzeichnet – alles nur »Einzelfälle«. Dabei spiegeln diese erschreckenden Zahlen nur einen Teil dessen wider, der überhaupt bekannt geworden ist. Nicht zu allem gibt es eine Pressemitteilung. Manches erfährt nicht mal die Polizei, weil sie aus verschiedenen Gründen nicht alarmiert wurde. Und auch die Polizei ist vielfach angewiesen, Übergriffe der »Schutzsuchenden« nicht an die Öffentlichkeit zu bringen.

Gelegentlich hilft ein Blick in die Statistik: Das zunehmende Gefühl der Bedrohung findet teilweise seine Berechtigung in den Zahlen der Statistik des Bundeskriminalamtes.

Quote Tatverdächtiger bei Sexualdelikten in 2015

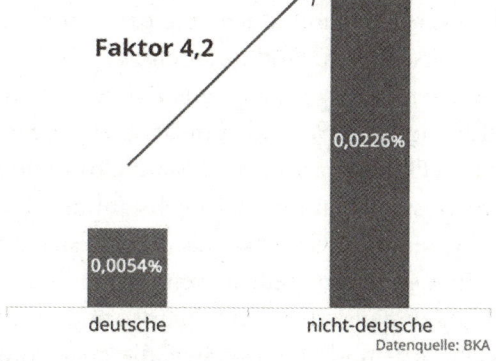

Faktor 4,2

0,0226%

0,0054%

deutsche   nicht-deutsche
Datenquelle: BKA

Bei den Statistiken des BKA ist vor allem zu beachten, dass die Registrierung auf eigentümliche Weise vorgenommen wird. Denn völlig untypisch werden hier nur »aufgeklärte« Straftaten durch Flüchtlinge aufgezählt. Hunderttausende Anzeigen gegen Unbekannt, wo Flüchtlinge zwar als Tatverdächtige beschuldigt sind, aber nicht identifiziert wurden, bleiben in dieser »Studie« damit völlig außer Betracht. Die zweite Besonderheit der BKA-Studie kommt eigentlich einer Fälschung gleich, wie im Vorwort zu lesen ist: »Straftaten, die durch Tatverdächtige mit positiv abgeschlossenem Asylverfahren (»international Schutzberechtigte und Asylberechtigte«) begangen wurden, werden nicht berücksichtigt.« Also anerkannte Asylbewerber und Schutzberechtigte sind zwar zweifelsohne Zuwanderer, werden aber nicht von der BKA-Studie »Kriminalität im Kontext von Zuwanderung« erfasst, genauso wenig wie tatverdächtige Flüchtlinge, deren »rechtmäßige Personalien« nicht ermittelt werden konnte. Wer die Statistiken durcharbeitet, kommt für das Jahr 2015 auf rund 208.000 Straftaten durch »Flüchtlinge«, für das Jahr 2016 auf rund 286.000. Fasst man die beiden Jahre zusammen, kommt man auf die erschreckende Zahl von 556.000 Straftaten, was bedeutet, dass Flüchtlinge jeden Tag 760 Straftaten begehen. Was 556.000 Straftaten natürlich auch bedeuten, sind 556.000 Opfer. Oder mehr.

Nur: Das muss alles mühsam zusammengesucht werden, die offiziellen Stellen versuchen mit Macht, die Kriminalität der »Schutzsuchenden« zu verschleiern. Und trotzdem: Die von der Bundesregierung unter Verschluss gehaltenen Zahlen offenbaren eine dramatische Entwicklung. So sind zum Beispiel Migranten aus den Maghreb-Staaten (Tunesien, Algerien, Marokko) zu 46 Prozent kriminell geworden, sie haben sich auf Diebstahl und Raub spezialisiert. Was den Skandal zur Groteske macht: Tunesien öffnet die Gefängnis-Tore für seine Kriminellen, wenn diese sich verpflichten, nach Deutschland umzusiedeln. Die »Nafris« sind, nicht nur an Silvester, oft Mehrfach- und Intensivtäter, die aber vom deutschen Versorgungssystem wunderbar durchgefüttert werden. Die Forderung der inzwischen hilflosen Bevölkerung um Schutz vor dem Treiben der »Schutzsuchenden« gehört dann aber wieder in die Kategorie »Rassismus«, weshalb sich beschwerende Bürger diffamiert werden, Polizisten einen Maulkorb umgehängt bekommen. Denn: »Was die Flüchtlinge uns bringen, ist wertvoller als Gold« so Martin Schulz, der neue SPD-Vorsitzende, gescheiterte EU-Funktionär und charismafreie Bürokrat.

Das Gold, das laut Schulz die Flüchtlinge uns bringen, ist eine totalitäre Ideologie, die mit Religion nur wenig zu tun hat. Dass in Deutschland durch die Religionsfreiheit immer auch der radikale Islam mitgeschützt wird, zeigt sich praktisch täglich anhand der Übergriffe von Allahs Jüngern. Die Frage stellt sich in dramatischer Weise, wann endlich der deutsche Staat zu funktionieren bereit ist, wann er endlich in der Lage ist, seine Bürger zu schützen. Aber Schulz' Hinweis auf Gold hat etwas für sich, freilich ganz anders als gemeint: In der Bananenrepublik Deutschland hat sich eine Flüchtlingsindustrie entwickelt, von der viele profitieren, Hilfsorganisationen, Kirchen, Rechtsanwälte, Übersetzer und, und, und – die Übersicht ließe sich fast endlos verlängern.

Aus der endlosen Liste der »Flüchtlings«-Profiteure hier nur ein besonders drastisches Beispiel, das zeigt, wie aus der oft beschworenen »humanitären Hilfe« ein knallhartes, meist auch schamloses Geschäft geworden ist. Manche Unternehmen scheinen ja offensichtlich trotz großer bis größter Einnahmemöglichkeiten den Hals nicht voll zu kriegen, wie das in Essen ansässige Unternehmen »European Homecare« zeigt. Die »Welt« schreibt, die Firma hat in ihren diversen im Ruhrgebiet errichteten »Flüchtlingsheimen« bis zu 9.500 Euro pro Monat und »Flüchtling« den Städten und Gemeinden, und somit letztlich dem Steuerzahler, für Unterkunft und Unterbringung in Rechnung gestellt. Diese »Luxusunterkünfte« (zumindest könnte man bei der Höhe der Kosten von solchen ausgehen) bestehen aus Leichtbauhallen mit Trennwänden. In den einzelnen Parzellen werden bis zu zwölf Betten aufgestellt, teilweise als Etagenbetten. Nach Angaben der Sprecherin der Stadt Essen wurden im Jahr 2015 rund 130 Millionen Euro für »Flüchtlinge« ausgegeben.

An dieser vorgeblich humanitären Hilfe verdienen Vereine, Verbände, Institutionen und Unternehmen. Auch sogenannte »karitative« Organisationen scheffeln reichlich Kohle. Schnell wurde der Begriff der »notwendigen humanitären Hilfe« zum Totschlagargument, mit dem man seitens der Regierung und der Medien jedwede Kritik bereits im Keime ersticken wollte. Und dieser Versuch kommt offenbar von »ganz oben«, von der Bundesregierung, die für jedermann erkennbar absichtlich illegale Einwanderung herbeizuführen gedenkt: »Beim Bundesamt für Migration sind tausende von Pässen als gefälscht identifiziert worden, ohne dass die rechtlich vorgesehenen Konsequenzen für die jeweiligen Migranten gezogen worden wären. Ein solches Ignorieren unseres Rechts wagt keine Bundesbehörde auf eigene Verantwortung. Da steht ein politischer Wille dahinter. Am Recht vorbei.« (So die Abgeordnete Erika Steinbach).

Es gibt viele, viele Beispiele für die »Humanitätsindustrie«, die offenbar ohne jegliche Hemmung absahnt. Die Profiteure des Guten sitzen an dem großen steuerfinanzierten Fressnapf und behaupten, mit ihrer Welcome-Politik Heroisches für das Ansehen der Deutschen in der Welt zu leisten. Und die Hilfsbereiten gestehen natürlich nicht ein, dass die weitaus meisten »Helfer« von DRK bis Malteser Hilfsdienst sich jede gute Tat vom Steuerzahler bezahlen ließen und lassen. Sie sagen auch nicht, dass kein Arzt, Architekt oder Anwalt, eben keiner von denen, die »halfen« und »helfen«, die prompte »Abrechnung« vergaß, die natürlich auch wieder der Steuerzahler berappen musste und muss; in Berlin brachte es ein Anwalt sage und schreibe auf 110.000 Migranten-Klienten, die eigentlich keine Chance auf Bleiberecht hatten, aber nicht aus Merkels sozialer Hängematte raus wollten. Selbst Taxi-Unternehmen transportierten und transportieren, solange der Taxameter lief/läuft, egal, wie lang die Wartezeit vor der 100 Kilometer entfernten Arztpraxis war. Aber wehe, da stellt einer jene »Hilfsbereitschaft« infrage, sofort wird er/sie an den medialen Pranger gestellt, gesellschaftlich geächtet und einer öffentlichen Inquisition unterzogen, deren Verurteilung als »Rassist« von vorn herein feststeht. Zugegeben, da gibt es auch die ehrenamtlichen Helfer, besonders in kleinen Gemeinden, die wirklich Erstaunliches leisten. Doch sie spielen im Rahmen der Asyl-Industrie nur eine untergeordnete Rolle.

Unbeachtet blieb bei der »Welcome-Politik« die Tatsache, dass offene Grenzen nicht nur für Schutzsuchende, sondern auch für Gesindel und – in Zeiten islamistischen Terrors – für »Gefährder« zum Einfallstor werden. Es ist geradezu kriminell, dass die Bundesregierung von allem Anfang an jegliche Gefährdung nicht nur ausgeschlossen, sondern durch beweisbare Lügen als Phantasie abgetan hat. Bereits im Herbst 2015, auch nach Warnungen aus den USA, behauptete Bundesjustizminister Heiko Maas: »Es gibt keine Verbindung, keine einzige nachweisbare Verbindung zwischen dem Terrorismus und den Flüchtlingen.« (Quelle: ARD 16.11.2015) und Bundesinnenminister Thomas de Maiziere ergänzte: »Bisher gibt es keinen Hinweis, dass sich Terroristen als Flüchtlinge ausgeben. Wenn es sich ändert, ist es anders. Aber bisher ist es nicht so.« (Quelle: ZDF 18.11.2015) Beide Herren kannten zu diesem Zeitpunkt bereits die Wirklichkeit (dies zum Thema fake news). Es gab zu diesem Zeitpunkt zahlreiche Hinweise darauf, dass sich unter den Flüchtlingen Terroristen des IS befänden, aber auf Frau Merkels rechtswidrige Grenzöffnung durfte natürlich kein Schatten fallen.

Inzwischen braucht eigentlich niemand mehr Beweise dafür, dass die Regierenden uns permanent belügen. Die Versuche, eigenständig denkende Bürger als Feinde des Rechtsstaates hinzustellen, fallen freilich auf ihre Urheber zurück. Justizminister Maas wird nicht müde zu fordern, gegen »fremdenfeindliche« Bürgeraktionen »mit aller Härte des Rechtsstaates« vorzugehen. Ein Justizminister, der nur noch eine Karikatur eines Vertreters des Rechtsstaates ist! Würde er mit der gleichen Entschiedenheit jene Migrantengruppen verurteilen, die sich in vielen Städten inzwischen ganze Straßenzüge zu rechtsfreien Räumen erschlossen haben, in die sich die Polizei nicht hineinwagt, könnte er ein wenig an Glaubwürdigkeit zurückgewinnen. Doch auf diesem Terrain hält er »alle Härte des Rechtsstaates« offensichtlich für unangebracht.

Und deshalb erfährt die Öffentlichkeit auch nur durch Zufälle, wie schamlos die »Schutzsuchenden« hierzulande vorgehen. So veröffentlichte die Evangelische Nachrichtenagentur den Hilferuf einer aus Eritrea stammenden Frau, die als Übersetzerin in Flüchtlingsheimen tätig ist. »Christen werden von muslimischen Flüchtlingen unterdrückt, eingeschüchtert und schikaniert. Das ist da normal.« Die Mitarbeiter der Sicherheitsdienste und Übersetzer seien fast immer Muslime, die sich weltoffen geben. Das ändere sich freilich, sobald sie unter sich seien: »Dann zeigen sie ihr wirkliches Gesicht und sagen Sätze wie ,Deutschland muss islamisiert werden'. Sie verachten unser Land und unsere Werte.« Sie verschweigt, dass sie Christin ist und besucht auch Koranschulen: »Dort wird purer Hass gegen Andersgläubige gepredigt.« Eine Fünfjährige habe ihr gesagt: »Mit den Christen spiele ich nicht. Meine Eltern hassen die auch.« Und von Frauen hört sie: »Wir müssen mehr Kinder bekommen als die Christen. Nur so können wir sie vernichten.«

Diejenigen, die andauernd von europäischen Werten, von Integration, von Recht und Ordnung, von Liberalität und Toleranz reden, schweigen plötzlich beredt, wenn es um die Probleme der »Flüchtlinge« geht. Denn das törichte Wort der Kanzlerin (»Der Islam gehört zu Deutschland!«) hat dazu geführt, dass auch im Bereich der Justiz von Recht und Gesetz kaum noch gesprochen werden kann. Abgesehen von einzelnen Skandalurteilen, die nicht mehr als Recht »im Namen des Volkes« zu bezeichnen sind, hat sich die Scharia, das islamische Recht, zu einer Schatten-Justiz entwickelt. Da gibt es bereits Scharia-Gerichte, da gibt es Scharia-Richter, da gibt es ganze Stadtteile, in denen unsere Rechtsordnung teilweise zugunsten der Scharia aufgehoben ist. Die Scharia, das muss aber jedem klar sein, ist ein direkter Affront gegen die traditionellen westlichen Werte wie Religionsfreiheit, freie Meinungsäußerung, Vereinigungsfreiheit, die Rechte des Einzelnen, wirtschaftliche Unabhängigkeit, freie Märkte, Toleranz – mit einem Wort gegen alles, was unsere Freiheit bedeutet. Und während der normale Bürger die ganze Härte des Gesetzes zu spüren bekommt, sollte er zu schnell gefahren sein oder falsch geparkt haben, ist es im Falle der islamistischen (Un)Rechtsprechung auffällig still. Dabei sollte jeder wissen: Im islamischen Zivilrecht gibt es keine Gleichberechtigung, da ist die Frau dem Manne untertan und weitgehend rechtlos, über das Erb-, Ehe- und Familienrecht dominiert der Mann die Gesellschaft, Zwangsheirat, Vielehe und Kinderehe (nach unserem Recht Kindesmissbrauch) sind Teil der Scharia. Und zum islamischen Strafrecht gehören brutalste Körperstrafen (Handabhacken bei Diebstahl), untreue Ehefrauen können gesteinigt, Ungläubige und Glaubensabtrünnige gehängt und Homosexuelle ausgepeitscht werden. Es klingt wie Satire, dass ausgerechnet die Grünen (Siehe Seite 140) sich so engagiert für die Islamisten und damit für die Teile dieses »Rechts« ins Zeug legen.

Bassam Tibi, Syrer aus Damaskus, gläubiger Moslem und kritischer Zeitgenosse, hat die Probleme der männlichen »Flüchtlinge« eindrucksvoll beschrieben: »Viele meiner deutschen Gesprächspartner scheinen die Gewalt, die in der Tradition einer orientalisch-patriarchalischen Kultur gegen Frauen steht, nicht zu verstehen. Im Orient gilt die Frau nicht als Subjekt, sondern als Gegenstand der Ehre eines Mannes. Die Schändung einer Frau wird nicht nur als Sexhandlung und Verbrechen an der Frau selbst betrachtet, sondern eher als ein Akt der Demütigung des Mannes, dem sie gehört…Die Silvesternacht in Köln ist nur ein Beweis hierfür und kein Einzelfall, wie uns Politiker vormachen wollen, um die Bedeutung der Angelegenheit herunterzuspielen… Unabhängig vom Krieg ist das Frauenbild in der arabisch-orientalischen Kultur patriarchalisch, ja umfassend menschenverachtend. Dieses Frauenbild darf in Europa nicht unter dem Mantel des Respekts für andere Kulturen geduldet werden…Und es geht dem arabischen Mann bei der ausgeübten sexuellen Gewalt nicht nur um die »sexuelle Attraktion« der europäischen Frau, sondern auch um den europäischen Mann, dessen Ehre der Orientale beschmutzen will…Wenn aber diese jungen Männer statt des versprochenen Luxus in eine Notunterbringung in Schul- und Sporthallen kommen, dann fühlen sie sich betrogen, ja diskriminiert. Also entwickeln sie Rachegefühle gegenüber dem europäischen Mann. Die enttäuschten und wütenden arabischen Männer rächten sich daher in Köln und Hamburg an den deutschen Männern, vertreten durch deren Frauen.« Und Bassam Tibi meint, die Islamisten nennen unsere Debatten um Obergrenzen und Integration nur verächtlich »byzantinisches Geschwätz«.

Wenn wir einmal auf die »europäischen Werte« schauen und einzelne Länder prüfen, wird rasch klar, dass diese EU heute eigentlich nur noch ein Kadaver ist, der entsorgt werden muss. England hat bereits die Notbremse gezogen (die Kampagne der deutschen Medien dagegen mutet heute wie eine Satire an), Frau Merkel hat mit ihrer Willkommenskultur erreicht, dass die Briten das Ausmaß des Nonsens erkannt haben – nur ein Beispiel: da nistet sich ein angeblich 12jähriger Afghane bei einer Familie ein, eine ärztliche Untersuchung belegt schließlich, dass er mindestens 21 Jahre alt ist; Beispiele dieser Art gäbe es auch in Deutschland zu tausenden. 65 Prozent dieser armen unbegleiteten »Jugendlichen«, so die Regierung nach umfänglichen Untersuchungen, waren über 18 Jahre alt.

Auch Schweden ist ein Beispiel für den Missbrauch, den der Tugendterror seit Jahren betreibt. 1975 öffnete eine sozialdemokratische Regierung die Grenzen für die Masseneinwanderung nach Schweden. Was die Vergewaltigungsrate betrifft, hat Schweden einsame – verhängnisvolle – Rekorde zu bieten: Das in Washington ansässige »Gatestone-Institut« hat eine offizielle Statistik der UNO ausgewertet und kommt zu dem verheerenden Ergebnis, dass seit dem Jahr 1975 die Vergewaltigungsrate in Schweden um 1.472 Prozent und die Verbrechensrate insgesamt um 300 Prozent gestiegen ist. Heute weist Schweden eine enorm hohe Arbeitslosigkeit unter Asylbewerbern aus, eine hohe Vergewaltigungsrate, gescheitere Integration. Das einstige Multi-Kulti-Vorzeigeland steht vor den Trümmern seiner bedingungslosen Immigrationspolitik. Die Fragen dürfen gestellt werden: Wie konnte aus dem früheren Vorzeige-Staat Schweden das »Vergewaltigungs-Mekka« der Gegenwart werden? Und: Kommen die Entwicklungen zeitverzögert auch zu uns?

Belgien als nächstes Beispiel, eigentlich ein failed state , ein ge-scheiterter Staat mit einer permanenten Folge von Regierungsnot-stand. Dass die Hauptstadt Brüssel das Zentrum der EU ist, darf als symbolisch gelten. Der Stadtteil Molenbeek gilt als Terror-Mekka (ein treffliches Bild) für Islamisten, ein Rückzugsgebiet für die Mör-der des Dschihad, Brutstätte und Gewächshaus für die europaweit agierenden Kämpfer des IS.

Frankreich befindet sich eigentlich auch im Ausnahmezustand. Obwohl die deutsche Kanzlerin dem Links-Sozialisten Hollande gar nicht genug schmeicheln konnte, ließ er Deutschland in der Flüchtlingsfrage demonstrativ auflaufen: Während man sich hier-zulande mit einem Millionenheer abmüht und in Sachen Ober-grenze streitet, lässt Hollande verkünden: Mehr als 30.000 Migran-ten werden nicht aufgenommen – eine schallende Ohrfeige für Frau Merkel. In Frankreich ist die Präsenz des Militärs in den Städ-ten bereits zum Alltag geworden, die brennenden Banlieues in Pa-ris und anderen Großstädten weisen alle Merkmale eines beginnen-den Bürgerkriegs auf. Der islamistische Terror hat das Land jedenfalls fest im Griff.

Der Sozialstaat

Die Bundesrepublik lässt sich ihre »Willkommenskultur« jährlich zwischen 25 und 50 Milliarden Euro kosten. Auch wenn man nicht so töricht ist wie der Bundesjustizminister, der meint, das Geld sei einfach da und würde niemandem weggenommen, wird man erkennen, dass derart gewaltige Summen nicht wie warmer Regen aus dem heiteren Himmel nieseln. Wer mit offenen Augen durch die Städte geht, erkennt sehr schnell, dass wir auf eine Armutsfalle zusteuern. Lange Schlangen an den Tafeln, großer Andrang bei den Bäckern, die das Brot vom Vortag billiger verkaufen, Obdachlose, denen man ansieht, dass sie einmal bessere Tage genossen haben – es ist unübersehbar, dass das angeblich reiche Land zwar noch nicht am Hungertuch nagt, dass aber die Zahl der Bedürftigen in erschreckender Weise gestiegen ist. Wenn Frau Merkel im Bundestag meint: »Den Menschen in Deutschland ging es noch nie so gut wie im Augenblick«, dann ist das auch wieder eine der vielen frommen Legenden, mit denen sie sich die Lage im Lande schönredet. Und wer sich die Pläne der Bundesregierung in Sachen Rente ansieht, wird rasch verstehen, dass mehr und mehr von Altersarmut die Rede ist. Der Philosoph Rüdiger Safranski meint warnend: »Der Sozialstaat ist ein Umlagestaat. Eine bestimmte Anzahl an Mitgliedern als Solidargemeinschaft finanziert ihn über Steuern. Und es ist wichtig zu wissen, wie viele Mitglieder es gibt. Wenn es Einwanderung in soziale Netze gibt, wird der Sozialstaat irgendwann einmal nicht mehr finanzierbar, oder nur mit starken Einbußen.«

Andererseits: Wer auf den Straßen die noblen Karossen sieht, wer in jene Feinkostläden schaut, die Luxus pur zu hohen Preisen anbieten, wer all den Elektronik-Schnickschnack sieht, den zumeist junge Leute am Ohr tragen, mag von Armut nicht reden. Es scheint, als ob der Abstand von Arm zu Reich immer deutlicher sichtbar wird. Das polemische Argument der Marxisten, die Reichen werden immer reicher und die Armen immer ärmer, es war bis Mitte der 1990er Jahre nur eine Kampffloskel, heute aber gilt dieser Satz. Das heißt jedoch auch, dass die Gesellschaft auseinander fällt, der Mittelstand ausgedünnt wird – die grundlegende Erkenntnis, dass der Mittelstand das Rückgrat einer stabilen Demokratie ist, scheint für die Regierung Merkel keine Geltung zu haben. Der Verlust von Mittelstand hat sich hierzulande zu einer gesellschaftspolitischen Zeitbombe entwickelt, was der Regierung aber offenbar völlig egal ist. Nach Darstellung des Paritätischen Wohlfahrtsverbandes, so schreibt die »FAZ« in einem Bericht, ist die Armut in Deutschland wieder auf dem Vormarsch und hat einen neuen Höchststand erreicht. Der Hauptgeschäftsführer des Paritätischen Gesamtverbandes, Ulrich Schneider, wies darauf hin, dass mit einer Armutsquote von 15,7 Prozent der Höchststand seit der deutschen Wiedervereinigung erreicht wurde.

Hin und wieder liest man dann aber sogar in der Systempresse ganz besondere »Schmankerl«: Da berichtet Ende August 2016 die »Rhein-Zeitung« von der »Flucht« eines syrischen Unternehmers samt seiner vier Frauen und den dazugehörigen 23 Kindern über die Türkei nach Deutschland. Dem äußerst wohlhabenden Geschäftsmann war es in seiner Heimat möglich, jeder seiner vier Frauen und den jeweils dazu gehörigen Kindern ein eigenes Haus in verschiedenen Städten des Landes zur Verfügung zu stellen und diese teilweise sogar mit Bediensteten zu versorgen. Solche Familienmodelle sind nach konservativer islamischer Rechtsauffassung nichts Außergewöhnliches. Die Ansprüche, die der Mann legalerweise an die Bundesrepublik Deutschland stellen konnte, hat Hubert Königsstein, Diplom-Finanzwirt beim Deutschen Arbeitgeberverband, in der Kolumne »Klartextfabrik« vorgelegt. Nach seiner vorsichtiger Berechnung, wobei Königsstein ausschließlich die unmittelbaren Leistungen aus dem AsylbLG berücksichtigt hat, stehen dem »Flüchtling«, monatlich Transferleistungen in Höhe von mehr als 30.000 (in Worten: dreißigtausend!) Euro zu. Pro Monat! Netto!

Das ist, zugegeben, ein drastisches Beispiel, aber es zeigt die Tendenz: Wir leisten uns jede Menge luxuriösen Betreuungsprogramme mit hohen Kosten, nur um dem Ziel der Integration näher zu kommen. Diese Entwicklung wird dramatische Folgen haben. Es ist zu befürchten, dass die Bürger für das Versagen der Eliten mit Beitragssteigerungen und einer Absenkungen der Standards von Sozialleistungen teuer bezahlen müssen. Die Zuwanderungspolitik der Altparteien ist schlicht und einfach verantwortungslos und unsozial – auch für die Zugewanderten! Das Institut der deutschen Wirtschaft hat in einer Studie für 2016 ermittelt (diese Studie ist noch erschreckender als die des Vorjahres), dass »Flüchtlinge« hierzulande das Bildungsniveau senken und den Anteil der Niedriglöhner vergrößern. Von den Rentnern wohl gar nicht zu reden. Die Kanzlerin hat für diese sozio-ökonomischen Gruppen jedoch keinen Draht, es ist ja auch medienwirksamer, sich um die »Schutzsuchenden« zu kümmern. In einer Leserzuschrift für den blog »freiewelt« fand ich eine Klage, die mir – leider – glaubhaft erscheint: »Ende des Jahres 2015 wurden vor unserem Hauptbahnhof Tapeziertische mit weißen Papiertischtüchern und leckeren Speisen gedeckt. Obdachlose schauten sich die Pracht an und trauten sich zu fragen, ob sie sich etwas davon nehmen dürften. Sie wurden angeherrscht: Das ist nicht für euch. Haut ab. Sie gingen, blieben aber in Nähe. Ein Zug hielt. Eine große Menschenmenge Fremder strömte auf die Tische zu. Hier wurden sie herzlich begrüßt und bewirtet. Die Obdachlosen schlurften niedergeschlagen davon.«

Denken wir zunächst einmal an »diejenigen, die schon länger hier leben« (Frau Merkels Definition des deutschen Volkes!!!), dann müssen wir feststellen: Ein (gottlob kleiner) Teil dieses Volkes lebt auf Sozialhilfeniveau, hat zum Leben zu wenig und zum Sterben zu viel. Diese Menschen sind aufs Sozialamt angewiesen, Menschen, die sich nie vorstellen konnten, der Gesellschaft zur Last zu fallen. Und die Ämter sind – was wohl auch nicht anders möglich ist – herzlos: Für jede Kleinigkeit muss da der »Bittsteller« einen Antrag stellen – auf die Würde des Bedürftigen nimmt man da keine Rücksicht (im Gegensatz zu den sogenannten Flüchtlingen). Der »*Münchner Merkur*« hat letztes Jahr zu Weihnachten im Wege einer Spendenaktion geholfen, die Dankschreiben sprechen für sich: »Ich bedanke mich herzlich für Ihre Geldspende. Davon habe ich mir warme Schuhe und etwas Warmes zum Anziehen gekauft. Endlich muss ich nicht mehr frieren, wenn ich rausgehe.«…«Ich kann jetzt meine Stromrechnung zahlen und endlich auch die Medikamente, die ich so dringend brauche.«…«Danke für Ihre Hilfe. Ich konnte mir nach langer Zeit endlich wieder ein Stückchen Fleisch kaufen. Und es hat so gut geschmeckt.«…«Ich möchte mich für Ihre großzügige Unterstützung herzlich bedanken. Jetzt habe ich endlich wieder eine Brille und kann lesen.« Wage angesichts solcher Briefe noch jemand, von einem »reichen« Land zu sprechen, von einem Sozialstaat! Die Verantwortlichen müssten eigentlich vor Scham in den Erdboden versinken – nur ist anzunehmen, dass wir da mehr Verantwortungslose haben.

Randbemerkung I

Dieses e-mail war bereits im Sommer 2016 im Internet zu lesen, es hat seither eigentlich nur an Aktualität gewonnen, auch wenn derzeit – angeblich – die Flüchtlingszahlen rückläufig sind.

Liebe muslimische Ausländer,
Ihr lebt hier in einem Land, das Deutschland heißt, gewesen ist und wieder sein wird. Der Fremde war und ist hier immer willkommen, sei es als durchreisender Gast, oder um hier zu bleiben und Seite an Seite mit uns Deutschen aufzubauen. Nur Räuber, Plünderer und Eroberer haben wir wieder aus dem Land geworfen, und das werden wir auch in Zukunft tun. Sucht Euch Eure Rolle aus, ihr habt die Wahl dazu. Aber wählt weise, denkt an die Zukunft, nicht an das, was Euch in der Gegenwart scheinbare Vorteile bietet.
Die Stämme unseres Volkes haben hier schon gelebt, bevor es den Islam gegeben hat. Beglückt uns also bitte nicht mit einer Religion, die für die Weite des Wüstensandes gedacht ist, nicht für unsere blühenden Felder und

rauschenden Wälder. Wir haben hier unsere Städte und Kathedralen gebaut, lange bevor der erste Türke die griechischen Städte der heutigen Türkei betreten hat.

Jene großartige arabische Kultur, die es vor tausend Jahren gegeben hat, war das Erbe des christlichen Byzanz, das Erbe der Antike, das Ihr nicht bewahren konntet. Ja, auch wir haben Rom zerstört, sind als Barbaren eingedrungen, ohne zu verstehen, was uns da in den Schoß gefallen ist. Doch wir haben die Lektion gelernt, uns die einstige Höhe wieder erarbeitet und sie übertroffen. Ihr hingegen seid abgestiegen. Nicht durch unsere Kreuzritter, sondern durch Euer eigenes Unvermögen, Eure eigenen Streitereien, Eure eigene Weigerung, für den Erhalt des Erbes zu arbeiten. Kairo, Damaskus, Bagdad, Samarkand – das waren für uns Träume, deren Namen wir mit Ehrfurcht ausgesprochen haben – Metropolen der Welt. Ihr habt sie zu einer Ansammlung staubiger Hütten verkommen lassen. Wo Ihr reich geworden seid, ist das nicht durch Eurer Hände Arbeit oder Eurer kreativen Köpfe Geist geschehen, sondern durch das Öl in Eurem Boden, das unsere Ingenieure dort fördern.

Ihr seid in dieses Land gekommen, weil es Euch zu Hause angeblich schlecht ergangen ist.

Dann stünde Euch Demut und Dankbarkeit an, statt zu versuchen, dieses Land in jene Hölle zu verwandeln, der Ihr entflohen seid. Ihr wollt hier alle Rechte als Bürger ausüben, doch für den Notfall Eure alte Staatsbürgerschaft beibehalten? Wenn Ihr, wenn harte Zeiten kommen, abhauen wollt, dann geht lieber gleich, denn wir können keine Mitbürger brauchen, die uns dann im Stich lassen, wenn wir auf ihre Loyalität und den Zusammenhalt angewiesen sind.

Ihr mögt keine Hunde? Hunde gelten bei uns als empfindungsfähige Lebewesen, die niemand aus einer Laune, einer Mode oder einer religiösen Vorschrift heraus verstümmeln darf. Wir behandeln unsere Hunde somit besser als Ihr Eure Kinder. Wundert Euch also nicht, dass uns der Sinn für diese blutige Quälerei abgeht.

Wenn Ihr den Koran als Verfassung und die Scharia als Gesetzbuch so wunderbar findet, warum geht Ihr nicht in ein Land, das beides bereits heute praktiziert?

Die islamische Welt ist groß, und über tüchtige, glaubensfeste Menschen freuen sich viele Länder. Dort findet Ihr alles vor, was Ihr in Deutschland vermißt, und vor allem seid Ihr eingebettet in der Umma, in der Gemeinschaft der Gläubigen, in der Reinheit des Islam. Dort braucht Ihr die Gebräuche von uns Ungläubigen nicht zu ertragen.

Es gehört zur Gastfreundschaft, daß der Gastgeber mit dem Gast teilt. Aber es widerspricht jeglicher Gastfreundschaft, wenn der Gast dem Gastgeber seine Sitten aufzwingen und sein Hab und Gut stehlen will. »Gäste und Fische fangen nach drei Tagen an zu stinken«, heißt es bei uns, und das hat seine Berechtigung. Gäste, die sich nur aushalten lassen und keinerlei Gegenleistung erbringen, sind keine Gäste, sondern Schmarotzer. Parasiten, die dem Wirt das Blut aus den Adern saugen, werden überall auf der Welt bekämpft.

Es ist völlig in Ordnung, wenn Ihr zu uns kommt, um ein besseres Leben zu haben. Doch das bessere Leben wird hier keinem geschenkt, jeder muss es sich im Schweiße seines Angesichts verdienen. Dies ist nicht das von der Sonne verwöhnte Afrika, wo schon die Natur für reiche Ernten sorgt, dies ist Deutschland, wo die Ernte und das Auskommen der Natur abgerungen werden muß. Die Natur schreibt uns vor, wann wir säen müssen und wann wir ernten dürfen, und wenn wir diese Zeit verpassen, drohen uns Not und Hunger. Wenn ein Haus vor der Kälte des Winters schützen soll, muss es fertig sein, bevor der Winter hereinbricht, deshalb gibt es bei uns Uhren und feste Arbeitszeiten. Es ist selbstverständlich, dass die Arbeiter pünktlich zu erscheinen haben, jeden Morgen!

Wenn unsere Touristen alles gerne so haben wollen wie in ihrer Heimat, dann ist das in Ordnung, denn sie bezahlen dafür. Was aber bezahlt ihr, dass die Dinge so werden wie in Eurer Heimat? Womit wollt Ihr dieses Entgegenkommen verdienen?

Unsere Kirchen stehen hier seit Jahrhunderten, und ihre Glocken läuten, seit sie erbaut worden sind. Wenn Ihr Minarette bevorzugt und den Ruf des Muezzins, dann geht bitte dorthin, wo seit Jahrhunderten Minarette stehen und Muezzine zum Gebet rufen. –

An wen würdet Ihr Euch denn zu Hause wenden? An den Dorfältesten – oder an den Dorftrottel?

Bei uns haben derzeit die Dorftrottel die Macht, doch das geht vorüber. Dann sind alle, die sich an unsere Dorftrottel von Politikern gehalten haben, selbst die Trottel. Wir sind friedliebende Leute, fleißig und kreativ, doch wir haben auch schon gezeigt, dass wir erbitterte Krieger sein können. Also reizt uns besser nicht, wenn Ihr nicht die Deutschen als Kämpfer kennenlernen wollt. Betrachtet die Filme, die uns dauernd vorführen, wie böse doch unsere Großeltern gewesen sind, und dann stellt Euch vor, wie böse wir werden können, wenn Ihr unsere Geduld überreizt.

1529 und 1683 standen die Heere des Islams vor Wien, mit großer Übermacht. Beide Male schien die Stadt verloren, bereits am nächsten Tag drohte sie zu fallen, doch dann waren es die Heere des Islam, die geschlagen die Flucht antraten.

Glaubt Ihr wirklich, dass es diesmal anders sein wird?

Feiglinge und Verräter gab es auch in Wien, doch nicht sie, sondern die Aufrechten, die Standhaften, die Ehrlichen haben gesiegt. Auch wenn Ihr Euch noch so stark fühlen mögt, Europa habt Ihr damals unterschätzt, und Ihr unterschätzt es auch heute.

Ihr bereichert uns kulturell, sagen die Dorftrottel unter den Volldemokraten. Zeigt mir doch eine einzige kulturelle Leistung, die Türken in den 50 Jahren zustande gebracht haben, die sie bereits hier in Deutschland leben. Malerei, Literatur, Musik – oder auch Ingenieure, Architekten, Mediziner – nichts ragt heraus, nichts, was uns in Erstaunen oder gar Entzücken versetzen könnte. Das imposanteste Bauwerk in Istanbul ist die von Christen gebaute Hagia Sophia, die Ihr mit vier Minaretten verziert habt.

Was dieses Land für Euch tut, seht Ihr an den Wohnungen, an der Kleidung, am Geld auf Euren Konten und in Euren Taschen. Aber was tut Ihr für dieses Land? Ihr habt es nicht aufgebaut, das behaupten bei uns nur die Dorftrottel. Ihr habt gearbeitet, ja, und ich gebe zu, dass Euch einst die Drecksarbeit überlassen wurde – damals, vor 50 Jahren. Aber heute? Heute arbeiten viele nicht mehr, sondern lassen sich von jenen bezahlen, die noch Arbeit haben. Eure Leute, die Arbeit haben, sind zu wenige, um jene Eurer Leute zu ernähren, die keine Arbeit haben, ohne uns ginge es nicht.

Bei uns leben zum Beispiel alteingesessene Zigeunersippen, seit Generationen. Sie sind längst Deutsche geworden, gehören zu uns und haben sich ihren Platz in unserer Mitte verdient. Doch was jetzt kommt, zum Betteln und Stehlen, zum Abgreifen dessen, was wir für unsere Bedürftigen erarbeitet haben, ist nicht willkommen. Kein Land kann als Sozialamt der ganzen Welt dienen, auch wir nicht. Das werdet Ihr einsehen müssen, und wenn Ihr es nicht einsehen wollt, dann wird das eine bittere, eine harte Lektion. Deutschland wird ungemütlich, es ist nicht die bequeme soziale Hängematte. Wir werden Eure Rechte respektieren, vor allem aber das Recht, Deutschland zu verlassen.

Ihr habt das Recht, so zu leben, wie es Euch gefällt, und zwar dort, wo Ihr hingehört. Ihr hattet in Deutschland alle Chancen gehabt, Ihr hättet von uns lernen können. Ihr habt unsere Schulen besucht, Euch standen Ausbildungsplätze zur Verfügung. Wir haben sogar Rücksicht darauf genommen, dass Ihr Schwierigkeiten mit unserer Sprache habt und Euch besser benotet.

Wenn Ihr das Land verlasst und vor dem Nichts steht, ist das nicht unsere Schuld. Lest nach, warum die Menschen aus dem Paradies vertrieben worden sind, es steht auch im Koran: Sie haben das einzige Gebot übertreten, das ihnen Gott auferlegt hat. Und Ihr? Ihr habt ebenfalls ein einziges Gebot übertreten: Die Menschen im Paradies wollten sein wie Gott, und Ihr wolltet als unsere Herren zu uns kommen. Ihr wolltet nicht mit uns nach unserer Art leben, sondern uns Eure Art aufzwingen.

Liebe Ausländer, das zentrale Gebot der Ethik, auf dem alle gerechten Gesetze der Welt beruhen, lautet: »Was du nicht willst, das man dir tu, das füg auch keinem Andern zu«. Ihr habt mit uns das tun wollen, was Ihr in Eurer Heimat keinesfalls zugelassen hättet, deshalb: kehrt heim! Lebt wohl, nicht auf Wiedersehen, denn die Lektion, die Ihr mitnehmt, benötigt Generationen. Und nehmt diesen einen Satz mit, den bei uns sogar die Kinder begreifen.

Nach Eurer zweiten Lektion vor Wien habt Ihr fast 300 Jahre gebraucht, um es das dritte Mal zu versuchen.

Wir geben Euch gerne weitere 300 Jahre.

Innere Sicherheit

Für die CDU war viele Jahre die »Innere Sicherheit« ein Markenzeichen, auch in Wahlkämpfen. Unter der Vorsitzenden Merkel hat sich auch das geändert. Im Lande der Dichter und Denker spielt die Innere Sicherheit, zumindest die des einzelnen Bürgers, kaum noch eine Rolle. Die Polizei wurde kaputt gespart (wie inzwischen auch die SPD anmerkt, die das jahrelang mitgetragen bzw. zu verantworten hatte), die inzwischen frustrierten Beamten, die hilflos zusehen müssen, wie Politik und Justiz den Rechtsstaat verkommen lassen (siehe Seite 145) konzentrieren sich darauf, Parktickets zu schreiben. Und wenn sie dann in einem spektakulären Fall – so an Silvester 2016 in Köln – wirklich erfolgreich sind, werden sie von törichten grünen Ideologen mit absurden Vorwürfen überzogen. Wer seine Augen offen hält, muss leider sehen: Durch die Asylantenflut ist der Rechtsstaat bedroht, das staatliche Gewaltmonopol unter die Räder gekommen.

Seit Jahren erheben Vertreter der Polizisten die Forderung, die Angriffe gegen Polizeibeamte in den § 115 StGB aufzunehmen und somit als Straftat zu deklarieren. Besonders in Wahljahren beeilten sich Politiker der Altparteien, diese Forderung zu realisieren und versprachen vollmundig, sich für die Beamten einzusetzen. Geschehen ist bislang – nichts Wesentliches!!! Wie weit sich das Denken gewisser Politiker von der Realität entfernt hat, das haben die Vorsitzende der Grünen, Simone Peter, und ein Berliner Genosse Anfang des Jahres demonstriert: Als die Polizei in Köln die Silvesterfeier zum Jahreswechsel gegen die kriminellen Ausländerbanden erfolgreich schützte und polizeiintern von »NAFRIs« (Nordafrikanische Intensivtäter) sprach, sahen die schäbigen Linken darin einen Akt des Rassismus – man fragt sich, wie weit die perverse Ideologie noch getrieben werden soll. Vor dem Hintergrund der Übergriffe ein Jahr zuvor kommt einem der Sprachstreit um »Nafri« und »racial profiling« wie eine Beleidigung des gesunden Menschenverstandes vor. Im linken Paradies wird über Begriffe gestritten, anstatt Verantwortung für die Sicherheit des öffentlichen Raumes zu übernehmen und unangenehme Entscheidungen zu treffen.

Der vorläufig tragischste Fall von Terrorismus in Deutschland ist der Mordanschlag auf den Weihnachtsmarkt in Berlin. Der tunesische Terrorist Anis Amri war mit einem 40-Tonnen schweren LKW in die Besucher gerast, hatte zwölf Menschen dabei getötet und rund 50 zum Teil lebensgefährlich verletzt. Zum Skandal wurde dieser Anschlag, als die Behörden nicht mehr verheimlichen konnten, dass Amri als sogenannter »Gefährder« bekannt war, dass sein Asylantrag abgelehnt worden und er zur Abschiebung vorgesehen war, dass er in NRW auch zeitweilig überwacht worden war und dann aber wieder – obwohl er mit Anschlägen gedroht und den Kauf von Schnellfeuergewehren angekündigt hatte – unbeaufsichtigt auf die Menschen losgelassen worden ist; es gibt praktisch keinen Fehler, den der famose Innenminister dieses Bundeslandes nicht begangen hat. Er hat dem »Schutzsuchenden« Mörder wirklich jeden Schutz gewährt, der nur möglich war.

Es wirkt deshalb wie eine – freilich traurige – Satire zu wissen, daß Amri auch ein Meister des Sozialbetruges war, was geradezu beispielhaft für die von der Merkel-Regierung zu verantwortende rechtswidrige, fehlerhafte und verantwortungslose Flüchtlingspolitik gilt. Der Tunesier war in Deutschland mit insgesamt sieben unterschiedlichen Identitäten in verschiedenen Regionen gemeldet und sackte für jede dieser Alias-Angaben die entsprechenden Sozialleistungen ein.

In Deutschland meldete er sich unter seinem regulären Namen an, beantragte Asyl und bezog die entsprechenden Leistungen. Er »erweiterte« seine Identitäten dann Schritt für Schritt um den aus Ägypten stammenden Ahmed Zagloul (geboren am 22. Dezember 1995), Anis Amir aus Tataouine (Tunesien, geboren am 23. Dezember 1993), Ahmad Zarzoud (geboren am 22. Oktober 1996 in Ghata/Libanon), zwei Mal Ahmed Almasri aus Ägypten (einmal am

01. Januar 1995 in Iskandria geboren, das andere Mal am selben Tag in Alexandria geboren) und Mohamed Hassa (geboren am 22. Oktober 1992 in Catrichik/Ägypten).

Für alle diese Alias beantragte er Asyl und bezog die entsprechenden Sozialleistungen. Ein Datenabgleich zwischen den Behörden fand und findet nicht statt. Auch ein grenzüberschreitender Informationsaustausch erfolgt nach wie vor nicht.

Ein ALG-II-Bezieher aber muss bei jeder beantragten Leistung seine persönlichen Lebensumstände bis ins kleinste Detail offenlegen und läuft Gefahr, dass ihm diese Leistungen bei der kleinsten Ungenauigkeit verwehrt oder gesperrt werden.

Was den Fall Amri aber auch zu einem Skandal der deutschen Sicherheitsbehörden macht ist die Tatsache, dass sowohl der US-Geheimdienst CIA als auch europäische Sicherheitsbehörden Deutschland seit Monaten ganz konkret gewarnt hatten vor der Gefahr, dass die von Merkel eingeladenen Zuwanderer Anschläge verüben könnten. Der Terrorist Amri ist keine Ausnahme. Nach Recherchen des »Spiegel« waren bei fünf islamistischen Terroranschlägen von 2014 bis 2016 in Paris und Brüssel 17 Asylanten beteiligt. Davon waren 15 (!) den Behörden als einschlägige Gefährder bekannt. Die Dienste hatten offenbar sehr konkrete Hinweise darauf, dass unter den sogenannten Asylanten zwischen 7.000 und 10.000 als Flüchtlinge getarnte IS-Kämpfer eingesickert sind. Und sie kommen zum Teil nicht einmal illegal: Sie werden »gerettet«, wenn sie die Seegrenzen ihres Transitlandes überquert haben und – geplant oder auch nicht – in Seenot geraten sind, dann dürfen sie sich darauf verlassen, völlig legal nach Europa einzureisen. Frontex als Schlepperorganisation der Europäer – ein Komiker kann es nicht besser erfinden. Kein Wunder, dass die Flüchtlingspolitik der Frau Merkel im Ausland nur als »irrsinnig« betrachtet wird.

Und immer wieder wird die Polizei zum Sündenbock erklärt. Besonders »fortschrittliche« Politiker und ihre Papageien in den Medien wissen bei jedem Erfolg der Beamten, dass man das doch hätte ganz anders machen müssen, und bei jedem Misserfolg ist die

Schuldfrage sowieso klar. Hinzu kommt: Die Polizei – zusammengespart, unzureichend ausgerüstet, ist immer wieder den Angriffen des linken Mobs ausgesetzt (der von manchen Politikern nonverbal ermutigt wird). Öffentliche Sicherheit? Seit 2015 sind 1,5 Millionen Asylsuchende eingewandert, darunter bis zu 70 Prozent alleinstehende Männer und Jugendliche. In der Alterskohorte zwischen 15 und 30 stehen sechs Millionen Einheimische einer Million zugewanderter Gleichaltriger gegenüber. Ändert sich bei der Einwanderungspolitik nichts, wird deren Anteil in den nächsten Jahren auf mehr als 20 Prozent wachsen. Der schrumpfende Teil jener, »die länger hier leben«, muss also nicht nur für eine steigende Zahl junger Arbeitsloser aufkommen, sondern auch die innere Sicherheit gewährleisten. Es fragt sich nur, ob man als junger Mensch angesichts der Ressentiments gegen die Polizei überhaupt noch Lust verspürt, die Drecksarbeit zu verrichten.

Das Merkel-Desaster

Es war ein Applaus-Tsunami! Die rund 1.000 Delegierten in Essen wollten mit dem Klatschen gar nicht mehr aufhören, elf (!) Minuten lang durfte sich die CDU-Vorsitzende nach einer wie bei ihr üblich langweiligen Rede im Begeisterungsrausch ihrer Anhänger sonnen. Und auch wenn man davon ausgeht, dass da Claqueure am Werk waren (auch die Parteitagsregie weiß natürlich, dass Journalisten mit der Stoppuhr messen), so wird man sich doch fragen, ob diese Delegierten sich noch im Spiegel sehen können, ohne schamrot zu werden. Wenn ihnen schon das Land egal ist (was schlimm genug wäre), so müsste ihnen doch wenigstens klar sein, dass Frau Merkel die Partei in den Abgrund steuert. Doch der verkrustete Wahlverein aus Schleimspursurfern merkt nicht einmal mehr das.

Denn es ist ja wohl kein Zufall, dass die Umfragen nach der Kür von Martin Schulz die Union im Keller sahen. Immer mehr Menschen trauen sich inzwischen zu sagen: Merkel muss weg! Und dieser Trend hat längst auch die CDU erfasst, auch wenn ihre Vasallen noch den Schein zu wahren beabsichtigen. Vor Jahren schon war es ein geflügeltes Wort: Unter Merkel ist die CDU die beste SPD, die es je gab. Die Vorsitzende, die einst mit einer Putsch-ähnlichen Aktion die CDU-Führung an sich gerissen hat, danach mit brutaler Gewalt alle interessanten Figuren in der Partei killte und um sich eine Truppe von profillosen Jasagern installierte, hat im Laufe der Jahre alles entsorgt, was zum Markenkern der Partei zählte. Die diktatorische Alternativlosigkeits-Attitüde, die ja eigentlich ein Denkverbot ist, hat das Denken der Funktionsträger geprägt. Wer die einsamen Entscheidungen Revue passieren lässt (Eurorettung, Wehrpflicht, Energiewende und Einwanderungspolitik), jene Entscheidungen, die mit Fug und Recht als gesetzes- und verfassungswidrige Willkürakte zu bezeichnen sind, die nicht nur Deutschlands, sondern auch Europas Interessen schädigten, hat keinen

Zweifel: Merkel muss weg. Das alles waren Entscheidungen, die nicht »nur« in ökonomischer, sondern auch in sicherheitspolitischer Hinsicht langfristig fatale Folgen haben werden. Es waren alles Festlegungen, die auf die Zustimmung der Medien zielten (mit Erfolg), da Frau Merkel wusste: Mit Unterstützung einer linken Medienmafia in Deutschland kann man der Öffentlichkeit jeden Nonsens verkaufen. Und so sieht ihre Politik denn auch aus. Selbst die Merkel-hörige *FAZ* hat inzwischen erkannt: »Das, was Helmut Kohl in den ersten zwölf Jahren seiner Amtszeit zusammengefügt hat, hat Merkel im selben Zeitraum wieder zerrissen: die Unionsparteien, das eigene Land, sogar Europa – und das gute Verhältnis zu Russland… Dass Deutschland mittlerweile in Europa isoliert ist – vor allem aber, dass das so eminent wichtige Verhältnis zu Frankreich von Fillon als »noch nie so leer« gewesen bezeichnet wird –, das ist die Zwölfjahresbilanz der Kanzlerin. Welch krasse Diskrepanz zu ihrem Förderer!« (FAZ-Leserzuschrift).

Das Phänomen Merkel, das in ganz Europa nur noch mit Kopfschütteln beobachtet wird, ruft ja nicht umsonst eine so ausgeprägte weitverbreitete Abneigung hervor. Alle Regierungschefs können sich darauf verlassen: Bei ihr gilt das gebrochene Wort. Merkel muss weg, sagen inzwischen auch jene, die über Jahre hinweg ihre Anhänger waren. Die Frau, die nach der Wende eher zufällig als »Kohls Mädchen« in die Politik plumpste, hat die CDU aufgemischt, hat alle christdemokratischen Werte über Bord geworfen, hat die CDU rot-grün eingefärbt, einen autoritären Sozialismus installiert und rücksichtslos alle kompetenten Funktionäre der Partei weggebissen – man erinnere sich nur daran, wie ihr Mentor Kohl ihrem Killerinstinkt zum Opfer fiel.

Die Funktionäre der CDU mussten (und müssen) sich entscheiden: Wollen sie Karriere machen (und dabei mithelfen, die Partei zu zerstören), oder wollen sie noch in den Spiegel schauen können. Es ist nur eine verschwindende Minderheit, die sich dazu entschloss und in Kauf nahm, von der Vorsitzenden kalt gestellt zu werden. Ihr Kabinett sieht entsprechend aus: Profillose Speichellecker, die sich darin überbieten, vor der Vorsitzenden auf Knien zu rutschen in der Hoffnung, auf diese Weise würde ihre absolute Kompetenzlosigkeit nicht so sehr auffallen. Und andererseits ist auch verständlich: Wenn eine Kanzlerin über so wenig Substanz verfügt wie Frau Merkel, ist sie auf Feigheit und Anpassung ihrer Umgebung angewiesen, kann keine qualifizierten Mitarbeiter brauchen. Ihre Art des Regierens ist eine Art Spätbyzantinismus, der nur einen einzigen Grundsatz kennt: Umgeben von einem Heer der Schmeichler nur keine persönlichen Risiken, nur keine Verantwortung übernehmen. Show anstelle von Politik im Sinne des Amtseides.

Die Methode, innerpolitische Gegner zu schlachten, hat Frau Merkel als FDJ-Propaganda-Chefin gelernt und in der CDU trefflich verfeinert. Wer zum Beispiel die Meinung äußert, über ein strittiges Thema solle diskutiert werden, gilt als Widersacher der Vorsitzenden und wird abgestraft. Unter Angela Merkel wurde die CDU zu einem Einheitsbrei, zusammen mit den Grünen sozialdemokratisiert. Prof. Gertrud Höhler kommt im Rahmen einer Analyse der Merkel-Politik zu einem ähnlichen Ergebnis: Sie hat »leidenschaftslos und wertneutral...CDU, CSU, SPD, FDP, Grüne und Linke zu einer Quasi-Einheitspartei geformt, mit der sie nach Gutdünken umspringt...Staaten, in denen der Wettbewerb nur vorgetäuscht wird, Nationen, von denen regelmäßig sehr hohe Mehrheiten für die Projekte der Regierung gemeldet werden, nennen wir totalitäre Systeme oder Unrechtsstaaten. Die Regierung Merkel hat den Pfad der Demokratie verlassen.« Das »autokratische System Merkel« beschreibt Frau Höhler als »wertentleertes Erfolgskonzept« wie folgt: »Vertrauensbruch, geschredderte Versprechen, Täuschungsmanöver mit Wertezitaten, Missbrauch von Ethik und Moral zur Befriedung der »andern«, das machen Falschspieler.« Frau Höhlers Antwort: »Wer Normen und Werte einer demokratischen Gesellschaft zur Manövriermasse macht wie Angela Merkel, der arbeitet am Zerfall der Demokratie.« Franz Josef Strauß hat das in die einprägsame Formel gekleidet: »Nicht sagen, **was** ankommt, sondern sagen, **worauf** es ankommt!«

In Deutschland hat man sich längst daran gewöhnt, dass Politiker sich drehen wie der Hahn auf dem Kirchturm im Wind. Sie verkaufen die neueste Meinungsumfrage als Basis ihrer Werte und Grundsätze, ungeachtet der Tatsache, dass da Umfragefälscher am Werk sind, die im Auftrag ihrer Partei absurde Zahlen veröffentlichen.

Die Bundeskanzlerin als Beispiel: Europas oberste Invasionschefin nimmt es niemals so ganz genau mit Recht und Gesetz, ja selbst mit der Verfassung, wenn diese ihrem politischen Willen entgegenstehen. Einer Alleinherrscherin gleich setzte sie beispielsweise Anfang September 2015 zahlreiche deutsche und internationale Gesetze und Rechtsvorschriften außer Kraft, als sie die deutschen Grenzen zugunsten der Asylantenflut quasi abschaffte mit dem fatalen Satz: Wir schaffen das. Bis heute hat Merkel weder diesen Gesetzesbruch revidiert noch wurde sie von den entsprechenden Institutionen dafür zur Verantwortung gezogen. Aber sie weiß: Die Medienmeute steht hinter ihr, devot, wie sie noch niemals zuvor gegenüber einem Regierungschef war.

Wir schaffen das! Im Jahre 2017, angesichts zunehmender Empörung der Wähler, mag die Kanzlerin diesen Satz nicht mehr wiederholen, sie hat ihn jedoch nun durch einen neuen, nicht weniger sinnfreien ersetzt: »Das Volk ist jeder, der in unserem Land lebt.« Mit anderen Worten: Frau Merkel entscheidet, was das Volk ist und wer dazu gehört. Da ja nach ihrem Verfassungsbruch vor zwei Jahren sich jeder »in unserem Land« aufhalten kann, ist damit die Tür zur absoluten Willkür in Rechtsstaat und Demokratie geöffnet. Der Kollege Unterberger meint: »Mit diesem mehr als erstaunlichen Satz schafft Merkel den Begriff der Staatsbürgerschaft ab, der bisher erst die Volkszugehörigkeit hergestellt hat. Sie zeigt auch, wie willkürlich sie mit dem deutschen Grundgesetz umgeht. Denn schon im ersten Artikel steht das ,Deutsche Volk'. Das ,Volk' findet man dort auch an vielen anderen Stellen, etwa in Hinblick auf die Abgeordneten, die als ,Vertreter des ganzen Volkes' bezeichnet werden.

Das Grundgesetz hat einen total anderen Volks-Begriff als jenen, der in der Formulierung Merkels zu hören ist. Denn wenn plötzlich jeder, ‚der in unserem Land lebt', zum Volk gehört, dann gehören nicht mehr nur die Staatsbürger dazu, sondern auch alle Migranten, ob sie nun legal oder illegal ins Land gekommen sind, ob sie nun Asylanspruch haben oder nicht. Ja, sogar alle Touristen. Andererseits werden alle (bisherigen?) deutschen Staatsbürger vom Volk ausgeschlossen, sobald sie im Ausland leben.« Es ist unvorstellbar: Zunächst hat diese Frau eigenmächtig und von der SED-neu unkontrolliert mit der Grenzöffnung deutsches und europäisches Recht außer Kraft gesetzt, nun will sie auch noch das deutsche Volk abschaffen. »Wenn Angela Merkel die Wahl im Herbst verlieren sollte«, so zu lesen bei Tychi, »dann wird es geschehen, weil sie das verbindliche Gegenüber zu ihrem Volk verloren hat – das Gegenüber, das für andere Kanzler der Bundesrepublik eine Selbstverständlichkeit war. Merkels Worte verraten, dass sie ihren Vertrag mit dem Volk längst innerlich gekündigt hat. Ihr Verhältnis zu Deutschland ist nicht mehr verlässlich.« Man kann es auch anders formulieren: Sie hat ihren Amtseid gebrochen.

Und so lesen wir – bezeichnender Weise nicht in deutschen Zeitungen – dass Frau Merkel und ihr Gruselkabinett einen weiteren Millionen-Zuzug nach Deutschland planen. »Englische Medien sind über ein Strategiepapier der Bundesregierung empört: ‚Haben die nichts gelernt? Merkel-Regierung hofft auf 12 Millionen Migranten.'« Man muss es heute schon aus britischen Medien erfahren: Es gibt ein geheimes Papier der deutschen Bundesregierung, das die Masseneinwanderung nach Deutschland feiert. Die Medien hierzulande haben noch gar nicht über das Strategiepapier berichtet, das Anfang Februar 2017 zur internen Verwendung verbreitet worden sein dürfte. In dem Dokument heißt es wörtlich: »Aus bevölkerungswissenschaftlicher Sicht erscheint auch eine höhere dauerhafte Zuwanderung von 300.000 möglich.« Bis zum Jahr 2060 sollen so 12 Millionen Migranten nach Deutschland kommen, was für das Innenministerium, das das Papier verfasst hat, eine erfreuliche Entwicklung ist: »Die Bevölkerung in Deutschland ist in den letzten Jahren bezogen auf ihre Herkunft zudem vielfältiger geworden.« Ganz im Sinne der Kanzlerin, die vom »deutschen Volk« nichts wissen will und deshalb offenbar den Plan entwickelt hat, das Volk auszutauschen. Übrigens keine neue Haltung bei ihr: Als sie im Jahre 2004 gefragt wurde, welche Empfindungen sie mit Deutschland verbinde, meinte sie: »Ich denke an dichte Fenster! Kein anderes Land kann so dichte und so schöne Fenster bauen.« Kann man deutlicher darauf verweisen, dass man mit diesem Volk nichts zu tun haben will?

Ein bezeichnendes Beispiel für Frau Merkels Führungsstil des Täuschens, des Falschspielens, ist ihre Reaktion auf Thilo Sarrazins Buch »Deutschland schafft sich ab«. Obwohl sie, wie sie später zugab, nicht eine Seite gelesen hatte, kam sie zu dem vernichtenden Urteil: Nicht hilfreich. Und sie betrieb seine Entlassung aus dem Staatsdienst. Wie immer bei ihr: Die Medien hatten ein Urteil gefällt, sie hatte zwar keine Ahnung, aber plapperte nach, wovon sie meinte, es würde ihrer Popularität nützen. Nennen wir's staatlich betriebenen Rufmord. Ihre Politik ist eine Mischung aus Sendungsbewusstsein, Anmaßung und Machbarkeitsillusion – ein Kartenhaus, das in absehbarer Zeit zusammenbrechen wird.

Das konkreteste, leider auch für die Bevölkerung teuerste Beispiel des Merkelschen Opportunismus ist die sogenannte Energiewende. Bis 2011 in Japan das Kernkraftwerk Fukushima durch einen Tsunami zum Teil zerstört wurde, gab es hierzulande keinen Zweifel: Wir haben die sichersten Kernkraftwerke der Welt. Und Frau Merkel konnte gar nicht oft genug betonen, dass man an der Atomkraft noch über Jahre festhalten wolle und eine Verlängerung der Laufzeiten »alternativlos« sei. Allerdings gab es bereits innenpolitische Zweifel, ob die schwarz-gelbe Koalition die Wahl 2013 überstehen würde. Und Frau Merkel schaltete nach dem Reaktorunfall in Japan blitzschnell: Den möglichen Koalitionspartner »Die Grünen« galt es einzufangen, die Anti-Atompartei musste geködert werden, ob darüber das Land in eine Energiekrise gestürzt, die Menschen mit teurem Strom törichte Entscheidungen bezahlen würden – egal, Frau Merkel schielte auf Mehrheiten und so wurde der Atomausstieg von heute auf morgen beschlossen. Das anschließende Chaos der Stromversorgung interessierte die Kanzlerin nicht.

Auch das Flüchtlingschaos interessiert Frau Merkel nur insoweit, als ihr Pöstchen betroffen ist. Ihre Antwort auf die Frage, wie die Flut zu bewältigen sei, ist eindrucksvoll: »Ist mir egal, ob ich schuld am Zustrom der Flüchtlinge bin, nun sind sie halt da«. In der Tat haben die Bundesländer (besonders Bayern) die Hauptlast getragen, aus Berlin kamen mehr oder weniger (meist weniger) kluge Kommentare.

Lediglich zur Parodie taugt schließlich Merkels letzter Versuch, der von ihr ausgelösten Flüchtlingskrise Herr zu werden. Ausgerechnet den türkischen Diktator erkor sie zum Helfer – so macht man den Bock zum Gärtner. Der Philosoph und Schriftsteller Rüdiger Safranski meint denn auch bezüglich Erdogans Rüpeleien gegen Merkel: »Es geht um die deutsche Souveränität. Die Reaktionen von Angela Merkel werden dem überhaupt nicht gerecht. Es fehlt an der notwendigen demokratischen Selbstachtung. Wenn man als faschistisches Land beschimpft wird, wäre es wohl das Mindeste gewesen, den türkischen Botschafter einzubestellen und eine Entschuldigung in aller Form zu verlangen. Nichts dergleichen ist geschehen.«

Denn die Zeiten sind vorbei, in denen Tayyip Erdogan zur Bundeskanzlerin aufgeblickt hat. Als das noch der Fall war, kam er nach Deutschland; seit es nicht mehr der Fall ist, besucht umgekehrt Angela Merkel die Türkei – nun das fünfte Mal in anderthalb Jahren. Sie reist devot als Bittstellerin, etwa um im Wahljahr das Flüchtlingsabkommen mit der Türkei zu retten; offenbar hat Erdogan sie darüber aber im Unklaren gelassen. Sie nähert sich ihm nur noch auf Knien, Anfang 2017 wagte sie es in Ankara, vom islamistischen Terror zu sprechen – die Ohrfeige, die sie dafür erhielt, war bis in Berlin zu hören.

Aus Merkels Sicht der Dinge ist ihre Unterwürfigkeit sogar verständlich: Man stelle sich vor, der Diktator vom Bosporus würde ausgerechnet im Wahljahr wie angedroht die Grenzen für Millionen »Flüchtlinge« öffnen – das ganze Kartenhaus der Frau Merkel würde krachend zusammenstürzen. Dass es zusammenstürzen wird, darüber sollte sich niemand Illusionen hingeben, die deprimierende Tölpelhaftigkeit der sogenannten Eliten hat ja eine Situation geschaffen, in der Deutschland von einem irrlichternden Despoten abhängig ist, in der man mit bangem Blick nach Ankara schielt, ob der Daumen nach oben oder nach unten gerichtet ist. Dass diese Kanzlerin gleichzeitig die Chuzpe hat, dem amerikanischen Präsidenten auszurichten, was europäische Werte sind, ist eigentlich ein Fall fürs Kabarett.

Und da ist schließlich noch der für den deutschen Steuerzahler ebenso fatale Fehler der Griechenlandhilfe (siehe Seite 171) Es gab von vorn herein keinen Zweifel, dass jeder Euro aus diesen Milliarden-schweren Hilfspaketen rausgeschmissenes Geld ist, dass hier ein schändliches Spiel mit dem deutschen Volksvermögen gespielt wird – die Kanzlerin, die ja den Nutzen des deutschen Volkes mehren und Schaden von ihm zu wenden geschworen hat, interessierte das alles nicht. Ebenso wenig wie die Rechtssicherheit des Volkes, die, so ihre Sprache, »die schon länger hier sind«. Es ist schwer zu definieren, was diese Frau überhaupt interessiert.

Wer Frau Merkel zu beschreiben sucht, wird sich an die eindrucksvolle Szene bei der Wahlparty der CDU 2013 erinnern. Die Partei hatte hervorragend abgeschnitten, auf einer Bühne jubelnde Funktionäre, einer – damals Generalsekretär – schwenkte ein Deutschland-Fähnchen. Sichtlich angewidert riss Frau Merkel dem Jubler das schwarz-rot-goldene Fähnchen aus der Hand und warf es beiseite. Die Botschaft ist klar und wird verstanden: Eine Kanzlerin, die sich längst von den Deutschen abgewendet hat. Man muss kein Psychologe sein um zu erkennen: Alles, was mit deutschen Symbolen zu tun hat, ist für Frau Merkel einfach nur widerlich.

Nationalismus

Die politische Korrektheit nimmt immer schamlosere Züge an. Waren es bisher gut betuchte Salonmarxisten, die in ihrem intellektuellen Elfenbeinturm die Welt zu retten vorgaben, so hat sich diese moderne Form der Hirnerweichung inzwischen bis zum Bildungsbürger vorgearbeitet. Nationalismus, Patriotismus, Leitkultur, ein »national-populistischer Kurs« – da wird alles durcheinander geworfen, Hauptsache, man kann der AfD schaden. Für die modernen Gesellschaften des Westens gebe es, wie manch einer meint, nur eine historische Richtung: Weg vom Nationalstaat und hin zur Schaffung transnationaler Organisationen. So kann man sich irren, meint die Zeitschrift *cicero*: »Denn der Nationalstaat ist alles andere als tot und die Idee der Nation erweist sich als überaus zählebig. Europaweit sind national gesonnene Parteien auf dem Vormarsch. Das ambitionierteste transnationale Projekt der Weltgeschichte, die Europäische Union, droht zu scheitern.« Und weiter meint *cicero*: »Menschen brauchen ein Identitätsbewusstsein. Andernfalls haben sie das Gefühl, in einem anonymen Meer globaler Austauschbarkeit zu versinken. Den dafür notwendigen Identifikations- und Zugehörigkeitsraum bietet das Konzept der Nation, da es auf Sprache, Traditionen, Landschaften und Erinnerungsorten basiert. Hier fühlen sich Menschen geborgen, zugehörig und beheimatet. Durch einen blutleeren Verfassungspatriotismus etwa ist das kaum zu ersetzen.«

Aber zugegeben: Der Begriff Nationalismus ist heute doppeldeutig, bedarf auf jeden Fall einer Definition, denn er ist selbstständige politische Kraft. Der Nationalismus – heute meist als »Unwort« verwendet – ist in allen seinen Varianten, den schönen ebenso wie den hässlichen, eine durchaus zeitgeistige Phrase. Den Gipfelpunkt missbräuchlicher Wortverwendung freilich leisten sich alle jene Machtmenschen, die für ihre »Größe« und ihre höchstpersönliche »Geltung« dann an eine ihnen passende »Nation« appellieren, um deren Kräfte erbarmungslos vor den Wagen der eigenen politischen Ziele zu spannen. Die Namen dieser größenwahnsinnigen Machtmenschen füllen die Geschichtsbücher. In unserer Gegenwart fühlt man sich an einen gewissen Recep Tayyip Erdogan erinnert.

Sätze wie oben, zitiert in einem seriösen Meinungsmagazin, wären vor ein paar Jahren noch völlig undenkbar gewesen. Es scheint, als hätten sich die PC-Jünger mit ihrem Kampf gegen den normalen Bürger ein wenig verrannt. Sehen wir uns also an, was hinter dem »Tabu-Wort« steckt und wie die Demagogen es als Kampfbegriff verwenden. Nationalismus bezeichnet eigentlich nur Weltanschauungen und damit verbundene soziale Bewegungen, die die Herstellung und Konsolidierung eines souveränen Nationalstaats und eine bewusste Identifizierung und Solidarisierung aller Mitglieder mit der Nation anstreben.

Anthony D. Smith, Professor an der London School of Economics nannte 1971 in seiner »Theories of Nationalism« vier Merkmale für Nationalisten:

• Die Menschheit teile sich von Natur aus in Völker auf, wobei jedes Volk seinen Nationalcharakter habe. Nur durch deren Entfaltung könne es zu einer fruchtbaren und harmonischen Völkergemeinschaft kommen.

• Um diese nationale Selbstverwirklichung zu erreichen, müssten sich die Menschen mit ihrem Volk, ihrer Nation identifizieren. Die daraus erwachsende Loyalität stehe über allen Loyalitäten.

• Nationen könnten sich nur in eigenen Staaten mit eigenen Regierungen voll entwickeln; sie hätten deshalb ein unveräußerliches Recht auf nationale Selbstbestimmung (Selbstbestimmungsrecht der Völker).

• Die Quelle aller legitimen politischen Macht sei daher die Nation. Die Staatsgewalt habe allein nach deren Willen zu handeln, sonst verliere sie ihre Legitimität.

Es dürfte für diejenigen, die den Nationalismus pauschal verurteilen, schwer sein, in diesen vier Punkten (andere Denker haben ähnlich argumentiert) irgendetwas zu finden, das ihre Verurteilung begründet. Wobei hinzuzufügen ist: Die Ablehnung des Nationalismus gibt es nirgends auf der Welt, mit Ausnahme von Deutschland und Österreich, und hier spielt natürlich die jüngste deutsche Geschichte eine entscheidende Rolle. Aber es sollte auch nicht vergessen werden, dass die Geschichte beider Länder mehr als tausend Jahre zurückreicht und die Konzentration auf die bewussten zwölf Jahre nur den engen Horizont derer beschreibt, die sich beständig im Morast dieser Zeit suhlen.

Es ist ja gerade der Gegensatz von Nationalismus und Nationalsozialismus, der den nationalbewussten Bürger auszeichnet. Während er seine Nation ebenso wie andere Nationen achtet, war der Nationalsozialismus eine radikal antisemitische, rassistische, antikommunistische und antidemokratische Weltanschauung, die neben sich keine anderen Nationen akzeptieren wollte, die den Nachbarvölkern den Respekt verweigerte, ihnen die Würde absprach. Ganz ähnlich der Chauvinismus, der als aggressiver Nationalismus zu definieren ist, bei dem sich Angehörige einer Nation aufgrund ihrer Zugehörigkeit zu dieser gegenüber Menschen anderer Nationen überlegen fühlen und diese abwerten.

Nationalismus ist, so definiere ich es, eigentlich identisch mit Patriotismus, eine emotionale Verbundenheit mit der eigenen Nation, also etwa ethnische, kulturelle, politische oder historische Bezüge, im Deutschen auch als Vaterlandsliebe zu bezeichnen. Doch selbst hier scheiden sich die Geister: Vaterland, so die fanatischen Verfechter des »Neusprech«, soll ja, weil während der Nazi-Zeit missbraucht, auch eines der Tabu-Wörter sein und auf dem Index der politischen Korrektheit landen. Wird man auch General de Gaulle ein Kains-Zeichen umhängen, weil er vom »Europa der Vaterländer« geträumt hat?

Patriotismus

»Frage nicht, was dein Land für dich tun kann, frage, was du für dein Land tun kannst!« Dieser Satz des ehemaligen amerikanischen Präsidenten John F. Kennedy definiert klar und unmissverständlich, was unter Patriotismus zu verstehen ist. Es gibt kaum ein Land auf dieser Erde, in dem die Menschen diesen Satz nicht verstehen und bejahen würden.

Außer Deutschland und Österreich! Die nach 1945 oktroyierte Umerziehung (die inzwischen von den Umerziehern selbst als Fehler erkannt worden ist) hat dazu geführt, dass in diesen beiden Ländern das Geschichtsbild verzerrt wurde, dass über Traditionen nur abfällig geredet wird und damit auch das Wertegefühl junger Menschen erschüttert wurde und wird – mehr als 70 Jahre nach Kriegsende heute härter denn je. Sich zur eigenen Nation zu bekennen, gilt hierzulande bestenfalls als reaktionär, zuweilen auch als faschistisch. Ganz grundsätzlich aber gilt für den Patrioten: Je mehr andere Völker und Kulturen er kennen und schätzen lernt, desto mehr wird ihm die geistige Entwicklung der Menschheit bewusst.

Ein Berater von Präsident Trump, Steven Kuhn, hat in der »Freien Welt« mit einem bemerkenswerten Interview die Deutschen zum Nachdenken angeregt: »Der europäische Mainstream ist überwiegend linkslastig und in derselben Lage wie die USA ungefähr vor einem Jahr: Die PC-Jünger sind gefangen im Glauben, dass nur sie die «wirklich guten Menschen" seien. Sie müssen dies glauben, da sie ihr ganzes Leben auf dieser Prämisse aufgebaut haben ... Unglücklicherweise sehen viele den Wald vor lauter Bäumen nicht, weil sie ihren eigenen Niedergang nicht erkennen. Die Schlussfolgerung, dass sie nur zum Glauben verleitet wurden, die ,einzig wahren guten Menschen' zu sein, würde ihr gesamtes bisheriges Leben, ihre Karriere, ihre Freundschaften und moralischen Überzeugungen in Frage stellen.

Das ist der Grund, warum der Kampf gegen die sogenannten Populisten in Europa so stark unterstützt wird, nicht weil die Parteien wie die AfD tatsächlich populistisch wären, sondern weil die politische Elite und ihr Establishment in Panik geraten sind und sie wissen, dass es keinen anderen Weg gibt, ihre Positionen und Lebensstil zu schützen. Jeder, der auch nur ein bisschen Interesse zeigt, kann erkennen, dass auf die Wahrheit nicht eingegangen wird. Stattdessen wird eine Art identitätsstiftende Politik betrieben, um die Bürger auf bestimmte aktuelle Themen zu lenken: In letzter Zeit waren es die Immigranten aus islamischen Ländern, und warum hier gutmütig zu sein der Grund ist, dass die Linken sich tatsächlich als die ‚Guten' fühlen. Erstaunlich ist es, wie die Terrorattacken und die Furcht vor weiteren Angriffen einfach ignoriert werden – im Vorhaben, die öffentliche Meinung dahingehend zu formen, dass der linkspolitische Weg der einzige sei, den man gehen könne. Die Bürger durchschauen das mehr und mehr. Das Establishment verliert an Boden. Das führt dazu, dass andere Parteien an Boden gewinnen. Und das wird nicht so schnell aufhören. Die Bürger wollen die Kontrolle über ihr eigenes Land zurück und wollen, dass man zuerst an sie denkt, bevor man sich um andere kümmert. Und daran ist nichts auszusetzen, besonders jetzt in wirtschaftlich schwierigen Zeiten.« Und Kuhn meinte weiter: »Wann regt sich eine Person auf und verliert Kontrolle? Sie schreien dich an, greifen dich womöglich an oder beleidigen dich? Ich sage Ihnen, wann das passiert: Wenn sie feststellen, dass sie in der Verlierer-Position sind und die Fähigkeit verloren haben, es noch in ihre Richtung herumzudrehen. Es ist ein Ausdruck der Hilflosigkeit, wahrlich wie ein Kind, das seinen Willen nicht bekommt, aber nicht rational ausdrücken kann, warum das so ist, und am Ende es auch nicht wirklich wissen will, sondern nur seinen Willen durchsetzen will.«

Was überall auf der Welt als Selbstverständlichkeit gilt, Vaterlands- und Heimatliebe, die gefühlsmäßige Bindung an Traditionen, der Stolz auf die kulturellen Leistungen des eigenen Volkes, der eigenen Nation, hierzulande, im Lande der Vergangenheitsbewältigung, ist es unerwünscht, gilt als Vergehen, wird als Tabubruch behandelt. Nur gilt nach wie vor der Satz von Johannes Groß: »Die Verwaltung der deutschen Schuld und die Pflege des deutschen Schuldbewusstseins sind ein Herrschaftsinstrument. Es liegt in der Hand aller, die Herrschaft über die Deutschen ausüben wollen, drinnen wie draußen.« Hinzuzufügen ist, dass es heute mehr Kräfte »drinnen« gibt, die mit dem Schuldbewusstsein Politik betreiben und Profite machen. Im Ausland sehen viele Menschen die deutsche Haltung der Selbstbezichtigung eher mit Argwohn.

Selbstwertgefühl, Patriotismus, das ist für andere Völker, die ja auch ihre »Vergangenheit« haben, kein Grund, diese zu bewältigen. Für sie ist es Teil des täglichen Lebens, kaum einer käme auf die Idee, dies in Frage zu stellen. Unsere Vergangenheitsbewältigung ruft daher auch keineswegs Anerkennung, sondern nur Verachtung hervor. Hin und wieder wird man dann von Ausländern sogar darauf hingewiesen, dass Asche nicht unbedingt eine elegante Kopfbekleidung ist. Wer sich ein wenig auskennt in Musik und Literatur, in Malerei und technischen Erfindungen, wird die Kreativität deutscher Geister voller Bewunderung nennen. Vernon Walters, langjähriger US-Botschafter, hat die kleinkarierte Selbstbeschuldigung der Deutschen mit folgenden Sätzen kritisiert: »Was ihr Deutschen braucht, ist mehr Selbstachtung und Patriotismus. Ihr habt das Recht dazu! Ihr seid ein großes Volk, das der Welt unermessliche Kulturschätze geschenkt hat, Schätze der Wissenschaft und der Kunst.« Man stelle sich vor, ein Deutscher würde dies sagen, die Medienmeute würde ihn auf der Stelle mundtot machen, ihn medial lynchen.

Vielleicht sollte man angesichts dieser Entwicklung einmal einem ganz unkonventionellen Gedanken nachgehen: Unstrittig ist ja wohl, dass Menschen geprägt werden (neben ihren Genen) durch ihre unmittelbare Umgebung, das heißt, durch ihre Heimat oder, wer's so lieber formuliert, durch die Region, in der er aufwächst. Für die Ausprägung der Persönlichkeit, für seine kulturelle Entwicklung und seine gesellschaftliche Beziehung ist die Region sogar noch wichtiger als der Nationalstaat, der den Rahmen setzt, in dem sich das Individuum formt. In der Realität bleibt die Nationalkultur ein eher abstraktes Gebilde, während die Regionalkultur die Persönlichkeit bestimmt. Kein Zweifel, dass für die kulturelle Entwicklung eines jungen Menschen in Deutschland, wo auch immer er/sie aufwächst, die Literatur von Goethe und Schiller, die Musik von Mozart und Beethoven, die Malerei von Dürer und Liebermann unverzichtbar ist. Näher an seiner Entwicklung zu einer eigenständigen Persönlichkeit ist aber der heimische Dialekt, die Kenntnis der Regionalliteratur, die Volksmusik (nicht zu verwechseln mit der volksdümmlichen Musik, der der Fernsehzuschauer regelmäßig am Samstag ausgesetzt ist), Brauchtum und das regionale Bewusstsein (das sich zuweilen auch als Regionalstolz zeigt).

Ganz konkret: Bayerisches Regionalbewusstsein ist bekanntermaßen wohl ausgeprägt, und auch wenn zuweilen jenseits des »Weißwurstäquators« darüber gespottet wird, es ist nicht stärker vorhanden als jenes im Rheinland, jenes in Berlin oder in Sachsen. Denn der Bezug zur unmittelbaren Heimat ist tief im Bewusstsein der Menschen eingegraben, und auch wenn die politische Infantilisierung der Grünen zum Beispiel die Heimatliebe nur noch als Kabarettveranstaltung gelten lassen möchte und die Neo-Nomaden des Kapitalismus als Ideal darstellen, die Wärme, die der Mensch braucht, um zu einer Persönlichkeit zu reifen, sie ist wohl nur in der Region zu finden. Im überschaubaren Raum von Dialekt und Brauchtum findet er denn auch die Möglichkeit zu unmittelbarer politischer Mitbestimmung und zur eigenverantwortlichen Gestaltung des Lebensraumes, der Kultur- und Naturlandschaft, aus denen sich politische und soziale Strukturierung entwickelt.

Sind solche Gedanken schon »rechts«, populistisch, extrem? Ganz konkret: Seit der Revolte der 68er driftet Deutschland scheinbar unaufhaltsam nach links. Das verheerende Beispiel der (gottlob) untergegangenen »DDR« scheint nach 28 Jahren niemanden mehr zu schrecken, das kommunistische Grundmodell wird verbrämt mit dem Schlag(tot)wort von der »sozialen Gerechtigkeit«. Im Bildungssektor ist dies besonders drastisch erkennbar in der Gesamtschule (die nach Meinung aller Experten eine Nivellierung nach unten bedeutet, aber von den Ideologen eben deshalb verteidigt wird – Dumme lassen sich nun mal leichter manipulieren). Gleichmacherei wohin man sieht. Und da ist es nur konsequent, dass dies auch in Sachen Europa zur Maxime aller Politik erhoben wird. Wir sind, geht es nach den EUrokraten, auf dem Wege in die staaten- und klassenlose Weltgemeinschaft, Globalisierung (siehe Seite 68) genannt.

In Deutschland sind sich die Parteien einig: Der Weg dahin ist »alternativlos«, wie uns die Chamäleon-Kanzlerin versichert. Dass die SPD dieser Schimäre anhängt, ist wenig überraschend, für die »Linke« ist es sowieso die Basis ihres programmatischen Denkens, die Grünen versuchen nicht nur auf diesem Gebiet, die beiden Linksparteien links zu überholen, und die Unionsparteien haben sich längst angepasst, die wenigen konservativen Geister wurden kaltgestellt. Immer wieder wird die CDU als die »beste SPD, die es je gab« bezeichnet, was bei einer Vorsitzenden, die einst als FDJ-Sekretärin für Agitation und Propaganda für den Sieg des Kommunismus kämpfte und angeblich als IM Erika für die Stasi-Schergen Zuträgerin war, auch kein Wunder ist. Lediglich die 2013 gegründete »Alternative für Deutschland« (AfD) stemmt sich gegen den Einheitsbrei, versucht, den Marsch in den Abgrund aufzuhalten, hält intellektuell dagegen, wo mit billigem Populismus das Schlagwort von »mehr Europa« die Runde macht.

Ach ja, Populismus! Das Schlagwort, das zu einem Schlag-tot-Wort geworden ist, mit dem jeder Andersdenkende sofort in eine bestimmte Schublade geschoben werden kann. Zwar nicht »rechtsradikal«, nicht »rechtsextremistisch«, aber nahe daran, und jeder weiß sofort, was von dem Betreffenden zu halten ist. Es geht darum, den Anderen zu dämonisieren, zu diskreditieren, im Zweifelsfall auch zu kriminalisieren. Kriminelle Linke sind brave Teile der Gesellschaft, sie sind »Aktivisten«, wenn auch Polizeifahrzeuge brennen, AfD-Politikern mit Mord gedroht wird, ganze Stadtteile verwüstet werden – alles halb so schlimm, solange die Täter links sind. Wehe aber, einer setzt sich für den Rechtsstaat ein, für das Recht auf freie Meinungsäußerung, wagt Kritik an den Heilsgestalten der Regierung: Ein Rechtspopulist, jagt ihn, macht ihn unschädlich! Es ist die Angst der sogenannten Intellektuellen, ohne die Vernichtung Andersdenkender die eigene Position nicht durchhalten zu können. Vergessen die Diktatur des Stasi-Staates, die Linke ist inzwischen wieder salonfähig, rechts aber ist eine Todsünde. Einst war es schick, eine »nonkonforme« Meinung zu vertreten, heute aber bedeutet nonkonform – weil rechts – die sofortige Ächtung, den gesellschaftlichen Pranger, die Stigmatisierung zum Aussätzigen und damit die vollständige Isolierung.

Die Kultur Europas

Wer angesichts der Migrantenflut Bedenken äußert, wie die Massen versorgt und integriert werden sollen, ist für die Gutmenschen ein Rechter, ein Rassist. Ein Hinweis darauf, dass deren Werte, Arbeitsethik, Lernbereitschaft, Interesse, Innovationsfähigkeit und kritisches Denken mit der deutschen Lebensform nicht in Einklang zu bringen sind, wird als fremdenfeindliche Agitation abgetan. Die Frage muss jedoch erlaubt sein: Wie kommt es, dass fast alle ostasiatischen Länder boomen, in den USA und Europa die Migranten aus ostasiatischen Ländern überdurchschnittlich erfolgreich sind, während Migrations-Gruppen aus Afrika und dem Nahen Osten in den meisten Ländern größere Probleme haben? Jedermann kann es in seiner Nachbarschaft beobachten: Einwanderer aus ostasiatischen Ländern sind überdurchschnittlich erfolgreich in Schule und Beruf, nahöstlich-islamischen und afrikanischen dagegen sind in aller Regel Ausfälle. Samuel Huntington (»Kampf der Kulturen«) hat beobachtet: Bei allen soziologischen und ökonomischen Betrachtungen der unterschiedlichen Gesellschaften, verschiedenen Migrations-Gruppen und pluralistischen Gesellschaftsstrukturen fällt immer wieder auf, dass die kulturellen Hintergründe wie Werte, Arbeitsethik, Sozialethik, Wert des Individuums, Einfluss der Religion und viele andere kulturelle Rahmendaten massiven Einfluss darauf haben, ob eine Migrations-Gruppe in einem anderen Land wirtschaftlich erfolgreich ist oder nicht. Um es in einem Satz festzuhalten: Die islamische Welt ist intellektuell rückständig. Wenn man sich die Zahl der technischen Errungenschaften, Erfindungen, wissenschaftlichen Entdeckungen und Studien der letzten Jahrzehnte anschaut, stellt man fest, dass die islamischen Länder, insbesondere die arabischen Staaten, vom Fortschritt hoffnungslos abgehängt sind. Einzige Ausnahme ist interessanterweise der Iran. In der arabischsprachigen Welt sind noch immer rund ein Viertel aller Menschen praktische Analphabeten!!! Die

Bildungsdefizite sind so eklatant, dass nach der Veröffentlichung des UN-Bildungsberichtes von 2004 sich viele fragten, ob dies ein Grund für die Anfälligkeit für Terrorismus sei.

Und das sind jene Menschen, die nach Auffassung der Grünen Europa erneuern sollen! In welcher Welt leben unsere Gutmenschen eigentlich? Natürlich spielt Europa im Konzert der Kontinente eine Sonderrolle. Seit mehr als 2000 Jahren geht von Europa die kulturelle Entwicklung der Welt aus. Die Europäer unserer Tage haben die Errungenschaften des historischen Europas, die griechische Demokratie und das römische Rechtswesen, jeweils zeitgerecht adaptiert und damit die Voraussetzung geschaffen für Liberalismus und Aufklärung, jene geistig-politische Grundlage, auf der heute die Demokratie überall in der Welt aufbaut. »Europa« ist nicht nur ein geographischer Begriff, sondern der Inbegriff moderner, sich auf die historische Entwicklung beziehende Definition kulturellen, politischen, wirtschaftlichen, rechtlichen und ideellen Lebens der Menschen unserer Tage. Europa, das ist der Inbegriff von Freiheit, so, wie es Immanuel Kant formuliert hat: Das angeborene Recht des Menschen ist nur ein einziges: Freiheit. Europa, das ist heute auch der Inbegriff schöpferischen Denkens, von Kunst und Literatur, der Schutz vor Banalisierung und Nivellierung – also genau das Gegenteil dessen, was die Freunde der »Vereinigten Staaten von Europa« und die Globalisierer im Schilde führen.

Beispiele gefällig? Wer wollte bestreiten, dass Europa das Herzstück menschlicher Zivilisation ist, auch heute noch, da in anderen Teilen der Erde die Zivilisation Fortschritte gemacht hat. 97 Prozent aller wissenschaftlichen Errungenschaften zwischen dem Jahr 800 vor Christus und 1950 stammen aus Europa und Nordamerika (also im Wesentlichen auch von Europäern). 95 Prozent aller Entdecker in der Geschichte waren Europäer. Europa brachte weit mehr große Kunstwerke hervor als alle anderen Kulturen zusammengenommen. Nur in Europa (und später in Amerika) entstanden Institutionen, die der Vorstellung folgten, dass die Dinge aus der Sicht der Vernunft zu beurteilen seien. Nicht erst in der Neuzeit, auch schon vorher war Europa Dreh- und Angelpunkt des menschlichen Fortschrittes. Zum einen durch die Etablierung der ersten liberalen und demokratischen Kultur, angefangen mit den griechischen und den römischen Volksversammlungen, dann den Kommunen, Universitäten, Ständen des christlichen Mittelalters, den frühneuzeitlichen Parlamenten und Landtagen, den literarischen Zirkeln mit Zeitungen und sonstigen Publikationen der Aufklärung. Zum anderen durch die großen schöpferischen Leistungen in der Kunst, den Geistes- und später den Naturwissenschaften. Es ist kein Zufall, dass in keinem anderen Kontinent die Rate der Analphabeten so gering ist wie in Europa. Überall hat sich die Schulpflicht durchgesetzt, neben den Grundschulen gibt es meist eine weiterführende Schule, die zur Hochschul- bzw. zur Universitätsreife führt (in Österreich Reifezeugnis genannt – dass in leider viel zu vielen Fällen die menschliche Reife der Studenten Defizite aufweist, soll dabei nicht übersehen werden).

Oder der Bereich der Kunst und Kultur: Bildhauerei, Malerei, Literatur, Architektur und Musik prägen den Ruf Europas in der Welt, allenfalls die USA können hier mithalten. Dies heißt freilich nicht, dass man von einer europäischen Kultur sprechen kann, wie es die Europa-Fanatiker gerne tun. Die lange Tradition der verschiedenen europäischen Völker hat eine jeweils ganz eigene Kultur in den verschiedenen Ländern entstehen lassen, hat politisch, historisch, kulturell und gesellschaftspolitisch Trennendes geschaffen, Gegensätze (siehe Süd- und Nordeuropa), die nicht wegdiskutiert werden können und von den Menschen bewusst und mit Stolz wahrgenommen werden. Die ziemlich sinnlose Debatte um die Frage einer »europäischen Kultur« wurde klugerweise auch dahingehend beantwortet, dass man sich auf eine »Einheit in Vielfalt« geeinigt hat – wobei der Begriff »Einheit« selbst dabei noch zu hinterfragen wäre. Die vordergründige Beschwörungsformel von den »Vereinigten Staaten von Europa« taugt für Brüsseler Selbstbefriedigung, mehr nicht, erinnert an die Agitprop-Exzesse der kommunistischen Regime.

Wer ein wenig genauer hinschaut, wer die rosarote Brille ablegt und bereit ist, Realitäten ins Auge zu schauen, muss leider feststellen: es gibt neben der historischen Gemeinschaft auch historisch entstandene Gegensätze, die nicht ignoriert werden können. Christian Ortner hat genauer hingeschaut: »Dass Griechenland laut einer neuen Studie von ‚Transparency International‘ etwa so korrupt ist wie Indien, der Senegal oder Kolumbien – also sehr korrupt – gehört jetzt nicht wirklich zu den ganz großen Überraschungen. Wenn etwa, griechischen Medienberichten zufolge, die Mutter des ehemaligen Ministerpräsidenten Papandreou schlanke 550 Millionen Euro in der Schweiz gebunkert hat, ist das nicht wirklich ein Indiz für die Sauberkeit der Athener Eliten. Doch das wirklich Betrübliche daran ist nicht das Ausmaß der Korruption in Griechenland, sondern ein ganz anderer Umstand: Dass sich an der besonders hohen Neigung Griechenlands zur Korruption auch nach 30 Jahren EU-Mitgliedschaft nichts verändert hat. Damit gerät nämlich die These, wonach in der EU die unterschiedlichen Mentalitäten, Lebenseinstellungen und Wertvorstellungen der Völker Europas langsam, aber doch gemeinsam würden (»Konvergenz«), ziemlich ins Wanken. Immer mehr deutet vielmehr darauf hin, dass gerade auch in der EU die Deutschen unvermindert Deutsche bleiben wollen, die Griechen Griechen, die Franzosen Franzosen; von den Briten ganz zu schweigen. Die Liste völlig unterschiedlicher Mentalitäten, Einstellungen und Überzeugungen ist nahezu unerschöpflich. Daran ändert auch der Zeitablauf nur wenig. Die Annahme, Europas Völker würden einander im Laufe der Zeit und unter dem Dach der EU immer ähnlicher werden, hat sich weitgehend als Illusion erwiesen. Das wird – leider – ganz erhebliche praktische Konsequenzen haben. Denn langfristig funktionieren könnten der Euro und die von ihm erzwungene unfreiwillige Transferunion nur, wenn die unterschiedlichen Mentalitäten zumindest teilweise planiert werden. Denn dass Deutsche auf unabsehbare Zeit etwa Griechen alimentieren, die an das gleichsam gottgegebenes Grundrecht für alle glauben, den eigenen Staat nach Kräften betrügen zu dürfen, ist eher nicht anzunehmen. Genauso wenig wie wahrscheinlich ist, dass Deutschland, etwa im Wege von Eurobonds, mit Vergnügen die Rechnung für das parteiübergreifende französische Bedürfnis übernimmt, einen schon jetzt grotesk überdimensionierten Staat noch weiter zu mästen. Das wird so nicht funktionieren.«

All diese von Ortner genannten Beispiele und viele mehr springen dem Betrachter ins Auge, wenn er/sie nur bereit ist, die Augen zu öffnen. Der Schwede hat wenig gemein mit dem Spanier, und auch wenn sie die gleiche Religion haben, zwischen Polen und Portugiesen gibt es kaum Gemeinsamkeiten. Dass das Mafia-verseuchte Sizilien eine Einheit bildet mit dem weitgehend korruptionsfreien Dänemark, kann auch nur ein EU-Träumer glauben, und dass, wie erwähnt, die für ihre lose Steuermoral berüchtigten Griechen mit den vom Finanzamt gequälten Deutschen eine Einheit bilden könnten, der Vergleich allein ist lächerlich.

Globalisierung

Wer die seit Jahren hereinbrechende Völkerwanderung genauer analysiert, kommt nicht umhin, von einer organisierten Völkerwanderung sprechen – und daran schließen sich natürlich notwendig einige Fragen: Wer organisiert, wer profitiert, welche Ideologie steckt hinter all dem Chaos?

Einen wesentlichen Teil der Antwort hat der Vize-Präsident der EU-Kommission, Frans Timmermans, mit einem Vortrag beim ›Grundrechte-Kolloquium der EU‹ Anfang des Jahres 2016 geliefert: Die Zukunft der Menschheit, so Timmermans, beruhe nicht länger auf einzelnen Nationen und Kulturen, sondern auf einer vermischten Superkultur.

Die heutigen Konservativen, die ihre eigenen Traditionen wertschätzen und eine friedliche Zukunft für ihre eigenen Gemeinschaften wollen, berufen sich laut Timmermans auf eine »Vergangenheit, die nie existiert hat« und können deshalb nicht die Zukunft diktieren. Europäische Kultur und europäisches Erbe seien lediglich soziale Konstrukte, und jeder, der etwas anderes behaupte, sei engstirnig. Europa sei immer schon ein Kontinent von Migranten gewesen und europäische Werte bedeuteten, dass man multikulturelle Diversität zu akzeptieren habe. Wer dies nicht tue, stelle den Frieden in Europa in Frage.

Timmermans hat das EU-Parlament aufgefordert, die Anstrengungen zu verstärken, »multikulturelle Diversität« bei jeder einzelnen Nation weltweit zu beschleunigen und er hat schließlich dazu aufgerufen, »monokulturelle Staaten auszuradieren«.

Auch wenn man nicht zu Verschwörungstheorien neigt, muss man sehen, Figuren wie Timmermans sind ja nicht alleine, da gibt es ein ganzes Netzwerk von Politik-Darstellern, die in die gleiche Richtung argumentieren, so zum Beispiel der ehemalige EU-Kommissionspräsident Barroso (seine politische Karriere begann er als maoistischer Sektierer), der meint, das Ziel der EU müsse sein, »die

Souveränität der europäischen Staaten zu brechen.« Noch deutlicher wird der vormalige EU-Kommissar für Wettbewerb, Peter Sutherland, der sich »Vater der Globalisierung« nennen lässt, der heute UN-Sonderberichterstatter für Migranten ist.

Er ist wild entschlossen, so sagt er, den Europäern ihre nationale Souveränität und den »lästigen, prähistorischen« Nationalstaat auszutreiben, den er als das Böse schlechthin brandmarkt. Zitat Sutherland: »Für die Gründungsväter der Europäischen Union war das Hauptargument, welches sie von Anfang an antrieb, ein Angriff auf das, was sie gemeinsam als das Böse der nationalen Souveränität ansahen.« Und bei einer Diskussionsrunde im Council on Foreign Relations betonte er, wer ihm unterstellt, »dass ich entschlossen wäre, die Homogenität der Völker zu zerstören, der hat verdammt noch mal absolut recht. Genau das habe ich vor.«

Das alles kommt einem historisch Bewanderten natürlich bekannt vor, es entspricht der kommunistischen Ideologie der Gleichmacherei, von der wir eigentlich geglaubt hatten, sie sei mit dem Zusammenbruch des staatlichen Marxismus-Kommunismus erledigt. Weit gefehlt!!! Heute nennt sich das Ganze Globalisierung, aber wie Herr Timmermans in schönster Offenheit zugestanden hat, es geht um eine weltweite Einebnung menschlichen Lebens – also dessen, was den Menschen, das Individuum ausmacht. Es geht den Ideologen nach wie vor um eine klassenlose Gesellschaft sozial Gleichgestellter und um die planmäßige Gestaltung des gesellschaftlichen Entwicklungsprozesses, was letztendlich in einer Diktatur enden muss.

Timmermans und andere argumentieren ja auch damit, dass die zu uns strömenden Menschen aus der Armut heraus kommen wollen – auch hier ist der Bezug zum Marxismus evident: Die Verteilung der Güter sollte in der kommunistischen Zukunftsgesellschaft nach den Bedürfnissen und nicht nach den Leistungen erfolgen, so dass die Bedürfnisse und die auf ihre Befriedigung gerichteten Interessen jedes Menschen gleichermaßen zu berücksichtigen sein würden.

Ob wir das Ganze nun Kommunismus, Marxismus oder Globalisierung nennen, können wir feinsinnigen Politologen überlassen, es ist ohne Zweifel ein Angriff auf die persönliche Freiheit, die Individualität, des Humanen.

Lenin hatte schon früh den Anspruch des Kommunismus-Marxismus auf eine internationale Ausrichtung erkannt und eine eigene Abteilung eingerichtet: die Komintern, deren Ziel eine proletarische Weltrevolution war. Es ging darum, in den einzelnen Ländern nationale Revolutionen anzustoßen, um auf diese Weise Schritt für Schritt dem gemeinsamen Ziel der Weltrevolution näherzukommen. Weltweite Interessenpolitik im Sinne des Kommunismus – bei Timmermans klingt dies nur in der Diktion anders: man müsse die Anstrengungen verstärken, »multikulturelle Diversität« bei jeder einzelnen Nation weltweit zu beschleunigen und – auch das haben wir von Stalin und Lenin schon so ähnlich gehört, heute heißt es monokulturelle Staaten auszuradieren – damals sagte man kapitalistische Staaten.

Die Ideologie der Timmermans hat sich in den deutschen Medien tief eingebrannt. ARD und ZDF berichten fast ausschließlich darüber, wie sehr uns doch die sogenannten Flüchtlinge bereichern, ein Hinweis darauf, dass eine so gewonnene Bevölkerung die Abschaffung Deutschlands zur Folge hätte, gilt als rechtsradikal. Das multi-ethnische und multi-kulturelle Ideal wird interessanterweise von denen propagiert, die bei Demonstrationen lautstark skandieren »Nie wieder Deutschland« und »Deutschland verrecke!«

Nur noch ein kurzer Blick auf die vielen Gutmenschen, die an den Bahnhöfen standen mit den »Welcome«-Plakaten, mit Wurstsemmeln, Mineralwasser und Teddybären. Natürlich waren das nicht alles Kommunisten, ich bin sicher, die übergroße Mehrheit dieser zumeist jungen Menschen verfolgte überhaupt keine politischen Absichten, es wäre ziemlich dumm, sie in einen Topf mit Typen wie Timmermans werfen zu wollen, sie waren einfach davon überzeugt, Gutes zu tun. Und trotzdem sehe ich auch hier einen politischen Aspekt: wie damals, vor dem Zusammenbruch des staatlichen Kommunismus, als es im Westen besonders bei Intellektuellen große Sympathie für die angeblich so menschenfreundliche marxistische Irrlehre gab, spielte hier wiederum der Glaube an die Weltverbesserung eine wesentliche Rolle. Man stand am Bahnhof, bot Hilfe an und fühlte sich als Teil des Guten im Menschen. Ich bin sicher, viele von denen sind inzwischen wieder in der Realität angekommen.

Aber natürlich gab und gibt es daneben auch die »Tiefroten« und die Anarchisten, die seit jeher die Abschaffung Deutschlands als Nationalstaat und das Aufgehen des eigenen Volkes in einem europäischen Superstaat betreiben, die nützlichen Idioten der Herren Timmermans und Konsorten. Sie, die aus dem Scheitern des sowjetischen Experimentes, einen »Neuen Menschen« zu schaffen, nichts gelernt haben, die – O-Ton Timmermans – »europäische Kultur und europäisches Erbe lediglich als soziale Konstrukte« ansehen, sie wollen wiederum einen neuen Menschen kreieren, der dann in Wirklichkeit nur ein Arbeitssklave ist.

Die Massenmigration, in der Hauptsache mit islamischem Hintergrund, birgt eine weitere Gefahr: der Islam ist als Ideologie weit besser als die säkularen Totalitarismen geeignet, Menschen gleichzuschalten und damit beherrschbar zu machen. Die Religion ist also für die Globalisierer nicht viel mehr als ein Mittel zum Zweck. Und das ist keineswegs nur die Phantasie eines »Rassisten«, wie das folgende Zitat zeigen mag. Der amerikanische Militärstratege Thomas Barnett, immerhin Berater des damaligen US-Verteidigungsministers Donald Rumsfeld, hat in seinem Buch »Blueprint for Action« zum Thema Massenimmigration folgendes ausgeführt: »Das Endziel ist die Gleichschaltung aller Länder der Erde. Sie soll durch die Vermischung der Rassen herbeigeführt werden. Mit dem Ziel einer hellbraunen Rasse in Europa. Hierfür sollen in Europa jährlich 1,5 Millionen Einwanderer aus der dritten Welt aufgenommen werden. Das Ergebnis ist eine Bevölkerung mit einem durchschnittlichen IQ von 90, zu dumm, um zu begreifen, aber intelligent genug, um zu arbeiten.«

Nochmals: Dies alles ist das Programm des vormundschaftlichen Sozialismus/Kommunismus, in dem die Freiheit an sich und die Freiheit zur Selbstverantwortung zurückdrängt wird. Es ist dieser Allmachtsanspruch der anonymen Halbgötter in der Hochfinanz, der sich heute in der Globalisierung austobt, einem gigantischen Sozialexperiment. Nur: Wenn dieses Sozialexperiment scheitert – und es wird natürlich scheitern – dann laufen wir auf eine unvorstellbare Katastrophe zu. Und auch hier eine erschreckende Verbindung: Die an der Stanford University lehrende US-Politologin Kelly M. Greenhill hat in einer Studie nachgewiesen, dass Vertreibung, Flucht und erzwungene Zuwanderung in andere Länder als politische Waffe eingesetzt wurden und werden, um diese Länder zu destabilisieren oder auch zu erpressen. Und sie ist zu dem Ergebnis gekommen: In drei von vier Fällen funktioniert das. Bei Marx lesen wir, dass man für das Gelingen der Revolution auch nicht vor dem Einsatz von Gewalt zurückschrecken dürfe, »revolutionärer Terrorismus« (MEW 5, S. 457), »politische[r] Mord« (MEW 19, S. 149) oder ein »ordentlicher, frischer, kräftig ausgefochtener Krieg« (MEW 10, S. 379) seien als Motoren des Fortschritts und als Mittel zur Hervorbringung der vorausgesehenen, neu zu schaffenden »neuen Gesellschaft« zu rechtfertigen. Wie von Marx beschrieben, kann man den Massenandrang nach Europa durchaus einen »frischen, kräftigen Krieg« nennen. Die Londoner Tageszeitung *Daily Mail* zum Beispiel nannte den Flüchtlingsstrom nach Europa unlängst eine »Massenvernichtungswaffe««, ähnlich äußerte sich der *Spiegel* (»Flüchtlinge als Waffe«). Und auch die *Süddeutsche Zeitung* spricht, so im März 2014, inzwischen ganz offen darüber, dass »Migration als Waffe« benutzt wird.

So möge denn Europa entstehen!

Ein Blick zurück ohne Zorn: Nach dem Zweiten Weltkrieg war Europa eine Trümmerlandschaft, die Zukunft der einzelnen Staaten lag im Nebel, die Feindschaft der Kriegsparteien schien jegliche Gemeinsamkeit auf Dauer unmöglich zu machen. Interessanterweise war es zunächst Winston Churchill, englischer Premier während des Krieges und wilder Deutschenhasser, der am 19. September 1946 an der Züricher Universität eine Rede hielt, die die Zukunft Europas vorzeichnete.

Er sprach von einer zu schaffenden europäischen Einigung und fuhr dann fort: »Bei diesem so dringend notwendigen Werk müssen Frankreich und Deutschland zusammen die Führung übernehmen. Großbritannien, das Britische Commonwealth, das mächtige Amerika und, wie ich hoffe, auch die Sowjetunion – denn in diesem Falle würde tatsächlich alles gut sein – müssen dem neuen Europa als wohlwollende Freunde gegenüberstehen und ihm zu seinem Lebensrecht verhelfen. So möge denn Europa erstehen!«

Und es entstand – freilich viel langsamer, als die Politiker jener Zeit zu hoffen wagten. 1949 wurde der Europarat in Straßburg gegründet, als ein Kern der Vereinigung Europas, wie man damals meinte. Doch es war ausgerechnet England, das sich querlegte, weil die politische Führung noch in den Dimensionen des »Commonwealth of Nations« träumte und noch nicht begriffen hatte, dass auch sie den Krieg verloren hatte.

So war es dann ein Jahr später Frankreich, das mit dem Schuman-Plan einen Schritt in die Zukunft wagte: Die von ihm (bzw. von Jean Monnet) entwickelte »Europäische Gemeinschaft für Kohle und Stahl« (EGKS, auch Montanunion genannt) war zwar zunächst erdacht worden, sich vor deutscher Wirtschaftsmacht und Revanchegelüsten zu schützen, der deutsche Bundeskanzler Konrad Adenauer verstand es jedoch, daraus die Grundlage für eine deutsch-französische Annäherung zu schmieden.

Auch Italien und die Benelux-Staaten schlossen sich an, kaum jemand ahnte wohl, dass hier die Grundlage für den europäischen Einigungsprozess gelegt worden war.

Noch war es freilich nicht so weit, noch beherrschten Ängste vor den Deutschen die Politik in Europa. 1952 sollte mit einer Europäischen Verteidigungsgemeinschaft (EVG) eine europäische Armee geschaffen und damit die Einigung vorangetrieben werden. Teilnehmer sollten die EGKS-Staaten sein, in Frankreich aber ließen die Ressentiments gegen die Deutschen diesen Plan im Parlament scheitern, eine kurzsichtige Aktion, denn damit war die deutsche Wiederbewaffnung mit dem NATO-Beitritt gesichert.

Was zunächst erfolgversprechend begonnen hatte, war nun wieder mit vielen Konflikten und kleinkarierten Vorurteilen gespickt. Erst 1957 kam es zu einem Zusammenschluss europäischer Staaten zur Förderung einer gemeinsamen Wirtschaftspolitik (EWG).

Wiederum waren es die EGKS-Staaten, die mit der Unterzeichnung der »Römischen Verträge« einen Schritt in Richtung europäische Integration taten, diesmal hielten all die hochgespannten Erwartungen weitgehend, bis aus der EWG aufgrund der mittlerweile umfangreicheren Aufgaben 1963 die »Europäische Gemeinschaft« (EG) wurde, die dann mit dem Inkrafttreten des »Vertrages von Lissabon« im Jahre 2009 einen eigenen Rechtsrahmen erhielt, womit der Vertrag von Maastricht 1992 (Gründung der EU) wesentlich erweitert wurde.

Das war jedoch ein Schritt ins Nirwana. Denn »Lissabon« war die endgültige Hinwendung zur Bürokratie, zur Reformunfähigkeit.

Fett und faul saß die EU in Brüssel, überzeugt davon, dass man mit dem Bürger alles machen, dass man ihn praktisch enteignen kann, ohne dass er sich wehrt (und leider hatte man damit auch weitgehend recht). Nicht einmal Arnulf Baring, der 2002 einen grandiosen Aufruf »Bürger, auf die Barrikaden« veröffentlichte, konnte den tief schlafenden Bürger wecken. Was Baring 2002, gegen die rot-grüne Regierung schrieb, gilt in seinen wichtigsten Passagen heute genauso:

»Fundamentale Weichenstellungen der Republik sind schon seit vielen Jahren himmelschreiend unsozial für die kommenden Generationen, unsere Kinder und Enkel, wegen des immensen Schuldenberges, den wir angehäuft haben.«

»Es geht um etwas Selbstverständliches, Banales, nämlich endlich um die Einsicht, dass Deutschland schon lange chronisch krank ist, dass wir seit drei Jahrzehnten über unsere Verhältnisse gelebt haben und daher kräftig sparen, die Ansprüche aller Gruppen und Schichten eine Zeit lang reduzieren müssen.«

»Weiten Teilen der Bevölkerung ist inzwischen völlig klar, dass wir uns unvermeidlich auf ein System zu bewegen, in dem der Staat nur noch eine Grundsicherung für Gesundheit wie Rente garantiert und es den Bürgern überlassen bleibt, zusätzliche Sicherungen durch eigene Vorsorge bereitzustellen, was natürlich entsprechende Steuersenkungen voraussetzt.«

»Es festigt sich im Lande die Überzeugung, dass unser Parteiensystem, in welcher Farbkombination auch immer, den heutigen Herausforderungen in keiner Weise gewachsen ist und daher von der Krise verschlungen werden wird, wenn es nicht die Kraft zur durchgreifenden Erneuerung findet.«

»Wir müssen ernsthaft darüber nachdenken, ob die Verfassung von 1949 mit ihrer vorsichtig ausgeklügelten Machtverteilung nicht jede energische Konsolidierung Deutschlands verhindert.«

Vereinigte Staaten von Euroasien?

Die Traumtänzer, die in Anlehnung an die USA von den »Vereinigten Staaten von Europa« schwadronieren, vergessen wohl bewusst, dass es keine gemeinsame Sprache gibt, kein gemeinsames Staatsvolk, kein gemeinsames Staatsgebiet (außer man benennt das Ganze »Vereinigte Staaten von Eurasien«). Wer die Frage stellt, wie denn eine Demokratie in diesem gemeinsamen Europa aussehen soll, hört nur Unverbindliches, Floskeln, Phrasen. Ganz konkret: Die Stimme des EU-Wählers in Malta ist zehnmal (!) soviel wert wie die Stimme des deutschen Wählers – Demokratie??? Die verkorkste, schlampige EU-Konstruktion spricht für sich. Deshalb ist auch der inzwischen immer wieder zitierte Satz der deutschen Kanzlerin, »Scheitert der Euro, dann scheitert Europa«, ein törichter Versuch, mit dem Begriff Europa Schindluder zu treiben. Der demagogische Ansatz, die EU mit Europa gleichzusetzen, lässt alle historischen und kulturellen, alle Identifikation stiftenden Grundlagen des Kontinents außer Acht. Friede und Freiheit unserer Völker hängen eben nicht davon ab, dass in Brüssel ein Moloch über die Köpfe der Menschen regiert, dass der Einzelne, der von den Bürokraten als Unmündiger geschmäht wird, von einer anonymen Macht verwaltet wird. Das heißt freilich nicht, dass man als EU-Skeptiker grundsätzlich gegen jegliche Gemeinsamkeit in Europa auftritt – es gibt eine ganze Reihe von gemeinsamen Interessen (auch im Bereich der Politik, besonders der Wirtschaftspolitik), die, koordiniert und mit Vernunft betrieben, wichtige Projekte einer zukunftsweisenden Politik sein können – die derzeit in Brüssel betriebene Bürokratie ist es jedenfalls nicht. Man könnte sich durchaus eine Europäische Union vorstellen, die den Idealen Demokratie und Rechtsstaatlichkeit entspricht, die die Freiheit der Menschen sichert und die sozialen Errungenschaften erhält. Nur: Die EU unserer Tage ist das keineswegs, sie ist zu einem Monster geworden, unbezähmbar und unwählbar. Ein Mehr an Freiheit, an Frieden und Gerechtigkeit war versprochen worden, das alles wird erstickt unter der Tücke kleinkarierter Vorschriften und dem Netzwerk machtgeiler Politiker.

Wollte man aber den gleichgeschalteten Medien (Copyright Günter Grass) glauben, dann existiert all das nicht, dann fließen Milch und Honig, dann ist jeder ein defätistischer Nationalist, der auch nur leise Zweifel übt an den wunderbaren Errungenschaften der EU-Elite. Heute heißt es: Alle Macht den Technokraten, die Menschen spielen keine Rolle, Recht und Freiheit werden den Interessen einer machtversessenen Bürokratie untergeordnet. In der *FAZ* lesen wir dazu: »Was ist da bloß falsch gelaufen? Hat uns denn Jugoslawien nicht gezeigt, wie schnell die Rückfahrkarte vom Vielvölkerfrieden zum Massaker gelöst ist? Der untrügliche Seismograph unserer Zustände, Hans Magnus Enzensberger, hat nicht zufällig Europa – das ‚sanfte Monster Brüssel‘ – zu seinem aktuellen Feindbild erkoren. Enzensberger ist fern davon, die zivilisatorischen Errungenschaften der EU zu beklagen. Er hat stattdessen die bürokratische Zentrale der Union in Brüssel als Übeltäter ausgemacht, die mit ihrem Zentralisierungs- und Verordnungswahn aus dem Kontinent eine ‚Besserungsanstalt‘ zu machen droht. Und schlimmer noch: Bürger werden von willkürlich erstellten Regeln kujoniert, während sich die Machthaber über ihre eigenen Gesetzesklauseln hinwegsetzen. So etwa beim Euro, dessen strenge Zutrittskriterien außer Luxemburg nie ein Land erfüllt hat.«

Wir erleben mehr und mehr den Versuch der EUrokraten, den Bürger zu gängeln und seine Freiheit zu beschneiden. Hans Winkler hat dies in der Wiener Tageszeitung »*Die Presse*« auf den Punkt gebracht: »Mit der Tendenz zur Beglückung der Menschen geht der Glaube einher, dass Behörden, Kommissionen, Experten, Funktionärsapparate und die hinter ihnen stehenden Eliten eigentlich besser wissen, was für die Menschen gut ist, als diese selbst. Die EU verstehen sie als eine Erziehungsdiktatur, etwas, das seit jeher zum sozialistischen Ideenhaushalt gehört hat. Diese Vorstellung paart sich mit der Überzeugung von der Überlegenheit planwirtschaftlicher Systeme gegenüber einem marktwirtschaftlichen, offenen Raum, in dem der Einzelne verantwortete Entscheidungen trifft. Man könnte es auch so sagen: Demokratischer Zentralismus steht gegen Demokratie.«

Gerade in dem Jahr, da die EU-Bürokraten den 60. Geburtstag von »Europa« feiern (auch hier fälschen sie wieder: 1957 wurde nicht die EU gegründet, sondern die EWG, wohlgemerkt, eine Wirtschaftsgemeinschaft!), liegt die EU im Koma, entgegen den hochtrabenden Fensterreden von der Einheit bestimmt in der Realität der Konflikt den Brüsseler Alltag. Viktor Orban hat bei einem Kongress der Europäischen Volkspartei den Finger auf die Wunde gelegt: »Die Linken haben einen klaren Aktionsplan, um Europa zu verändern. Sie wollen Millionen Moslems hereinlassen. (…) Wir sollten den intellektuellen und politischen Kampf mit den Linken annehmen. Die Europäische Volkspartei sollte Anwalt sein und Flaggschiff für ein Europa, dass Platz lässt für christliche Identität, für unseren Nationalstolz, Raum für die traditionellen Familienwerte und unsere Wohlfahrtsstaaten. Wenn wir Europa als großartigsten Ort der Welt erhalten wollen, dann müssen wir Europa verändern.« Verändern, das heißt zur Demokratie zurückfinden, die Stimme des Bürgers hören, Subsidiarität (die ja immer versprochen wird) zur bestimmenden Komponente der Politik machen, das christliche Abendland vor dem Untergang bewahren.

Maastricht als »Versailles ohne Krieg«

Es waren politisch aufregende Zeiten, die 1970er, 80er und 90er Jahre, viel Idealismus, aber auch viel Intrige bestimmten die Entwicklung der europäischen Nationen. Den europäischen Binnenmarkt zu schaffen, galt in den achtziger Jahren als bestes politisches Mittel, um die Wachstumsschwäche Europas und die hieraus resultierenden finanz- und sozialpolitischen Probleme zu bekämpfen. Allerdings verschärfte dieser gemeinsam verfolgte Weg schon damals die währungspolitischen Probleme der Europäischen Gemeinschaft. Die Bundesrepublik war am besten aus der Krise der Jahre 1978 bis 1982 herausgekommen und verfügte über die mit Abstand stärkste und produktivste Volkswirtschaft in Europa. In einem zunehmend liberalisierten Binnenmarkt avancierte daher die D-Mark zur (mehrfach aufgewerteten) europäischen Leit-, ja »Ankerwährung«, an der sich die EG-Mitgliedstaaten dann natürlich orientierten.

1989/1990: Ohne Zweifel eine Zäsur in der Entwicklung Europas. Der Zusammenbruch des kommunistischen Lagers und dadurch in der Folge die Wiedervereinigung Deutschlands behagten freilich nicht allen Partnern und »Freunden« der EG. England und Frankreich zum Beispiel versuchten mit allen Mitteln, das deutsche Selbstbestimmungsrecht zu torpedieren, die Wiedervereinigung zu verhindern – und wenn der deutsche Kanzler Helmut Kohl nicht die Rückendeckung des amerikanischen Präsidenten George Bush (Vater) und des sowjetischen KP-Chefs Gorbatschow gehabt hätte, wer weiß, ob es damals gelungen wäre.

Während der Plan einer »Gemeinsamen Außen- und Sicherheitspolitik« schon in den Ansätzen stecken geblieben war, wurde der »Binnenmarkt« ab 1993 verwirklicht. Mit dem Maastricht-Vertrag von 1992 (»Maastricht ist der Versailler Vertrag ohne Krieg.«, schrieb die Zeitung »Le Figaro« am 18. September 1992) kam Paris seinem Ziel wieder ein Stück näher, den Konkurrenten Deutschland zu schädigen. Zuvor, in der Nacht vom 10. auf den 11. Dezember 1991, hatten sich zwölf europäische Staatschefs bereits auf die Abschaffung der D-Mark geeinigt – Kohl hat später zugegeben, dass er damit gegen die Interessen Deutschlands gestimmt hat, es sei aber notwendig gewesen, so die Entschuldigung, weil auf diese Weise Freunde Deutschlands gewonnen werden sollten (als ob man mit Geld Freunde kaufen kann!). Angeblich ist dieser Markt, an dem 28 Länder (künftig 27) teilhaben, der größte gemeinsame Markt der Welt, ein Markt ohne Zollschranken, mit Niederlassungsfreiheit und gemeinsamen Wettbewerbsregeln und, so hatte man es sich wenigstens vorgestellt, ohne bürokratische Hindernisse. Papier ist geduldig! Aber die »Freunde« wussten auch schon in Maastricht (und hatten dies hinter dem Rücken der Deutschen so verabredet): Man hatte eine Transferunion zu Lasten Deutschlands geschaffen, Mitterrand hatte auf ganzer Linie gesiegt.

Nur am Rande: Wie »Maastricht« ist auch der »Internationale Währungsfond« fest in französischer Hand. Seit 1963 wurde, mit Ausnahme der Jahre 1973 bis 1978, der IWF von den Franzosen geführt. Während die Deutschen stets multilaterale Prinzipien hochhielten, scherten sich die Franzosen bei der Verfolgung nationaler Interessen nicht um irgendwelche Statuten. Ende der 80er Jahre verkam der Währungsfonds unter Michel Camdessus zu einem Selbstbedienungsladen französischer Interessenspolitik – soviel zur immer wieder gerühmten deutsch-französischen Freundschaft, soviel freilich auch zu den Voraussetzungen einer gemeinsamen Währung: Die Idee war, dass sich Menschen, die über eine gemeinsame Währung verfügen, in kulturellem Gleichklang befinden und sehr ähnliche Wertvorstellungen haben, was Wirtschafts-, Finanz- und Sozialpolitik angeht. Vor allem aber müssen sie so vertraut miteinander sein, dass sie einander trauen. Denn Geld ist ja nichts anderes als eben ein solches Vertrauen. Ein solches Vertrauen aber war nie da, und es ist jetzt, angesichts der europäischen Finanz- und Vertrauenskrise, offenkundig geworden, auf welch irrationaler Basis der Euro begründet worden ist.

Friedensprojekt EU

Wer die Kabarettveranstaltung verfolgt hat, mit der in Oslo im Jahre 2012 der Friedensnobelpreis vergeben wurde und sich daran erinnert, dass der amerikanische Präsident Obama den Preis verliehen bekam, ohne auch nur einen Finger gerührt zu haben, weiß diese Auszeichnung politisch einzuordnen. Henryk Broder sah sich angesichts dieser Zeremonie an vergangene Zeiten erinnert: »Die Verleihung des Friedensnobelpreises an die EU erinnerte mich an irgendwas, das tief in meinem Gedächtnis abgespeichert war. Und weil ich müde war, dauerte es eine Weile, bis die Erinnerung den Weg an die Oberfläche geschafft hatte. Ja, das war es! Genauso feierte das ZK der Kommunistischen Partei der Sowjetunion sich selbst! Man verlieh sich gegenseitig Orden und bestätigte sich reihum, einen extrem wichtigen Beitrag zum Frieden und zur Sicherheit in Europa und in der Welt geleistet zu haben.«

Die Zeitung »*Die Welt*« hat über die Verleihungszeremonie unter der Überschrift »Jahrmarkt der Eitelkeiten« berichtet, dass »bis zum letzten Moment darüber gestritten und gefeilscht wurde, wer bei der Preisverleihung reden und die Auszeichnung entgegennehmen darf. Der Präsident der EU-Kommission, Barroso, der Ratspräsident Van Rompuy und der Präsident des Parlaments, Schulz, hätten trotz voller Terminkalender »wie die Kesselflicker« gestritten und versucht, einander auszustechen.

Das hat die Spitzenfunktionäre der EU freilich nicht davon abgehalten, sich vor Freude überschlagen zu wollen: Der Friedensnobelpreis mache sie »sehr stolz«, der Preis »sei die größtmögliche Anerkennung für die tiefen politischen Motive hinter der Union«, so EU-Ratspräsident Herman Van Rompuy. Und der Präsident der Europäischen Kommission, Jose Manuel Barroso, bezeichnete den Preis als »große Ehre für die gesamte EU«, Kanzlerin Merkel fühlte sich gar »ganz persönlich« geehrt. Wie halt Bürokraten so schwadronieren! Dass dieser Preis zuvor an so engagierte Friedenskämpfer wie den Nordkoreaner Le Duc Tho oder den Terrorpaten Jassir Arafat gegangen war, wurde dabei locker übersehen. Soviel zum Frieden nach Brüsseler Art.

Was den Frieden in Europa und seine Ursachen wirklich angeht, darüber hat Michael Stürmer in der »*Welt*« für Klarheit gesorgt: Es waren der Kalte Krieg, die Logik nuklearer Waffen, und der Grand Design der USA. »Es gibt dafür einen eindrucksvollen Beleg, nämlich die Mitschrift eines Arbeitsessens, das US-Präsident Harry S. Truman am 3. April 1949 den westlichen Außenministern im Weißen Haus gab – ein Deutscher war nicht dabei, weil es die Bundesrepublik noch gar nicht gab. Es gab allerdings die deutsche Frage. Es war der Vorabend der Unterzeichnung des Nordatlantischen Vertrages, der zum Rahmen der NATO wurde. Und es ging um doppelte Eindämmung: Eindämmung der Sowjetunion Stalins und Eindämmung Deutschlands.

Großbritanniens Gesundheitsminister Aneurin Bevin sah die Lösung im deutschen Sozialismus, um endlich die Konkurrenz von Rhein und Ruhr loszuwerden. Der französische Außenminister Schuman sah die Antwort, wie früher einmal Kardinal Richelieu in der weiteren Aufteilung Deutschlands. Präsident Truman wischte das alles vom Tisch und hielt den Europäern eine Vorlesung über die künftige Ordnung des Westens.

Deutschland und Japan seien besiegt, aber nicht zerstört. Beiden könne Moskau ein unwiderstehliches Angebot machen – gemeint waren für Japan die vier nördlichen Inseln, für Deutschland der verlorene Osten. Dann aber werde das Weltgleichgewicht sich verschieben gegen den Westen.«

Genau so ist der Frieden in Europa entstanden – wenn dafür ein Preis zu vergeben wäre, dann gebührte er der NATO. Dass zum Zeitpunkt des ersten zaghaften Versuches eines Zusammenschlusses, 1957 nämlich, oder gar später der Frieden in Gefahr gewesen sei, dass es eine militärische Auseinandersetzung zwischen Frankreich und Deutschland, dass es später, nach dem Fall des Eisernen Vorhanges, einen Konflikt zwischen Deutschland und Polen hätte geben können, diese Erklärungen des Nobelkomitees sind schlicht albern und demonstrieren nur die politische Demagogie, die sich von jeher bei den Verantwortlichen breit gemacht hat.

Europa der Vaterländer

Was uns da zum Thema EU immer als »alternativlos« angedreht wird, ist natürlich keineswegs ohne Alternative, im Gegenteil, der Ausweg aus der selbstgebauten Sackgasse liegt auf der Hand: Das »Europa der Vaterländer«. Auch wenn fanatische Vergangenheitsbewältiger schon an dem Begriff »Vaterland« Anstoß nehmen (weil er durch die Nazis historisch belastet sei, wie mir ein EU-Euphoriker sagte) gibt es in Wirklichkeit keinen Grund, dieser Primitivargumentation zu folgen, abgesehen davon, dass der französische Präsident Charles de Gaulle diesen Begriff als die Zukunftsvision für Europa begründet hat.

Er war der Überzeugung, dass die Rivalität nationaler Interessen und nicht die politischen Ideologien die internationale Politik prägen. Zu Zeiten des Kalten Krieges zwischen West und Ost mag das diskussionswürdig gewesen sein, nach dem Zusammenbruch des kommunistischen Systems kann es keinen Zweifel mehr darüber geben, dass die Thesen de Gaulles sich tagtäglich bestätigen. Auch und gerade in der Europäischen Union, die nur im ideologischen Wunschbild der Eurokraten eine Einheit ist, wo in Wirklichkeit jedoch die Gegensätze der nationalen Interessen hart aufeinander prallen. Der Ex-Europa-Abgeordnete Andreas Mölzer dazu:

»In der real existierenden Europäischen Union ist in den letzten Jahren vorwiegend nur mehr von den ‚Bürgern' die Rede. Bereits die Mitgliedstaaten sind ein Faktor, der eher in den Hintergrund gedrängt werden soll (wenn sie auch nach wie vor die eigentliche politische Macht haben) und von den Völkern ist schon gar nicht mehr die Rede.

Auch das ‚Europa der Vaterländer', wie es Charles de Gaulle beschworen hatte, kommt in den EU-Sonntagsreden so gut wie gar nicht mehr vor. Das nationale Element jedenfalls, die nationale Identität der europäischen Völker ist ein Faktor, der offenbar totgeschwiegen oder gar ausgelöscht werden soll. Zumindest wenn es nach den Zielen und Absichten der Eurokraten, der Mächtigen also, geht. (Anm.d.Verf.: siehe Globalisierung Seite 68)

Die letzten, die die Interessen der europäischen Völker, die Erhaltung ihrer nationalen Kultur, ihrer jeweiligen Muttersprachen und auch das einst international so heilig und hoch gehaltene Recht der Selbstbestimmung dieser Völker vertreten, sind die patriotischen Parteien Europas. Die Rechtsdemokraten, wenn man so will, oder ‚Rechtspopulisten‘, wie ihre Gegner sagen. Und das ist auch der Grund, warum diese Parteien zumeist EU-kritisch, EU-skeptisch oder sogar anti-europäisch sind. Sie glauben, in den politischen Zielen und politischen Mechanismen der heutigen Europäischen Union eine wirkliche Gefahr für die Weiterexistenz dieser europäischen Völker zu erkennen.

Und sie dürften Recht haben. Wer die ‚Vereinigten Staaten von Europa‘ anstrebt, also den zentralistischen Brüsseler Bundesstaat, ist naturgemäß ein Feind der Völker. Er will sie in dieser Union auflösen, überwinden und als politisch-historische Entitäten zerstören. Identitäre Parteien hingegen, nationale Bewegungen, patriotische Gruppierungen, ganz gleich, ob es Etatisten wie der französische Front National sind oder Separatisten wie der Vlaams Belang oder Regionalisten wie die Lega Nord, sie wollen die Identität und die Kultur ihrer Völker bewahren.

Sie sind die letzten Anwälte dieser Völker in Europa, die letzten, die sich dem Brüsseler Moloch entgegenstemmen, und sie haben auch Erfolge. Wechselnd in den verschiedenen europäischen Ländern zwischen zehn und zwanzig Prozent an Wählerstimmen, wobei sie wissen, dass sie in der Erhaltung ihrer Völker durchaus die Unterstützung der Mehrheit der Bevölkerung haben. Auch wenn diese an der Wahlurne sich nicht immer für die zumeist diabolisierten Rechtsparteien ausspricht.«

So ist es denn auch kein Zufall, dass im »World Happiness Report« 2017 die Länder Norwegen (kein EU-Mitglied), Dänemark, Island, Finnland und Holland die Spitzenpositionen einnehmen. Und es ist auch kein Zufall, dass in Norwegen (mit der Fortschrittspartei), in Dänemark (mit der Dänischen Volkspartei) und in Finnland (mit den Wahren Finnen) die oft verleumdeten »Rechtspopulisten« in der Regierung sitzen, sich gegen den Multi-Kulti-Staat sperren. Und in Holland hat Premier Rutte die Wahl im Jahre 2017 zwar gewonnen (durch den Konflikt mit dem Türkei-Diktator Erdogan), aber der allseits diffamierte »rechte« Geert Wilders hat mit seiner Partei für die Freiheit immerhin den zweiten Platz erreicht. Alle diese Länder zeigen eines: Wer von einem gemeinsamen Europa schwafelt, hat kein Auge für die Wirklichkeit. Die stabilen Demokratien wie Norwegen, Dänemark und andere haben wenig zu tun mit den durch die EU ruinierten Staaten wie Griechenland, Italien und andere.

Rationale Überlegungen, Einsichten in die Bedürfnisse und Ängste der Menschen spielen für die EU-Fanatiker freilich keine Rolle, die EU-Ideologie bestimmt den Alltag, und selbst die angeblich Konservativen lassen sich vom publizistischen Mainstream treiben, in der Hoffnung, auf diese Weise zu Popularität zu kommen (die gleichen Leute übrigens, die den »Rechten« Populismus vorwerfen). Zum Beispiel die damalige Arbeits- und Sozialministerin Ursula von der Leyen von der CDU, die sich entschieden für die »Vereinigten Staaten von Europa« ausspricht und meint: »Das Europa, das ich mir vorstelle, ist ein stärker integriertes, ergänzt um die Mitgliedschaft der Türkei.«

Wer heute gegen die EU argumentiert, wird sofort gefragt: Welche Alternative gibt es denn? Reden wir also über Alternativen! Das Europa der Brüsseler Apparatschiks ist das der zentralistischen Gleichmacherei, die Alternative ist das Europa der souveränen Nationalstaaten, in denen die Werte, von denen in Brüssel immer die Rede ist und die dort mit Füßen getreten werden, in der Tat hochgehalten werden: Demokratie, Freiheit des Individuums, Rechtsstaat, Meinungsfreiheit, Toleranz.

Und die Verteidigung des Christentums, das Europa seit mehr als einem Jahrtausend geprägt, als gemeinsames Band der europäischen Völker eine unauslöschliche Wirkung entfaltet, das die europäische Ethik begründet hat. Dass der Lissabon-Vertrag, der als europäische Verfassung gilt, das Christentum nicht einmal mehr zu erwähnen wagt, ist eine Schande und sagt alles über die EU und ihre »Werte«.

Eine Frage der kulturellen Loyalität

Auch wenn mit gutem Recht der Begriff der Kulturnation an die Nation bzw. die Region gebunden wird – die Kultur der Vorpommern hat mit jener der Bayern oder Schwaben kaum etwas gemein –, so hat die Entwicklung in Europa doch über Jahrtausende hinweg eine Grundhaltung geschaffen, die in einer Reihe von Gemeinsamkeiten zum Ausdruck kommt. Finnen und Italiener, Polen und Portugiesen mögen in ihrer jeweiligen Nationalmentalität durchaus verschieden sein, zahlreiche Grundmuster lassen sich aber durchaus feststellen: Das Christentum hat sich als bestimmender Faktor erwiesen, der Analphabetismus wurde abgeschafft, Musik und Theater haben einen hohen Stellenwert (aber, um kein Missverständnis aufkommen zu lassen: in der jeweiligen nationalen oder regionalen Ausformung), Demokratie und Rechtsstaat sind unbestritten (die sizilianische Mafia spielt da eine italienische Sonderrolle, die nicht verallgemeinert werden kann), Freiheit und Menschenrechte werden in ganz Europa in etwa gleich definiert – im Gegensatz zu anderen Regionen des Erdballs. Das alles sollte freilich nicht dazu verführen, einen europäischen Einheitsbrei in Form der »Vereinigten Staaten von Europa« zu verlangen.

Wäre es nicht so traurig, man könnte über die Versuche, jegliche nationale Regung zu diffamieren, lachen. Selbst an sich früher seriöse Zeitungen (wie die »*FAZ*«) gefallen sich darin, von »Populismus« zu schwafeln, wenn es um Bewegungen, seien es Parteien, seien es kulturelle Zusammenschlüsse, seien es sonstige Gruppierungen mit einem nationalen Grundkonsens, geht. Freilich ist einzuschränken: Derartiges gibt es nur im deutschen Sprachraum, in anderen Staaten rund um den Erdball weiß man um den Wert der Nation, der Nationalmasochismus der Deutschen wird anderswo eher mit Verachtung registriert – man fühlt sich an Bismarck erinnert: »Die Neigung, sich für fremde Nationalitäten und Nationalbestrebungen zu begeistern, auch dann, wenn dieselben nur auf Kosten des eignen Vaterlandes verwirklicht werden können, ist eine politische Krankheitsform, deren geographische Verbreitung leider auf Deutschland beschränkt ist.«

Deshalb gibt es in anderen europäischen Staaten Parteien, die sich offen zu ihrer Nation bekennen: In England die »United Kingtom Indipendence Party«, in Finnland die »Wahren Finnen« (Perussuomalaiset, PS), in Dänemark die »Volkspartei« (Dansk Folkeparti, DF), in den Niederlanden die »Freiheitspartei« (Partij voor de Vrijheid, PVV), und in Österreich die FPÖ. In Frankreich, in Belgien, in Griechenland und in einer Reihe von anderen Staaten gibt es jene, ach so bösen »Populisten« (und natürlich gibt es auf der Linken ebenso Populisten, zum Beispiel in Italien oder in Griechenland, die aber offenbar weniger »gefährlich« sind). Wobei auch nicht zu vergessen ist, dass von den »Populisten« hin und wieder absurde Thesen vertreten werden, so zum Beispiel von der Lega Nord am 29. September 2007, als Umberto Bossi sich zum gewaltbereiten Separatismus bekannte mit den Worten: »Die Freiheit kann nicht mehr im Parlament erobert werden, sondern durch den Kampf von Millionen zur Aufopferung bereiter Männer in einem Befreiungskrieg.«

Und trotzdem: Heute ist allen gemeinsam, dass sie von den etablierten Parteien und den ihnen hörigen Medien als demokratiefeindlich und staatsgefährdend wahrgenommen werden, »populistisch« gilt fast schon als Synonym für verfassungsfeindlich – wobei die Frage gestattet sein sollte, was in einer Demokratie, also in einer Volksherrschaft, daran so verurteilenswert ist, wenn eine Partei sich an den Souverän (populus), also an das Volk wendet. Hat es etwas damit zu tun, dass die Etablierten eine europäische Finanz- und Vertrauenskrise verursacht haben und nun nicht wissen, wie sie diese bewältigen können? Müssen sie deshalb dem Volk die Schmierenkomödie »Rettung« vorspielen? Muss man den oft zitierten »mündigen Bürger« dafür beschimpfen, dass er sich Gedanken macht und nach Lösungen sucht, wie man aus dem Schlamassel herauskommt? Ralf Dahrendorf hat Populismus deshalb ohne die üblichen demagogischen Zwischentöne so definiert: »Die Schwierigkeit beginnt schon mit dem Begriff. Er besagt, dass der Rekurs auf das Volk nicht in Ordnung ist. Jedenfalls ist Populismus ein abwertender Begriff. Aber ist das Volk nicht der Souverän, der daher die Demokratie legitimiert? Der Verdacht ist nicht von der Hand zu weisen: Des einen Populismus ist des anderen Demokratie.«

Wenig überraschend gibt es deshalb eine allgemeine Unzufriedenheit mit der »politischen Klasse«, die sich in Politikverdrossenheit äußert, in Wirklichkeit aber wohl eher eine Politikerverdrossenheit ist. Die Menschen halten Politiker für volksfremd, die die Wünsche des Bürgers nicht zur Kenntnis nehmen, die nur die eigenen Interessen im Sinn haben, die zum großen Teil verantwortungslos agieren. Im Politologendeutsch: Die Krise in Europa droht das sozialpsychologische Fundament der Demokratie zu beschädigen.

Eine in London ansässige, der Labour-Partei nahestehende Denkfabrik, das »Policy Network«, hat versucht, Gründe dafür zu finden, warum die Parteien des »Mainstreams« von immer mehr Menschen links liegen gelassen werden. Das Establishment hat, so das Ergebnis der Studie, schlicht und einfach versagt und damit zu wirtschaftlicher Verunsicherung und zu Erschütterungen kultureller Loyalitäten beigetragen.

Es hätte, so meine ich, keiner aufwändigen Studie bedurft, um das herauszufinden: Die Altparteien haben versagt, wo es um nationale Identität geht, um Einwanderung, um wirtschaftlichen Wandel. Wenn Minderheiten als Ideale dargestellt werden, wenn der Staat islamische Einwanderer bevorzugt und deren Kriminalität verharmlost, wenn die als Bedrohung empfundene Aggression von Migranten als Krämergeist und Spießertum denunziert wird, dann dürfen sich die politischen »Eliten« und ihre medialen Marionetten nicht wundern, wenn der Bürger in einer Demokratie eigene Wege geht – so lange das noch möglich ist.

Ein Beispiel dafür, wie hemmungslos sich die Hetze der Migranten zuweilen austobt, war im vorigen Jahr in einem sich linksintellektuell gebendem Blättchen (*Der Freitag*, Herausgeber Jakob Augstein) zu lesen. Da verbreitete sich ein (angeblich) syrischer Flüchtling mit einem Essay, in dem es hieß: »Wir Flüchtlinge haben die Wutbürger satt. (Wir) wollen mit euch Wutbürgern nicht in demselben Land leben. Ihr könnt auch, und das halte ich für richtig, aus Deutschland flüchten, nehmt bitte Sachsen auch mit und die AfD gleich auch. Deutschland passt nicht zu euch, warum lebt ihr hier? Warum seid ihr nicht in einem anderen Land?«

Fragt angesichts solcher Töne noch jemand, warum die »Populisten« in Deutschland Zulauf bekommen? Um es ein wenig polemisch zu sagen: Der Anteil der Ureinwohner in den USA beträgt heute 0,9 Prozent. Die machtausübende politische und gesellschaftliche Elite in der EU hält einen solchen Anteil von europäischen Ureinwohnern offensichtlich auch für diesen Kontinent für erstrebenswert und leert über diejenigen Schmutzkübel aus, die verschiedene Arten von Migration und Asylmissbrauch in Frage stellen, weil sie ihre Heimat nicht kampflos aufgeben wollen.

In den genannten Ländern Europas, in denen die »Populisten« zunehmend an Gewicht gewinnen, hat sich vor allem gezeigt, dass das Problem mit Diffamierung nur eine Zeitlang zu bewältigen ist, der Wähler aber irgendwann doch merkt, wie verlogen die Argumentation des Establishments ist. Jene, die immer von Toleranz sprechen, verteidigen mit inquisitorischer Gewissenhaftigkeit die Ausgrenzung jedes Andersdenkenden – auch dies kennzeichnet die Hilflosigkeit der etablierten Parteien und ihrer Medien.

Deren Macht hat ein ehemaliger Innensenator von Berlin und späterer Innenminister in Brandenburg, Jörg Schönbohm, so beschrieben: »Wer ihre Vormachtstellung und damit ihre Deutungshoheit infrage stellt, mit dem wird kurzer Prozess gemacht – sollte er nicht bereits durch den politisch korrekten Lynchmob medial aufgeknüpft worden sein. Die obligatorische Empörungsarie fungiert mittlerweile als allmächtige rhetorische Allzweckwaffe, die sich als besonders geeignet erwiesen hat, unsere Sprache, unser Denken und unser Gewissen zu kontrollieren und in die ‚richtigen‘ Bahnen zu lenken.«

Die »richtigen Bahnen« sind zwar keine Erfindung unserer Zeit, die »politische Korrektheit« aber treibt absurde Blüten, die früher nur als Satire möglich schienen. George Orwells futuristischer Roman »1984« drängt sich auf. Wer damals alt genug war, dieses Werk bewusst zu lesen, hielt es für eine maßlose Übertreibung, selbst die stalinistischen Diktaturen des Ostblocks schienen im Vergleich zu der Diktatur des »Großen Bruders« geradezu harmlos. Wir erleben heute, mehr als 30 Jahre später, dass die politische Korrektheit ebenso wie in Orwells Phantasie unbarmherzig zuschlägt, den Einzelnen ebenfalls zum Sklaven des »Mainstreams« macht, der Zeitgeist bis in die persönliche Kommunikation vordringt.

Beweise? Wagt es eine/r, das Wort Neger zu gebrauchen, ist er/sie ein Fall für die Justiz. Dabei spielt es keine Rolle, dass der Begriff ohne jeglichen diffamierenden Unterton verwendet wird und man eine seit Jahrhunderten übliche (und nie beanstandete) Bezeichnung nur mit umständlicher Umschreibung ersetzen kann. Die Blockwarte des Neusprech haben entschieden, und das Volk hat zu gehorchen. Ein weiterer Fall: Das Wort Zigeuner steht ebenfalls auf dem Index der Gutmenschen. Abgesehen davon, dass der Ersatzbegriff »Roma« von Unkenntnis zeugt (weil die Roma nur ein Zweig unter vielen Zigeuner-Clans sind), erweist sich hier das Provinzlertum der politisch Korrekten. Wer – wie ich – am Balkan unterwegs war und sich in Zigeuner-Siedlungen umgesehen hat, der weiß, dass diese Menschen von sich selbst – und zwar voller Stolz – als Zigeuner sprechen. Sie kämen nie auf die Idee, dass dieses Wort in irgendeiner Weise diffamierend sein könnte.

Es ließen sich reihenweise Beispiele anfügen, die heute in erschreckender Weise die Thesen von Orwells »1984« bestätigen oder sogar überbieten. Die Zensoren der politischen Korrektheit führen sich in der Tat auf wie die Gedankenpolizei bei Orwell, sein »Wahrheitsministerium« ist heute bei den zeitgeistigen Medien angesiedelt, und die oben genannten Beispiele zeugen davon, dass das »Gedächtnis-Loch« auf dem besten (schlechtesten) Wege ist, Realität zu werden. Und heute: Die Bewußtseinsindustrie, deren Niveau zum Teil auf Sensationen, Emotionen, Radau aufgebaut ist, kennt keine Gnade, sofern sich einer an den Grundsätzen der politischen Korrektheit vergeht, die mediale Gesinnungspolizei der selbsternannten Sitten- und Tugendwächter macht abweichende Gesinnung zum Verbrechen wider den oktroyierten Konsens. Günter Grass hat dieses Phänomen, als er erstmals selbst ein Opfer der Medienmeute wurde, als die »gleichgeschalteten Medien« bezeichnet. Es zeigt sich, dass Orwell recht behalten sollte, als er schrieb: »Je weiter sich eine Gesellschaft von der Wahrheit entfernt, desto mehr wird sie jene hassen, die sie aussprechen.«

Brüsseler Bürokratie

Mehr als 90 Prozent der im deutschen Parlament verabschiedeten Gesetze und Richtlinien sind, so die Aussage von Parlamentariern, die Umsetzung europäischer Vorgaben. Regierungen, die dies nicht tun (auch wenn die eigene Verfassung damit unvereinbar ist), drohen Strafzahlungen. Diese können von der EU willkürlich angestrengt oder unterlassen werden. Der ungarische EU-Abgeordnete Bela Kovacs schildert die demokratiefremde Vorgabe folgendermaßen: Die Abgeordneten dürfen nicht im Sinne ihrer Überzeugung abstimmen, sondern bekommen vor jeder Abstimmung eine Vorgabe von der eigenen Fraktion übermittelt, nach der sie abzustimmen haben. Verstoßen sie gegen die Vorgabe, müssen sie persönlich Strafe zahlen. Die etwa 740 EU-Abgeordneten seien, so Kovacs, »in Wirklichkeit nichts anderes als ein menschlicher Apparat oder eine Maschine, die im EU-Parlament beinahe automatisch abstimmt.« Wem würde angesichts solcher Praktiken nicht die alte UdSSR und ihre Duma einfallen!?

Der Brüsseler Moloch, dessen Existenz von den Europabegeisterten immer bestritten wird, kostet den Steuerzahler mehr als 360 Milliarden Euro jährlich. Gesetze und Verordnungen, die zum Teil kein Mensch versteht und die das tägliche Leben nur behindern, werden von den Bürokraten in Brüssel über die Bürger ausgegossen wie Schwefel. Immer wieder reden die EUrokraten von den »europäischen Werten«, sie meinen Vielfalt, Respekt vor einander, Toleranz, Weltoffenheit – und eben diese Werte werden in Brüssel fast täglich zerstört. Wobei freilich hinzuzufügen ist: Vieles von dem Schwachsinn kommt von den Wichtigtuern in den Teilnehmerstaaten. Ein Beispiel: Die fatale Glühbirnenverordnung geht zurück auf den damaligen deutschen Umweltminister Sigmar Gabriel – freilich gab es im europäischen Parlament große Zustimmung.

Obwohl der frühere EU-Parlamentspräsident Martin Schulz in aller Regel ein fanatischer Verteidiger ist von allem, was mit der EU zu tun hat, musste auch er zugegeben: »Das unsägliche Hin und Her in der Eurokrise ist ein unrühmliches Beispiel für Führungslosigkeit, das auf den Märkten und bei den Bürgern verheerende Wirkungen entfaltet.« Ein Beispiel, das für viele spricht, ist die EU-Verordnung Nr. 2396/2001, in der festgelegt wird, dass »bei Lauch und Porree der Güteklasse I mindestens ein Drittel der Gesamtlänge oder die Hälfte des umhüllten Teils von weißer bis grünlich-weißer Färbung sein muss«, außer, es handelt sich um Frühporree oder Frühlauch, dann »muss der weiße oder grünlich-weiße Teil mindestens ein Viertel der Gesamtlänge oder ein Drittel des umhüllten Teils ausmachen.«

Wundert sich da noch einer, dass die Menschen nur noch abschalten, sobald sie »Europa« hören? Und dass sie sich angewidert abwenden, wenn der Kommissionspräsident nüchtern verkündet: »Es darf keine demokratische Wahl gegen die Europäischen Verträge geben«, so zitierte der französische »*Figaro*« Jean Claude Juncker Anfang 2015.

Mit anderen Worten: Die Brüsseler Bürokraten haben für demokratische Grundsätze nichts als Verachtung übrig. Eigentlich sollte der Bürger sicher sein, dass die Sozialgesetze Rechtsnormen sind, unanfechtbar von anonymen Institutionen (ob in Brüssel oder Washington). Die Kommandowirtschaft aus Brüssel auf praktisch allen Gebieten der Gesetzgebung (Agrarpolitik, Sozialpolitik, Arbeitsmarktpolitik, Justizpolitik, Umweltpolitik), auf die man ja auch noch stolz ist, hat zu einem Chaos in der Innenpolitik der meisten EU-Länder geführt, ein Rückbau ist unumgänglich. Wer es gut meint mit Europa wird darauf achten, dass künftig der Binnenmarkt funktioniert und die Einwanderung auf strenge Regelungen reduziert wird. Die Merkel-Illusion, Europa könne die Armutsprobleme der ganzen Welt lösen, hat die an sich notwendige Hilfe für wirkliche Asylsuchende zu einer unlösbaren Aufgabe gemacht. Und sie hat in vielen Teilen Europas zu einer Fremdenfeindlichkeit geführt, die niemand will. Aber Menschen, die sich in ihrer Heimat nicht mehr zu Hause fühlen, reagieren nun einmal aggressiv.

Ach ja, und dann gibt es ja auch noch den Europäischen Gerichtshof in Luxemburg, zu dem die Staaten vorzugsweise ihre abgehalfterten Justizpolitiker schicken. Die »Welt« über dieses absurde Gremium: »Der Europäische Gerichtshof und sein Generalanwalt machen Europa kaputt. Ihre Plädoyers und Urteile schaden der europäischen Idee und schüren die Politikverdrossenheit. Besonders in Flüchtlingsfragen.« Auch hier gilt: Rechtsstaatlichkeit muss vor Ort durchgesetzt werden, Luxemburg ist der falsche Ort, abgesehen von der meist politisch motivierten Auswahl der Richter.

Von der Subsidiarität, mit der in Europa immer wieder gelockt wird, ist nahezu nichts übriggeblieben, das zentralistische Monster fährt auch weiterhin seine Krakenarme aus, und es zerstört damit die Grundlage dessen, was ja eigentlich das Ziel der Gemeinschaft sein sollte, wirtschaftliche Prosperität nämlich. Die EU-Wirklichkeit ist das Gegenteil: Seit mehr als drei Jahren sinkt die Industrieproduktion, wirtschaftlich taumelt Europa um die Null. Die Konsequenz: der Wohlstand schwindet, noch schaffen rund sieben Prozent der Weltbevölkerung etwa 25 Prozent der Weltwirtschaftsleistung (und tragen rund die Hälfte der Weltsozialausgaben), es ist absehbar, dass dies künftig nicht mehr zu erreichen sein wird. Die zentrale These in diesem Spiel der Falschspieler: Es gehört zur Solidarität der Europäer, einem anderen Staat zu helfen, wenn dieser in Schwierigkeiten ist. So weit, so gut. Solidarität heißt aber auch: Hilfe, wenn einer unverschuldet in Schwierigkeiten ist. Und davon kann bei den Problemländern Europas keine Rede sein. Ob Griechenland, Spanien, Portugal, Italien, ja sogar Frankreich, sie alle haben ihre Probleme durch jahrlange Schlamperei selbst verschuldet. Das heißt: Solidarität als Fass ohne Boden ist eine gar seltsame Definition dieses Begriffes. Dass die »Eliten«, die an die dekadente Aristokratie in Versailles erinnern, dem einfachen Bürger in Nordeuropa weismachen wollen, er habe unter »Solidarität« zu verstehen, sich ausbeuten zu lassen zugunsten einer steigenden Zahl von Südeuropäern, die an diesem System ja nicht einmal Gefallen finden, kann wohl kaum das Modell Europa der Zukunft sein. In der

EU hat der Begriff Solidarität freilich eine ganz eigene Definition: Laut dem Bericht des Europäischen Rechnungshofes 2013 versickern rund sieben Milliarden Euro (!), also fast fünf Prozent des EU-Budgets alljährlich in dunklen Kanälen. Sind diese Fälle aufgedeckt, muss das Mitgliedland das fälschlich überwiesene Geld in vielen Fällen nicht einmal zurückzahlen – und Berichte aus Italien belegen, dass die Mafia an den EU-Zuckerchen kräftig mitnascht.

Die doktrinäre Haltung der Berufseuropäer zerstört von vornherein jede Möglichkeit einer Debatte über eine Fortentwicklung der EU, fort von den totalitären Tendenzen, mit denen in Brüssel Politik gegen die Bürger gemacht wird. Niemand kann diese fatale Entwicklung bestreiten, einige Zahlen mögen das belegen: Es darf als skandalös bezeichnet werden, dass in Brüssel für die EU-Kommission rund 46.000 Beamte tätig sind, von denen nicht weniger als 4.365 mehr verdienen als zum Beispiel die deutsche Kanzlerin (monatlich 16.275 Euro). Ebenso skandalös: 1.760 EU-Beamte verdienen mehr als der deutsche Bundespräsident (18.083 Euro). Und: 26.292 EU-Beamte verdienen – nein, sie verdienen es nicht, aber sie bekommen es – 7.960 Euro im Monat. Nur zum Vergleich: Nach einer Analyse des Statistischen Bundesamtes lag das durchschnittliche Nettoeinkommen pro Monat in Deutschland 2015 zwischen 2000 und 2500 Euro. Und da fragt noch einer, warum das Heer der Apparatschiks in Brüssel so unbeliebt ist?

EU als Dauerkrise – »Sanierungsfall«

Dabei ist Deutschland, ja sogar ganz Europa aufgrund der verantwortungslosen Politik der deutschen Kanzlerin in eine Verfassung geraten, die entschlossenes Handeln, unideologische Initiative und zupackenden Mut erforderlich macht. Europa – das ist derzeit ein anderes Wort für Krise: Asylantenflut, Sozialbetrug, Währung, Struktur, Außenpolitik, kaum ein Gebiet ist nicht von einem historischen Versagen geprägt. Und während in Brüssel die Kommissare auf immer absurdere Ideen kommen, um sich wichtig zu machen (und in Wirklichkeit den Bürger zu schikanieren), gefällt sich Deutschland in der Vogel-Strauß-Politik, die geprägt ist von zuverlässiger Mittelmäßigkeit und redlicher Einfallslosigkeit. Das ganze aber vorgetragen mit geschwätzigem Pathos, wie in einer Zivilreligion wird der Götze EU inbrünstig angebetet. Ein quälend-lustvoller Polit-Masochismus verknüpft mit Selbstmitleid führt dazu, dass sich anstelle von Selbstbewusstsein eine fatale Neigung verbreitet hat, den politischen Diskurs durch Demonstrationen und andere Formen des physischen und psychischen Drucks zu ersetzen – Opportunität ist gefragt, die Straße regiert, oftmals ist es die Gosse.

Vorbei sind die Zeiten, in denen sich in Deutschland (und meist auch in anderen Ländern) zwei Lager gegenüber standen: da waren zum einen die Konservativen, meist unterstützt von den Liberalen, zum anderen die Linke, angeblich fortschrittlich, oft genug in ihrem noch immer genüsslich praktizierten Bezug auf Karl Marx in Wirklichkeit reaktionär (oder würde sich jemand im 21. Jahrhundert einem Arzt anvertrauen, der mit den Kenntnissen des 19. Jahrhunderts praktiziert?!). Seit Angela Merkel die CDU führt, hat sich hier Grundlegendes geändert: die CDU ist in einem Tempo nach links gerückt, das man nur atemlos beobachten kann, ihre Partei ist kaum noch von der SPD zu unterscheiden, von einer Werteskala, die einst für Konservative als unverrückbar galt, ist kaum noch etwas übrig geblieben. »Die Kanzlerin könnte morgen in die SPD eintreten, kein Problem. Wir würden die auch nehmen. Die ist ideologisch auf unserer Spur«, hat denn auch Martin Schulz, damals Vorsitzender der Sozialisten im EU-Parlament, die Lage analysiert.

Das aber hat Konsequenzen. Denn für die Konservativen (die »Rechten« darf man ja längst nicht mehr sagen), für die Konservativen also ist der Staat lediglich der Rahmen, der das Land im Inneren ordnen und nach außen vertreten soll. Während für die Linken der Staat der allumfassende Übervater (in Deutschland die »Übermutti«) ist, der soziale Gerechtigkeit, Bildung, Umwelt, ja, eigentlich alles plant und organisiert, weiß der Konservative, dass er sein Leben selbst planen und organisieren muss, dass er dafür selbst Verantwortung trägt, dass er seine Ansprüche selbst erarbeiten – und dann natürlich auch verteidigen – muss. Während die Linken davon ausgehen, dass der Staat ihm Sozial- und Bürgerrechte zugesteht, zuteilt, dass ihm die Verantwortung im Leben der Gesellschaft weitgehend abgenommen wird, ist der Konservative davon überzeugt, dass er für sein Leben selbst zuständig ist und dafür Verantwortung trägt.

Genau dies ist auch das Problem mit der EU. Die von niemandem gewählten Behörden in Brüssel fühlen sich zuständig für alles, was den einzelnen Bürger in den 27 Staaten betrifft: sie bestimmen, welche Glühlampen er benutzen darf, welche Staubsauger, welche Toilettenspülung. Der Moloch in Brüssel ist, auch wenn da ein paar formal Konservative mitmischen, ein durch und durch linksideologisches Unternehmen, ein »Sanierungsfall« eben, wie Energiekommissar Oettinger offen eingestanden hat. In seiner Schrift »Menschliches, Allzumenschliches« hat Friedrich Nietzsche eine geradezu aktuell anmutende Definition des linken Ideologie geliefert: »Der Sozialismus ist der phantastische jüngere Bruder des fast abgelebten Despotismus, den er beerben will; seine Bestrebungen sind also im tiefsten Verstande reaktionär. Denn er begehrt eine Fülle der Staatsgewalt, wie sie nur je der Despotismus gehabt hat, ja er überbiete alles Vergangene dadurch, dass er die förmliche Vernichtung des Individuums anstrebt, als welches ihm wie ein unberechtigter Luxus der Natur vorkommt und durch ihn in ein zweckmäßiges Organ des Gemeinwesens umgebessert werden soll...Der Sozialismus kann dazu dienen, die Gefahr aller Anhäufungen von Staatsgewalt recht brutal und eindringlich zu lehren und insoferne vor dem Staate selbst Misstrauen einzuflößen. Wenn seine raue Stimme in das Feldgeschrei so viel Staat wie möglich einfällt, so wird dieses zunächst dadurch lärmender als je: aber bald dringt auch das entgegengesetzte mit um so größerer Kraft hervor: so wenig Staat wie möglich.« Nietzsches Warnung vor »mehr Staat« klingt wie das »mehr Europa« (das heißt Schuldenunion) unserer Tage. Und trotzdem bleibt das Establishment bei dem Ruf nach »mehr Europa«, zumindest in Deutschland. Und noch immer vertrauen rund 55 Prozent der Deutschen dem EU-Fortschrittsglauben.

Diese Haltung wird in den Lemminge-Medien hoch geschätzt – etwas ganz anderes ist es, ob andere Völker den Deutschen dafür Respekt zollen oder sie nicht doch – was wohl eher zutreffen mag – verachten. Hätte es eines Beweises bedurft, die Merkel-Abhöraktion des amerikanischen Geheimdienstes hätte den Beweis erbracht. Es ist bezeichnend für die Selbstherrlichkeit der amerikanischen »Freunde«, dass der amerikanische Präsident die deutsche Kanzlerin abbügelt mit der lächerlichen Ausrede, er habe davon nichts gewusst. So pflegt man nicht einmal mit Domestiken umzugehen, ein weiteres Zeichen dafür, dass Deutschland für die USA nach wie vor nicht viel mehr ist als ein besetztes Gebiet. Besatzungsmacht eben, die sich gegenüber dem Besiegten leisten kann, was immer sie will.

Denn auch nach dem Zwei-plus-Vier-Vertrag von 1990 (in Kraft getreten 1991), der den Anschein erweckt, Deutschland sei souverän, kann davon keine Rede sein (und die deutsche Politik verhält sich ja auch entsprechend). Im Überleitungsvertrag, dessen Teile Eingang in den Zwei-plus-Vier-Vertrag gefunden haben, heißt es im Artikel 2 Absatz 1 wörtlich: ‚Alle Rechte und Verpflichtungen, die durch gesetzgeberische, gerichtliche oder Verwaltungsmaßnahmen der Besatzungsbehörden oder auf Grund solcher Maßnahmen begründet oder festgestellt worden sind, sind und bleiben in jeder Hinsicht nach deutschem Recht in Kraft, ohne Rücksicht darauf, ob sie in Übereinstimmung mit anderen Rechtsvorschriften begründet oder festgestellt worden sind.« Was im Klartext bedeutet: Frankreich, England und die USA üben praktisch Besatzungsrecht aus. Und: Diese Bestimmungen wurden im Zuge der Wiedervereinigung auf die neuen Bundesländer erstreckt, ohne dass der deutsche Gesetzgeber daran mitgewirkt hätte.

Hinzu kommt, dass nach den UN-Feindstaatenklauseln 53 und 107 Maßnahmen nicht untersagt sind, »welche die hierfür verantwortlichen Regierungen als Folge des Zweiten Weltkriegs in Bezug auf einen Staat ergreifen oder genehmigen, der während dieses Krieges Feind eines Unterzeichnerstaats dieser Charta war«, also Deutschland und Japan. Dies schließt militärische Interventionen ausdrücklich ein. Auch wenn man dies in der Praxis für bedeutungslos hält, es ist nach wie vor geltendes Recht (Juristen sind da sehr genau!), und keiner der »Freunde« Deutschlands hat je den Versuch unternommen, diese Drohklauseln zu eliminieren.

Unwillkürlich kommt einem da ein Wort des Staatsrechtlers und politischen Philosophen Carl Schmitt in den Sinn. In seinem Buch »Begriff des Politischen« stellt er fest: »Dadurch, dass ein Volk nicht mehr die Kraft oder den Willen hat, sich in der Sphäre des Politischen zu halten, verschwindet das Politische nicht aus der Welt. Es verschwindet nur ein schwaches Volk.«

Alternativlos heißt Denkverbot

Und trotzdem darf man ja wohl darauf hinweisen, dass mit zunehmendem Zentralismus in Europa eine Euphorie eingesetzt hat, die alle Grenzen der Vernunft sprengt und die letztlich alle Werte, die mühsam errungen worden sind, in Frage stellt. Das gilt für die schlichte Verneinung aller Gegensätze (nicht nur der politischen), das gilt für die geschichtslose Verwendung des Begriffes »Vereinigte Staaten von Europa« (VES) von Menschen, die offenbar keine Ahnung haben von der Entwicklung der USA, und es gilt für die Wirklichkeit im heutigen Europa mit seiner kulturellen Divergenz, mit seiner Unvergleichlichkeit der Mentalitäten, es gilt, ganz handfest, mit seiner Unterschiedlichkeit der Sprachen. Das alles – und vieles mehr – sollten wir zum Reichtum Europas zählen, statt zu versuchen, alles mit dem Rasenmäher einzuebnen. Denn dies ist wohl – leider – auch nicht zu übersehen: Als Souverän im eigentlichen Wortsinn können sich die europäischen Staaten heute kaum noch bezeichnen. Die Politik hat es fertiggebracht, dass sich immer mehr Menschen von der Idee Europa abwenden, weil sie erkennen müssen: Die in Brüssel praktizierte Politik hat in den letzten Jahren gemeinsam aufgestellte Regeln gebeugt, hat wiederholt Versprechen gebrochen und letztlich die Orientierung verloren. Der hemmungslose, fortgesetzte und offene Rechtsbruch hat den Menschen die Augen geöffnet und ihnen gezeigt, dass der Traum vom vereinten Europa zu einem Albtraum der Bürokratie geworden ist.

Hinzu kommt ein Trend, dem sich eine Vielzahl der europäischen Regierungen nicht verschließen können, sei es aus ideologischen Gründen oder aus Feigheit vor den Medien: Man hat derzeit den Eindruck, das Klassenkampfdenken eines Karl Marx sei in den Richtlinien der EU festgeschrieben, der weitere Ausbau der Planwirtschaft und die Ausschaltung des Marktes werden als zentrale Aufgaben der EU gesehen. Das französische Kampfgeschrei »Freiheit, Gleichheit, Brüderlichkeit« ist in unseren Tagen ersetzt worden durch die Phrase von der »sozialen Gerechtigkeit«, was natürlich per definitionem eine Ungerechtigkeit bedeutet und Tugenden wie Tüchtigkeit und Leistungsbereitschaft von vornherein bestraft, weil ja die sozial Benachteiligten – aus welch einem Grunde sie auch benachteiligt sein mögen – von den Reichen durchgefüttert werden sollen. Dass dies das Prinzip der sozialen Marktwirtschaft (das oft nur als »Marktwirtschaft« bezeichnet und damit als Kapitalismus denunziert wird) gründlich aushebelt, scheint unterzugehen, und ich vermute, genau dies ist auch die Absicht. Denn das Prinzip der sozialen Marktwirtschaft hat sich als erfolgreich erwiesen, hat aus dem Proletarier den Bürger in einer Mittelstandsgesellschaft gemacht, hat alle Marxschen Thesen von der Verarmung des Menschen als dummes Zeug entlarvt. Die soziale Marktwirtschaft, das ist eben auch sozialer Frieden – und eben diese Errungenschaft droht am EU-Modell der staatlichen Steuerung zu scheitern, die »soziale Gerechtigkeit« wird zu einer Einbuße an Freiheit, was in letzter Konsequenz den Abstieg Europas in die Armutsfalle bedeutet.

Der Philosoph Otfried Höffe hat die eher oberflächlichen, von den Medien oft als fortschrittlich erachteten Gebote einer Aufgabe der Souveränität einer kritischen Betrachtung unterzogen: »Beweist couragierten Verstand, wer Souveränität aufzugeben fordert? Zweifellos beweist er ihn nur, wenn er sich der philosophischen Argumentation der bestimmten Negation unterwirft. Dann müsste er nämlich genau prüfen, wer in genau der derzeitigen Lage welche Souveränität warum aufgeben sollte. Falls nämlich die wirtschafts- und finanzpolitisch verantwortlichen Länder Souveränität aufgeben, fördern sie das Gegenteil des sachlich Erforderlichen und prämiieren die wirtschafts- und finanzpolitische Unvernunft, nachweisbar durch die Notsituation der anderen und deren Ruf nach Hilfe.« Aber Vernunft scheint wohl eher Mangelware, denn logisch wäre doch eigentlich, dass derjenige, der der Hilfe bedarf, Souveränität aufgeben müsste – eben das wird aber in den meisten Fällen brüsk zurückgewiesen. Doch selbst wenn – an wen sollte die nationale Souveränität auf der europäischen Ebene übertragen werden? Wohlgemerkt, wir reden vor allem von Kompetenzen auf dem Gebiet der öffentlichen Finanzen, und damit von einem fundamentalen Recht der nationalen Parlamente. Wo aber ist die europäische Institution, in der dieses Recht mit voller demokratischer Legitimation ausgeübt werden könnte? Was immer man von den verschiedenen Vorschlägen halten mag, das alles ist so wenig durchdacht, dass der Weg ins Chaos vorgezeichnet ist.

Wer dem Nationalstaat das Wort redet, wird dann zu leicht des »Populismus« geziehen. Populismus – dieser wohlfeile »Vorwurf« (noch einmal: ist es eigentlich ein Vorwurf, sich um das Volk zu kümmern?) trifft all jene, die es wagen, mit der herrschenden Klasse nicht einverstanden zu sein, die Vetternwirtschaft, Ineffizienz, Intransparenz und Korruption der Alt-Parteien beklagen und sich mit dem Merkel-Diktat »alternativlos« nicht abfinden wollen. Alternativlos, das heißt Denkverbot, in einer Demokratie also ein absolutes Tabu. Trunken von der eigenen Bedeutsamkeit wollen die Mächtigen in Europa jegliche Alternative verhindern, Kritik an dem inzwischen für jedermann sichtbaren Scheitern der EU – notabene: man sollte die EU nicht mit Europa gleichsetzen – gilt als Majestätsbeleidigung, wobei es schwer fällt, über die führenden Figuren keine Glossen zu schreiben. Und schon die Frage, woran es denn liegt, dass der Traum zerbrechen konnte, der für uns alle das gemeinsame Europa einst bedeutet hatte, gilt als Sakrileg.

Vom Scheitern der EU

Symptomatisch für die EU und die Art und Weise, wie mit dem Geld des Steuerzahlers umgegangen wird, ist das Finanzgebaren der Eurokraten. So musste Cecilia Malmström, ehemals EU-Kommissarin für Innenpolitik, schließlich zugestehen, dass bis zu 25 Prozent der Gelder aus öffentlichen Aufträgen in der Europäischen Union für Korruption und Bestechung verwendet werden. Was in Zahlen ausgedrückt bedeutet: Rund 125 Milliarden Euro versickern in dunklen Kanälen. Für Kenner der Lage nichts Neues, seit Jahren wurde zum Beispiel in Süditalien eine Autobahn gebaut, die aber offenbar niemals fertig werden soll, weil die Mafia bei jedem Kilometer absahnt. Ob Kläranlagen, Olivenfelder oder Tourismusprojekte, der Phantasie der Betreiber sind keine Grenzen gesetzt, und die Brüsseler Apparatschiks winken alles durch, denn sie halten das alles ja auch für ihre persönlichen Erfolge.

Mit welch einer Skrupellosigkeit die EU-Elite gegen den Willen der überwiegenden Mehrheit der Europäer die »Vereinigten Staaten von Europa« durchsetzen will, erfährt der Bürger relativ selten und auch nur durch einzelne Wortfetzen, die zuweilen – und wohl eher unbeabsichtigt – in Interviews ausgesprochen werden. In einem Porträt der »*New York Times*« ließ sich der deutsche Finanzminister Wolfgang Schäuble seinen Fahrplan für Europa entlocken: »Was wir jetzt mit der Fiskal-Union machen, ist ein kurzfristiger Schritt für die Währung. In einem größeren Kontext brauchen wir natürlich eine politische Union …Wir können eine politische Union nur erreichen, wenn wir eine Krise haben.« Im Klartext: Die seit Jahren andauernde Schulden-, Finanz- und Vertrauenskrise ist kein Zufall, sie ist bewusst als Teil eines nur durch Zwang, Enteignung, Rechtsbruch und Diktat zu erreichenden Ziels herbeigeführt worden. Damals, im Sommer 2013, war es unübersehbar: Europa fällt tief in die Rezession, während sich die USA erholen, die Weltwirtschaft insgesamt, aber besonders in Asien, auf gutem Wege ist. Die logische Konsequenz aber, dass auch in Europa die Nationalstaaten über ihre Finanz- und Wirtschaftspolitik verfügen müssten, um konkurrenzfähig zu sein, wird von den EU-Scheuklappenträgern strikt abgelehnt, man will ja die Krise.

Man kann dieses Zitat nicht oft genug wiederholen: »Wir können eine politische Union nur erreichen, wenn wir eine Krise haben.« Dass mit dieser Krise der Lebensstandard und die Lebensform von Millionen Familien ruiniert worden ist, scheint dem Zyniker Schäuble gleichgültig zu sein. Hilfe leistet dabei die Europäische Zentralbank (EZB), die ja einst wie die deutsche Zentralbank (Bundesbank) völlig unabhängig sein und die Stabilität der Währung absichern sollte, inzwischen aber zu einer Agentur der Schuldenmacher verkommen ist, eine konkursreife Bad Bank für Schrottanleihen, die besonders durch die großmäuligen Erklärungen ihres Präsidenten Mario Draghi (»Wir retten den Euro, koste es, was es wolle!«) – zurecht bezeichnete ihn der CSU-Generalsekretär als »Falschmünzer« – immer mehr zu einem europäischen Problem geworden ist. Die famosen Euro-Retter verschweigen natürlich, dass es bei der »Rettung« nicht um arme und reiche Länder geht, sondern von Regeltreuen zu Regelbrechern umverteilt wird. Das heißt, hier werden Banken und Hedgefonds, und damit Millionäre und Milliardäre, gerettet auf Kosten der Steuerzahler in jenen Ländern, die – mehr oder weniger – ehrlich wirtschaften.

Den Zustand der EU nicht als Satire zu beschreiben, wird immer schwieriger, meinte jüngst Ex-Chefredakteur Andreas Unterberger: »Denn Europas Entscheidungsträger streiten wie Bauherren eines Gebäudes über Farbnuancen des Anstrichs, während schon die Konstruktion kollabiert.« Hin und wieder beweisen die »Eliten«, freilich unbeabsichtigt, wie sie gestrickt sind. Da tut sich der grüne Europa-Abgeordnete Daniel Cohn-Bendit mit einem Aufruf hervor: »Junge Europäer – vereinigt Euch«. Ob er dabei an das Kommunistische Manifest (»Proletarier aller Länder – vereinigt Euch«) gedacht hat, spielt keine Rolle – allein die Parallele macht schaudern, zeigt klar auf, wie eng die Denkgebäude heutiger Eurokraten und des verblichenen Kommunismus beieinander sind. Freilich zeigt sich auch, dass nicht nur die Roten, sondern auch die Grünen bestrebt sind, die Verbrechen des kommunistischen Experiments zu verharmlosen und das »Experiment« in zeitgemäßer Form wieder aufleben zu lassen.

Und so passt es ins Bild, dass auch von Seiten der Europäischen Union die Deutschen (die das ganze Pleiteunternehmen weitgehend finanzieren) Ziel unsachlicher Angriffe, vordergründiger Vorwürfe und widerwärtiger Diffamierungen sind. Nein, hier sind nicht die aufgehetzten Demonstranten in Griechenland gemeint, die die deutsche Kanzlerin mit Hitlerbärtchen und Hakenkreuzbinde schmähen, hier geht es um die hochoffiziellen Führer der EU, die Deutschland immer wieder und jeder Kleinigkeit wegen anklagen und zur Kasse bitten. Josef Urschitz hat dieses dümmliche Spiel in der Wiener Zeitung »*Die Presse*« analysiert: »In vielen mäßig erfolgreichen Unternehmen und Amtsstuben läuft das so: Wer deutlich mehr leistet als der Rest und die anderen damit alt aussehen lässt, macht sich als Streber unbeliebt. In der EU ist das nicht anders: Deutschland ist gerade dabei, für seinen (wirklich enormen) Leistungsbilanzüberschuss von sieben Prozent des BIPs eine (freilich sanktionslose) Rüge der EU-Kommission einzuheimsen. ‚Erlaubt' sind maximal sechs Prozent.

Die Brüsseler Rätediktatur liegt damit voll auf der Linie des linken Ökonomen-Mainstreams, der Deutschland schon lange auf dem Kieker hat. Die Argumentationslinie läuft ungefähr so: Deutschland pumpt seine Produkte mithilfe von Dumpinglöhnen zu billig in die Märkte und drückt damit die Konkurrenz unfair an die Wand. Denn die mit Hungerlöhnen abgespeisten Deutschen können umgekehrt viel zu wenig importierte Waren kaufen. Das Rezept: Kräftige Lohnerhöhungen in Deutschland, die den Inlandskonsum ankurbeln und den Exportdruck abschwächen. Das Ganze lässt sich natürlich wunderschön mit ökonomischen Theorien unterfüttern: Der Überschuss des einen ist das Defizit des anderen. Wenn sich die Deutschen einbremsen, werden Griechen, Spanier und Italiener gewinnen.

Völlig klar: Wenn Mercedes, BMW und Audi ihre Billigautos endlich deutlich teurer machen, dann werden die Konsumenten wohl zum griechischen... – ja, wozu eigentlich? – greifen. Und wenn die deutschen Industriearbeiter endlich ordentlich bezahlt werden, dann werden sie sich auch die Ultra-HD-Fernseher aus... – ja, aus welchem südeuropäischen Land eigentlich? – leisten können. Jetzt einmal im Ernst: Das modern gewordene Deutschen-Bashing fußt auf so unglaublich idiotischen Argumenten, dass einem der Atem stockt.«

Und noch eines hat sich gezeigt: Rechtsverbindliche Vorschriften sind im EU-Europa eine Illusion. Helmut Kohl ist 1992 nach Maastricht gefahren mit der Absicht, eine Währungsunion und eine politische Union aus einem Guss zu gestalten. Dies war eine Illusion, wie er selbst später erkannt hat. Es wurde ihm dann klar, dass zunächst nur eine Währungsunion, nicht aber eine politische Union möglich ist. Daher kam es schließlich zu jenen Maastricht-Kriterien, von denen heute so viel geredet wird: Der staatliche Schuldenstand darf nicht mehr als 60 Prozent des Bruttoinlandsprodukts betragen, das jährliche Haushaltsdefizit darf nicht über drei Prozent des Bruttoinlandsprodukts hinausgehen, und die Unabhängigkeit der Europäischen Zentralbank muss gesichert sein. Alle drei Maßgaben sind heute Makulatur, Schulden- und Defizitgrenzen werden von vielen europäischen Staaten ignoriert, und die Europäische Zentralbank betreibt entgegen den Statuten Währungspolitik zugunsten der Pleitestaaten, wobei sie gleichzeitig die Sparer enteignet.

Möglich ist das alles freilich nur, weil in Deutschland der starre Blick auf die jüngste Geschichte jegliches Selbstbewusstsein als obszön erscheinen lässt. Die Politik und in der Folge die Medien haben den Deutschen eingetrichtert, Verantwortung und Initiative seien verwerflich, staatliche Regulierung, ja sogar Entmündigung seien in der Gesellschaft das erstrebenswerte Ziel. Und so konnte die Kanzlerin in den vergangenen Jahren mit einer Rhetorik, die kaum einmal zu einer klaren Aussage kam, in einem Nebel der Unverbindlichkeit die deutsche Politik immer weiter nach links rücken. Was ja auch von Brüssel erwartet wird. Denn die sozialistische EU-Kleptokratie orientiert sich immer am schwächsten Glied, was ja für eine soziale Einrichtung durchaus hochherzig sein mag, für eine moderne Wirtschaft jedoch tödlich.

Andreas Tögel, Kaufmann in Wien, hat die Situation in einem Gastbeitrag für die »Presse« auf den Punkt gebracht: »Stand für die seriöseren unter den europäischen Staatsmännern einst die Idee von Markt und Freihandel als zukunftsträchtiges europäisches Friedensprojekt im Mittelpunkt, hat sich der Wind längst um 180 Grad gedreht: Für die Neobolschewiken der EU-Kommission ist Planwirtschaft Trumpf. Ganz im Sinne dieser Logik droht Olli Rehn, seines Zeichens Wirtschaftskommissar der EU, den Deutschen ein Verfahren an und will sie bestraft sehen – und zwar wegen seit Jahren zelebrierter ‚Exportexzesse'. Nicht etwa kollektiver mediterraner Schlendrian, Ineffizienz und Korruption stehen in der Kritik, sondern die als aufreizend empfundene (deutsche) Tüchtigkeit. Dafür könnte es am Ende sogar empfindliche Strafen setzen. Bastelstunde im Irrenhaus. Wer nach den Gründen für wachsende Politikverdrossenheit und EU-Skepsis sucht – hier wird er fündig!

In einer freien Wirtschaft läuft es so: Wenn Betrieb A stärker begehrte Produkte herstellt als der mit ihm konkurrierende Betrieb B, wird letzterer Maßnahmen ergreifen (müssen), um seine Wettbewerbsfähigkeit zu steigern. Andernfalls verliert er Kunden und läuft am Ende Gefahr, Pleite zu machen. In der Europäischen Union herrschen – nach den Vorstellungen der Zentralbürokratie – völlig andere Regeln. Hier sinnt man daher auf Mittel und Wege, dem leistungsfähigeren Wettbewerber möglichst viele Prügel vor die Füße zu werfen, um ihn wirkungsvoll daran zu hindern, zum Nutzen seiner Kunden tätig zu werden. Genau darauf laufen die Pläne des Kommissars hinaus. Deutsche Unternehmen sollen schlechter, unwirtschaftlicher und teurer arbeiten, nicht etwa alle anderen besser und kostengünstiger. Man sollte so viel Torheit nicht für möglich halten!

Um zu begreifen, inwiefern etwa der griechischen Tsatsiki-Industrie oder französischen Froschzüchtern damit gedient wäre, wenn Brüssel deutsche Auto- oder Maschinenbauer dazu zwänge, ab sofort miese Produkte zu überhöhten Preisen anzubieten, muss man schon Kommissar sein. Ohne einen ausgedehnten Aufenthalt im sozialistisch verstrahlten Brüssel würde keiner auf die außerirdisch blödsinnige Idee verfallen, die strukturellen Probleme des ,Club Méditerranée' (inklusive Frankreichs) ausgerechnet dadurch lösen zu wollen, dass man die Leistungsfähigkeit der deutschen Industrie reduziert. Tatsache ist, dass die deutschen Verkäufe nach Übersee ein deutlich stärkeres Wachstum aufweisen als jene in Euroland. Wer sich also anschickt, die Konkurrenzfähigkeit der deutschen Betriebe zu reduzieren, schädigt damit am Ende ganz Europa. Durch Bummelei bei der Arbeit, Frühpensionierungen, Streiks, ,soziale Umverteilung' und mittels als ,öffentliche Investitionen' getarnter, staatlicher Geldverbrennungsaktionen, wird die EU nicht weiterkommen. Von dem einstigen Ziel, dadurch zum »dynamischsten Wirtschaftsraum der Welt« zu werden, wie anno 2000 in Lissabon vollmundig angekündigt, ganz zu schweigen. Planwirtschaft funktioniert eben nicht. Weder in der UdSSR, noch in ihrem Nachfolgemodell namens EU.«

Sätze wie diese zu hören, ist in Deutschland freilich nicht möglich, der Vorwurf, dass solches »rechts« sei, lässt sie im Ansatz sterben. Die Schere im Kopf der Politiker und (der allermeisten) Journalisten gehört zur beruflichen Grundausstattung. »Wer sich zum Wurm macht, soll nicht klagen, wenn er getreten wird«, meinte Immanuel Kant. In Deutschland ist Opportunismus gefragt, und wenn über junge Menschen und deren mangelndes Nationalgefühl geklagt wird, ist die naheliegende Frage zu stellen: Woher kommt's? Ist es nicht die Schuld der Väter- und Großväter-Generation, die – vom Ungeist der Umerziehung geprügelt – kaum noch den Mut hat, sich zur Nation, zum Vaterland zu bekennen und stattdessen

Vergangenheitsbewältigung zur Maxime der politischen Bildung gemacht hat? Nur muss man wissen: Europa, das heißt auch, Reichtum der Kulturen und Identitäten, und dies wiederum heißt, dieser Reichtum ist begründet in der Vielfalt der Nationen. Die fortschrittsmissionarischen Phrasen von »mehr Europa« zielen auf ein bürokratisches Monster, ein Krakensystem der Unfreiheit.

Doch dieses System hat keine Zukunft. Kluge Zeitgenossen, die sich nicht vor dem »Mainstream« der gelenkten Propaganda-Medien fürchten (fürchten müssen, weil in Pension) sagen dies offen, die anderen nur hinter vorgehaltener Hand. Amadou Mathar M'Bow, ehemals Generaldirektor der UNESCO, hat keinen Zweifel: »Nichts wäre falscher als der Glaube, die Bejahung der kulturellen Identität jeder Nation ließe sich als Ausdruck von Chauvinismus deuten. Es kann nur dann einen wirklichen kulturellen Pluralismus geben, wenn alle Nationen ihre kulturelle Identität wiedererlangen, gegenseitig ihre Eigentümlichkeiten anerkennen und aus ihren endlich gefundenen Identitäten entsprechenden Nutzen ziehen.« Gegenüber solchen Worten wirken die Phrasen des deutschen Establishments, das schon bei dem Wort Nation ängstlich zusammenzuckt, abgeschmackt und hilflos. Nur immer noch mehr Souveränität abgeben nach Brüssel, damit ja niemand auf die Idee kommen kann, hier handele eine selbstbewusste Nation nach dem Maßgaben eigener Interessen.

Nur: Auf diese Weise kann man die Zukunft nicht bewältigen (wie ja auch die sogenannte Vergangenheitsbewältigung ein sinnloses Unterfangen ist, das die Deutschen zum Gespött anderer Völker gemacht hat), das weinerliche, von Selbstmitleid geprägte Nichtstun taugt nicht für die Rolle, die andere den Deutschen aufgrund ihrer wirtschaftlichen Effizienz zubilligen. Globales Prestige, ein internationaler Hoffnungsträger zu sein, das passt nicht zu einem Land, das ständig in der Angst lebt, es könnte etwas sagen oder tun, das den anderen nicht passt (kein Wunder denn auch, dass das Wort Angst zu einem international bespöttelten Begriff geworden ist). Betroffenheit ist zu einem deutschen, ja sogar international gebrauchten Schlüsselwort verkommen. Und so ist es auch kein Zufall, dass die wandelnde Betroffenheit Claudia Roth zur Vizepräsidentin des Bundestages aufsteigen konnte. Matthias Schneider aus Speyer in der »*Jungen Freiheit*« dazu: »'Jeder blamiere sich selbst, so gut er kann', lautet ein Bonmot des Volksmundes. Dass eine Frau Roth nun einen hohen repräsentativen und gut dotierten Posten einnimmt, ist nicht nur eine Blamage für den Bundestag und Deutschland, es ist auch sichtbarer Ausdruck einer instinktlosen, selbstgefälligen Klasse, die – dank einer durch gleichgeschaltete Medien in Indolenz verharrenden Volksmasse – glaubt, sich alles erlauben zu können. Wer die Antifa-Parole »Nie wieder Deutschland« skandiert und Politik für die Türkei und gegen den eigenen Staat betreibt, sollte als Repräsentant untragbar sein.«

Europäischer »Populismus«

Man kann es nicht oft genug wiederholen: Das geografische Europa hat nichts zu tun mit dem bürokratischen Monster EU. Die demagogischen Versuche der EU-Befürworter, den Kontinent für ihr Absurdistan zu instrumentalisieren, haben leider Erfolg, weil die Medien dies unterstützen. Mit einer rationalen Beschreibung, wie sie von seriösen Journalisten eigentlich zu erwarten wäre, hat dies aber nichts zu tun. Zum einen, weil es europäische Länder gibt, die aus guten Gründen der EU fernbleiben, zum anderen, weil Europa auch eine Idee ist, ein Wert an sich, eine kulturelle Vielfalt, die von Brüssel nicht in einen Einheitsbrei verwandelt werden darf. Es ist ja auch bezeichnend, dass man die Gegner des EU-Molochs pauschal als »Anti-Europäer« und »Rechtspopulisten« diffamiert und jede kritische Frage als Angriff auf Europa hingestellt wird. Wohlgemerkt, in einer Zeit, in der viel vom »mündigen Bürger« die Rede ist und Kritik als Merkmal eines wachen Geistes gilt – übrigens ein Zeichen dafür, wie total die politische Korrektheit unseren Wortschatz deformiert hat.

Wer über die Europäische Union spricht und sich nicht dem »Mainstream«, der politischen Korrektheit also, unterwirft, wer es wagt, auch nur skeptische Fragen zu stellen, der riskiert, als Feind Europas abgestempelt zu werden. Darum also hier zu Anfang dieses Kapitels das Eingeständnis: Natürlich ist der Zusammenschluss der europäischen Nationalstaaten auf bestimmten Gebieten gut und richtig, Montanunion und EWG waren Erfolgsmodelle, der Frieden in Europa sollte uns allen heilig sein, die Tatsache, dass wir in Europa ohne umständliche Passkontrollen reisen können, ist eine großartige Errungenschaft, die heute kaum jemand missen möchte. Ein Europa der Vaterländer könnte ein Ideal der Zukunft sein.

Wer aber dem Nationalstaat das Wort redet, wird dann zu leicht des »Populismus« geziehen. Populismus – dieser wohlfeile »Vorwurf« (noch einmal: ist es eigentlich ein Vorwurf, sich um das Volk zu kümmern?) trifft all jene, die es wagen, mit der herrschenden Klasse nicht einverstanden zu sein, die die Vetternwirtschaft, Ineffizienz, Intransparenz und Korruption der Alt-Parteien beklagen und sich mit dem Merkel-Diktat »alternativlos« nicht abfinden wollen. Als Konservativer könnte man den Begriff Populismus auch durch das Wort Patriotismus ersetzen, was die Linke dann noch zusätzlich in Wutgeheul aufjaulen lassen würde. Wie auch immer: Das Alternativlos der Frau Merkel heißt nichts anderes als Denkverbot, in einer Demokratie also ein absolutes Tabu. Trunken von der eigenen Bedeutsamkeit wollen die Mächtigen in Europa jegliche Alternative verhindern.

So outet man sich also als »Rechtspopulist«, die öffentliche Steinigung erwartend. Denn in diesem freiesten Deutschland aller Zeiten ist »rechts« das Verbrechen schlechthin, das Vergehen, sich gegen den verordneten Mainstream zu stellen, ist strafbar. So genügt dieser Tage schon eine klassisch bürgerlich-liberale oder konservative Sichtweise, um dafür öffentlich mit den sprachlichen Wunderwaffen der Meinungswächter beschossen zu werden: Wer sich nicht vorbehaltlos Kulturrelativismus und Multikulturalismus anschließt, oder auch nur Fehlentwicklungen in der so genannten multikulturellen Gesellschaft benennt, gilt als »Kulturrassist«. Wer es wagt, kritisches im Islam zu erkennen und zu benennen, wird wahlweise als »islamophob« oder als »Islamhasser« beschrieben. Wer für die Förderung der Familie plädiert und gegen die Privilegierung (!) homosexueller Lebenspartnerschaften, wird schnell als »homophob« deklariert. Wer in der Euro-Rettung eine verheerende Politik erkennt und Sorgen ob der ökonomischen Folgen dieser Politik formuliert, ist schnell ein »Feind Europas«, und ein »Euro-Hasser« sowieso. Wer Zweifel an der gängigen These äußert, der Mensch sei der Hauptgrund für den Klimawandel, erfreut sich schnell der – allen wissenschaftlichen Grundprinzipien widersprechenden! – Einordnung als Klimaskeptiker. Und sehr bald wird, wie in linksextremen Internetforen schon heute absehbar, jeder, der noch für das

Leistungsprinzip an Schulen eintritt, mit dem unsagbar dummen Begriff des »Leistungsrassimus« beschimpft werden. Alles Rechtspopulisten! Der Philosoph Nassim Nicholas Taleb hat nach dem US-Wahlsieg von Trump einen Artikel über die »Intellektuellen-Idioten« geschrieben und hat darin festgehalten: »Was wir generell als politische Partizipation bezeichnen, zerfällt für ihn in zwei Kategorien: ‚Demokratie‘, sofern es in seine Weltsicht passt, und ‚Populismus‘, wenn die Plebejer es wagen, einer Linie zu folgen, die seinem Geschmack zuwiderläuft.« Trefflicher kann man die sich intellektuell aufspielende »Elite« kaum beschreiben.

Es geht inzwischen ja nicht einmal mehr nur um Rechtsextremisten, der von der Regierung und ihren Herolden in den Medien gut vermarktete »Kampf gegen Rechts« ist in der Regierungszeit der Frau Merkel zu einem Spitzelsystem verkommen (kein Wunder, mit der Stasi kannte sie sich ja gut aus). Heute schnüffeln die »Zivilgesellschaften« (zum Beispiel die Amadeu Antonio Stiftung mit Geldern der Bundesregierung) nach »nonkonformen« Meinungen, sie prangern an, was aus ihrer – vornehmlich linksextremen – Perspektive keinen Platz in der Gesellschaft haben darf. sie denunzieren »Systemfeinde«. Man fühlt sich an ein Wort von Hoffmann von Fallersleben erinnert: »Der größte Lump im ganzen Land, das ist und bleibt der Denunziant.« Helmut Markwort, der Herausgeber des »*Focus*« und bekennender FDP-Mann, hat diesen Kampf so beschrieben: »Es ist den Linken gelungen, das Wort ‚rechts‘ zu diffamieren. ‚Kampf gegen Rechts‘ heißt es; eine rechte Partei steht schon kurz vor den Nazis. Beim Bundespresseball ist die AfD nicht eingeladen worden. Das ist einerseits eine Diffamierung einer Partei, die in neun Landtagen sitzt. Und andererseits auch ein Anheizen der Sympathisanten für die AfD.« Der so genannte »Kampf gegen Rechts« ist längst nicht mehr ein Kampf von Demokraten gegen Extremisten, er hat sich in das genaue Gegenteil gewandelt: Einen Kampf von Extremisten gegen Demokraten, offenbar gerngesehen und nachweislich gefördert durch eine zunehmend ideologisierte Obrigkeit. Er ist zu einem Millionengeschäft verkommen.

Der »Rechtspopulismus« ist eine von vielen sprachlichen Allzweck-waffen des Establishments, ein Kommando an die Bevölkerung, dazu erschaffen und dazu angewandt, inhaltliche Debatten im Keim zu ersticken und die Bürger von Meinungen, Personen und Parteien fernzuhalten, die aus Sicht der Obrigkeit als »nicht hilf-reich« (so Angela Merkel) angesehen werden.

»Scheitert der Euro, dann scheitert Europa«

Er ist inzwischen zu einem geflügelten Wort geworden, der törichte Satz der deutschen Kanzlerin: »Scheitert der Euro, dann scheitert Europa«. Welches Europa Frau Merkel meint, hat sie nicht verraten. Dass der Euro in der derzeitigen Form scheitert, daran lassen ernsthafte Fachleute keinen Zweifel.

Das System der Transferunion, in der ein paar »reiche« Länder die Mehrheit der »armen« reformunwilligen im Süden Europas auf Dauer durchfüttern sollen, ist natürlich schon deshalb zum Scheitern verurteilt, weil die »Reichen« irgendwann nicht mehr reich sein werden und dann als Arme dafür sorgen müssen, selbst über die Runden zu kommen. Das wohlfeile Argument, der Euro könne ja auch nur funktionieren, wenn man die Finanz- und die Sozialgesetzgebung in Europa angleiche, ist freilich nicht Medizin für den Kranken, sondern Gift, das ihn endgültig ins Jenseits befördert. Denn damit wäre der entscheidende Schritt vollzogen, aus dem Europa der Nationalstaaten mit ihrer jeweils eigenen Finanzpolitik die Vereinigten Staaten von Europa zu machen – wie es ja auch in den Köpfen der Eurokraten geplant ist. Zu verwirklichen ist dies freilich nur nach einer radikalen Abschaffung der Demokratie (was offenbar auch das Ideal mancher Eurokraten ist), denn die Menschen in Europa würden solchen Plänen eine klare Absage erteilen.

Obwohl die deutsche Wirtschaft schon im Jahre 1999 zu kränkeln begann, wurde der Euro im Jahre 2002 eingeführt, für die Länder mit konkursreifen Wirtschaften Italien, Spanien, Portugal und Griechenland ein Lottogewinn. Sie konnten nun problemlos über ihre Verhältnisse leben, ihre Außenhandelsdefizite weiter in die Höhe schrauben und mit einer ausufernden Verschuldung des privaten Sektors einen Immobilienboom auslösen (der sich freilich bald als Blase herausstellte, ähnlich wie in den USA). Seit 2010 wird der Euro nun mit Rettungspaketen der EZB gestützt, weil die zentrale Forderung des »no bail out« (die durchzusetzen die Deutschen in Maastricht so stolz waren) entsorgt worden ist, dass näm-lich kein Land für die Schulden des anderen haften solle. »Ein Ver-tragsbruch, der seit 2010 von der Regierung Merkel gedeckt und verantwortet wird und für den die Bürger mit einer schleichenden Enteignung ihrer Sparguthaben und Lebensversicherungen zur Kasse gebeten werden«, so die *»Junge Freiheit«* in einer Analyse.

Wer den Widersinn der Europa-Politik der EUrokraten in seiner ganzen Konsequenz betrachten will, braucht nur die läppischen, eher ohnmächtigen Methoden zu analysieren, mit denen man die Jugendarbeitslosigkeit bekämpfen will. Dabei ist völlig klar: Man züchtet eine verlorene Generation heran, übt sich in wohlklingen-den Phrasen (»Die Jugend ist die Zukunft Europas«) und steht hilf-los vor der Tatsache, dass die Jugendarbeitslosigkeit in einigen Län-dern Südeuropas schon bei 60 Prozent liegt. Tatsache ist: Mit der EU wird jungen Menschen jegliche Zukunft verbaut, in den Krisen-ländern hat sich die Job-Katastrophe für junge Menschen immer weiter verschärft.

Seit dem Jahre 2003 haben sich die Werte in Spanien, Griechen-land und Kroatien nahezu verdoppelt, in Irland sogar verdreifacht. Was im Klartext heißt: Die EU ist das Problem und nicht die Lö-sung, sie kümmert sich um Gurkenkrümmung und Glühbirnen, nicht aber um die Jugend. Das eine ist freilich so sinnlos wie das an-dere verwerflich. Die verzweifelten Floskeln des Politbüros, man müsse die jungen Leute von der Straße holen, bevor sie auf die Bar-rikaden steigen, demonstrieren nur zu deutlich, dass diese EU sich an den Menschen, auch an den jungen (denen man ja eine goldene Zukunft in der EU versprochen hatte) schändlich vergangen hat.

Der einzige Ausweg, nämlich die Wirtschaft in den Pleiteländern konkurrenzfähig zu machen, ist jedoch durch die mit religiöser In-brunst verteidigte Währungsunion verschlossen. Solange der Euro in den verschiedenen Ländern das Wachstum behindert, solange Milliarden sinnlos in Rettungsaktionen verpulvert werden, solange die Brüsseler Bürokratie den Unternehmen vorschreibt, wie, wann und was sie zu investieren haben, solange wird alles Klagen über die Jugendarbeitslosigkeit nur wirkungsloses Geschwafel bleiben, wird der Wohlstand ganzer Bevölkerungen vernichtet, wird der Jugend die Zukunft gestohlen, wird die Idee Europa letztendlich zerstört. Der einzige Weg aus dieser Krise führt über die nationale Wirtschaft der jeweiligen Länder. Die Betriebe müssen konkurrenzfähig sein, müssen sich international auf den Märkten behaupten, müssen frei sein von den bürokratischen Diktaten aus Brüssel.

Wie die Idee Europa im Zuge der Euro-Rettung systematisch zerstört wird, belegt auch ein Telefonmitschnitt eines Gespräches zweier Banker, den die Zeitung »Irish Independent« veröffentlicht hat. Der Vorstandschef der »Anglo Irish Bank«, David Drumm, und sein Kollege John Bowe hatten die Bank, die inzwischen verstaatlicht ist, mit betrügerischen Methoden in die Pleite gewirtschaftet. Da schien die Euro-Rettung ein willkommener Ausweg. Die »Scheißdeutschen« sollten zahlen, meinten die Herren, die Höhe des Überbrückungskredites, die sie der Zentralbank genannt hatten, haben sie frei erfunden, sich »aus dem Arsch gezogen«, natürlich habe man nicht vor, den Kredit jemals zurückzuzahlen, es sei ja eigentlich nur darum gegangen, an deutsches Geld zu kommen: »Deutschland, Deutschland über alles«, sangen sie fröhlich-zynisch ins Telefon.

So also funktioniert in Wirklichkeit die Euro-Rettung. Da wird dann – sogar von deutscher Seite – hin und wieder mit moralischen Gefühlen von wegen deutscher Vergangenheit argumentiert. Alles Unsinn! Der Verweis auf deutsche Schuld dient nur als Vorwand für Abzockerei und Erpressung.

Und wenn die deutsche Kanzlerin sich dann entsetzt gibt und meint, sie habe für die Herren der »Irish Bank« nur Verachtung übrig, dann ist dies wohl auch nur Show. Man kann Frau Merkel manches vorwerfen, nicht jedoch, dass sie dumm ist.

Sie weiß sehr wohl, dass die Euro-Rettung so läuft und nicht anders. Die Bankster der »Irish-Bank« mögen vulgärer sein als ihre Kollegen in anderen Ländern (aber wer weiß das schon, solange keine Telefonmitschnitte in der Zeitung erscheinen?), es wäre aber naiv zu glauben, die Methoden der anderen wären nur einen Deut anders. In Wahrheit kann sich kein »normales« Unternehmen so verhalten wie die systemrelevanten Banken. Ein Unternehmen, das angesichts von Zahlungsunfähigkeit mit Lug und Betrug arbeitet, würde rasch die ganze Härte der Gesetze erfahren. Bankster dagegen müssen weder Strafen noch den Verlust ihrer Boni befürchten. Ach ja, die Abwicklung der »Irish Bank« kostete den Steuerzahler die Kleinigkeit von 30 Milliarden Euro.

»*FAZ*«-Leser Wolfgang Giegerich hat zum Thema »Irish Bank« das zentrale Problem auf den Punkt gebracht: »Der Zynismus, mit dem sich die irischen Banker seinerzeit über die Anleger lustig machten und die Bankenretter mit frei erfundenen Summen hinters Licht führten, ist sicher nicht die feine englische Art, ja, es ist unverfroren. Die Unschuldsmiene jedoch, mit der Kanzlerin Merkel sagt, dafür habe sie nur Verachtung übrig, ist ebenfalls unverfroren. In gewisser Weise kann man jenen Bankern sogar dankbar sein, weil durch sie blitzartig einmal die sonst tief hinter frommen Sprüchen verborgene Wahrheit über den systemischen Zynismus aufleuchtet, welcher der ganzen Farce der Euro-Banken-Rettung durch Merkel, Schäuble, FDP, SPD, Grüne, EZB und EU zugrunde liegt.

Die Genannten sind ja alle bereitwillige Mitspieler in diesem zynischen Spiel, bei dem hunderte Milliarden Euro ziemlich blind in einem Sumpf versenkt werden, für die die steuerzahlenden Bürger, ihre Kinder und Enkel einmal werden aufkommen müssen. Man denke hier auch an den Zynismus, mit dem sich zum Beispiel Griechenland vor Jahren seine Aufnahme in die Eurozone erschwindelte, und die unverantwortliche Gutgläubigkeit oder aber ideologische Verbohrtheit der Politiker, die großzügig darüber hinwegsahen. Die irischen Banker bieten uns (aber auch Frau Merkel) die Chance, in den Spiegel zu blicken. Das Gelächter, das uns da entgegenschallt, haben wir verdient.

Diese Banker haben ja völlig recht, wenn sie über den rettenden Staat und die dummen deutschen Anleger spotten.

Wir Deutsche zumal sind ja wirklich die Dummen, oder richtiger: einfach dumm, auch deswegen, weil wir den Euro-Rettungspolitikern und Konkursverschleppern gemeinhin immer noch nicht lautstark das Vertrauen entzogen haben.«

Der Euro als Schwindelsystem

Was zunächst und in der Theorie als Stein der Weisen galt, hat sich in der Praxis als Desaster entwickelt. Wo immer der Euro eingeführt wurde, er war nach kürzester Zeit zu einem Teuro mutiert. Schon bald zahlten die Bürger bei uns in Euro den gleichen Betrag, den sie vorher in D-Mark zu zahlen hatten – der Euro aber sollte, das hatten die Politiker vollmundig versprochen, doppelt so viel wert sein. Die AfD hat deshalb in ihrem Programm festgehalten: »Der gemeinsame Euro ist eine grundlegend Fehlkonstruktion. Aus der Währungsunion entwickelte sich zwangsläufig eine Schuldenunion.«

In den USA sieht man diese Entwicklung viel klarer als in Europa, und so prophezeite Trumps EU-Botschafter Ted Malloch bereits zum Jahresanfang 2017, dass der Euro wohl innerhalb von 18 Monaten kollabieren werde. »Es gibt eine Sache, die ich 2017 machen würde. Ich würde gegen den Euro wetten.« Wie Malloch bezweifeln auch andere US-Experten wie Jim Mellon, Joseph Stiglitz und viele andere die Zukunft des Euro. Die Finanzkrisen in Griechenland, Spanien, Italien, der marode Haushalt in Frankreich, der Brexit, die Differenzen im Euro-Raum – all dies lässt nichts Gutes für die Zukunft des Euro erwarten – und die Zahl der Zweifler und Kritiker des Euro wächst und wächst.

Als 1992 in Maastricht über Änderungen des EG-Vertrages gestritten wurde, hatten wohl nur wenige erkannt, dass die Bestimmungen zur Schaffung der Europäischen Wirtschafts- und Währungsunion der Startschuss zu einem Desaster sein würde. Aber in den Köpfen der Sozialisten (und wohl nicht nur derer in Frankreich) hatte sich längst die Sorge entwickelt, dass Deutschland aufgrund seiner soliden Wirtschaft und der stabilen D-Mark eine zu starke Stellung in Europa einnehmen könnte. Und wenn es darum geht, dem Konkurrenten Deutschland zu schaden, dann sind die Franzosen schon immer sehr einfallsreich und kompromisslos gewesen (bei der Entwicklung ihrer international kaum konkurrenzfähigen Autos weniger). Man sehe sich nur die europäischen Institutionen an: Oft waren die Wichtigsten – Brüsseler Kommission, Internationaler Währungsfonds (IWF), Organisation für Wirtschaftlichen Zusammenarbeit und Entwicklung (OECD) und selbst Osteuropa-Bank (EBWE) – fest in französischer Hand und wurden gegen Deutschland instrumentalisiert. So wird, wie schon erwähnt, der IWF zum Beispiel seit 1963, mit Ausnahme der Jahre 1973 bis 1978, von den Franzosen geführt.

Aber eigentlich kann man dies den Franzosen gar nicht vorwerfen: Wenn die Deutschen so töricht sind, die Intrigen aus Paris widerspruchslos hinzunehmen, dann verdienen sie es eben nicht besser.

Das gilt ganz besonders seit der deutschen Wiedervereinigung. Die Leitwährungsfunktion der D-Mark ließ angesichts des großen Kapitalbedarfs Deutschlands zur Beseitigung der Hinterlassenschaften des Sozialismus europaweit die Zinsen steigen. Damit wurden Kosten der Vereinigung indirekt teilweise internationalisiert. Hinzu kommt freilich immer der deutsche Hang zur Vergangenheitsbewältigung, der von den EU-»Freunden« schamlos ausgenutzt wird. Und so setzte Bonn den Forderungen Frankreichs und der übrigen EU-Partner nach milliardenschweren Nettotransfers in die Brüsseler Kassen kaum Widerstand entgegen. Der ehemalige französische Staatspräsident Valéry Giscard d'Estaing sagte ganz ungeniert, dass es für Paris beim Euro vorrangig um die Abschaffung der D-Mark ginge und Paris im zweiten Schritt die Europäische Zentralbank unter seine Kontrolle bringen wolle. Und genau so kam es – die Deutschen sind halt mit ihrem politischen Masochismus immer berechenbar.

Bereits im Jahre 1997 hatte der Wiener Ökonom Friedrich Romig die Gefahr erkannt, die von einem, wie er es damals drastisch ausdrückte, »Schwindelsystem« ausgehen würde. Im Abstand von 20 Jahren lohnt es sich, Romigs Thesen heute mit seinen Voraussagen von damals zu vergleichen:

Erste These: Wer ja zum Euro sagt, muss auch ja zu einem europäischen Zentralstaat sagen und sich vom Nationalstaat verabschieden. Die Einführung des Euro ist die bedeutendste Währungsreform, die die Geschichte je gesehen hat, der gewaltigste Eingriff in die Währungs- und Kreditverfassung der Staaten.

Zweite These: Der Euro wird eine weiche Währung sein. Es fehlt unter den EU-Mitgliedern der von Bundeskanzler Kohl als Bedingung für den Euro geforderte einheitliche Staatswille. Das zeigte sich bereits bei den Verhandlungen zum Maastricht-Vertrag. Die Briten duldeten nicht einmal das Wort »Europäischer Bundesstaat« im Vertrag und scherten aus der Währungs- und Sozialunion auch gleich aus.

Dritte These: Der Euro erhöht die Arbeitslosigkeit. Fällt die Anpassung durch Wechselkurse weg, müssen niedrigere Produktivität oder politische Instabilität durch Senkung der Löhne ausgeglichen werden.

Vierte These: Der Euro wirkt als Sprengsatz auf den europäischen Integrationsprozess. Bereits die Einführung des Euro bietet einen Vorgeschmack auf die sozialen Spannungen, die mit der WWU entstehen. Die These, dass der Euro als Sprengkraft für den europäischen Integrationsprozeß wirkt, hat Milton Friedman, der wohl berühmteste Geldtheoretiker, äußerst nachdrücklich vertreten.

So weit Romig. Noch ist die EU, wie er vorausgesagt hat, nicht auseinander gebrochen, aber mehr und mehr Menschen sehen das Scheitern dieser Idee, die sogar von keinem Geringeren als EU-Kommissar Oettinger als Sanierungsfall bezeichnet wird – Sanierungsfall, das ist ein anderes Wort für Pleiteunternehmen. Ins Auge springt auch Romigs These über die Arbeitslosigkeit. Man schaue auf Griechenland, Italien, Spanien, Portugal – die Probleme dort, insbesondere die Jugend-Arbeitslosigkeit, werden in deutschen Medien sorgfältig heruntergespielt, in den jeweiligen Ländern aber sind sie die Basis für Bürgerkriege.

Bruno Bandulet hat jüngst in der »*Jungen Freiheit*« das Problem Euro eindrucksvoll beschrieben: »Nachdem die Wechselkurse der beteiligten Währungen fixiert worden waren, wurde der Euro 1999 als Buchgeld und 2002 als Bargeld in Umlauf gebracht. Die inneren Spannungen der Währungsunion blieben jahrelang verborgen. Die Target-2-Salden waren ausgeglichen, der Euro schien zu funktionieren. Während die deutsche Wirtschaft nach 1999 bei hoher Arbeitslosigkeit kränkelte, begannen die Südeuropäer über ihre Verhältnisse zu leben. Sie leisteten sich wachsende Außenhandelsdefizite und heizten mit einer ausufernden Verschuldung des privaten Sektors einen Immobilienboom an, der ohne den Euro nicht möglich gewesen wäre. Bis die 2008 von den USA ausgehende Finanzkrise die Party beendete und das Kartenhaus zum Einsturz brachte.

Seit 2010 wird der Euro mit Rettungspaketen, mit einer zügellosen Geldpolitik der EZB und nicht zuletzt dank der Überziehungskredite des Target-2-Systems über Wasser gehalten. Zwei zentrale Bestimmungen des Maastrichter Vertrages wurden gebrochen: dass kein Land für die Schulden eines anderen haftet und dass der EZB jegliche Staatsfinanzierung verboten ist. Ein Vertragsbruch, der seit 2010 von der Regierung Merkel gedeckt und verantwortet wird und für den die Bürger mit einer schleichenden Enteignung ihrer Sparguthaben und Lebensversicherungen zur Kasse gebeten werden.

Der Euro hat die EU geschwächt und gespalten

Auch insgesamt wurde der Euro zu einer Geschichte des Misserfolgs. Seit 1999 wuchs die Wirtschaft in keiner Region der Welt so schwach wie in der Eurozone. Kein Integrationsschritt zuvor hat die EU derart geschwächt und gespalten wie die Währungsunion. Es stimmt, daß die deutsche Exportwirtschaft von der Abwertung des Euro profitiert, aber entgegen allen Prognosen ist der Anteil der deutschen Ausfuhren, der in die Eurozone geht, seit 1999 von 44 auf 35 Prozent gesunken.«

Haftungs- und Schuldenunion

Auch wer kein Professor für Volkswirtschaft ist, von den internationalen Finanzgeschäften nur unzureichend Bescheid weiß, kann sich ausrechnen: Die Verzerrungen der Wechselkursrelationen, die insbesondere den Außenhandel betreffen, haben das Projekt Euro von vornherein zum Scheitern verurteilt. Aufgrund der sich unterschiedlich entwickelnden Wettbewerbsfähigkeiten haben sich die realen Wechselkurse zwischen den Eurostaaten auseinander entwickelt. Hier liegt eines der entscheidenden Probleme: Für die Defizitländer ist der Euro zu hoch und für die Überschussländer zu niedrig bewertet. Alles, was nach der Einführung des Euro an verzweifelten Versuchen einer Rettung in die Wege geleitet wurde, hat sich in der täglichen Praxis als Fehler erwiesen. »Die schlimmsten Fehler werden in der Absicht gemacht, einen begangenen Fehler wieder gutzumachen.« Das wusste der deutsche Schriftsteller Jean Paul schon vor 200 Jahren – in Brüssel aber dilettiert man weiter und weiter mit dem Haftungs- und Schuldeneuro und vergrößert so die Krise bis zu einem Punkt, von dem aus es kein Zurück mehr gibt (und man darf davon ausgehen, eben das ist gewollt). Denn der Euro, das ist für diese Herrschaften kein Zahlungsmittel, seine »Rettung« ist für sie eine Religion. Bei der sie denn auch locker übersehen, dass das Wirtschaftswachstum eingebrochen ist, dass die Arbeitslosigkeit (außer in Deutschland) inzwischen auf traurige Höhen geklettert ist, dass der Konsum ständig sinkt – selbst die deutsche Wirtschaft taumelt. Im Jahre 2012 stieg der Schuldenstand in der Euro-Zone von 87,3 Prozent auf 90,6, in Frankreich sogar von 90 auf 123,6 Prozent. Die Polit-Funktionäre in Brüssel nennen das »sparen«.

Im Grunde ist der Euro bereits gescheitert. Die »Rettung« geschieht durch die verbürgten Kredite (ESM) und durch die Staatsfinanzierung mit der Notenpresse, die EZB. Jene Heuchler, die dem Bürger ständig einreden, dass die Krise vorbei sei, mögen unterschiedliche Gründe haben, seien es persönliche (Bereicher-ung, Korruption), seien es moralisierende, die mit der Vergangen-heit begründet werden, mit der Wirklichkeit haben sie jedenfalls nichts zu tun. Also werden immer größere Beträge gewälzt (die na-türlich de facto gar nicht mehr vorhanden sind) mit dem ruhigen Gewissen, dass die ohne demokratische Legitimation handelnde EZB die Milliarden druckt (was eigentlich verboten ist). Die Geld-menge steigt, ohne dass eine Wirtschaftsleistung vorhanden ist – eine klassische Inflation. Bei der nun Ungleichgewichte mit neuen Ungleichgewichten bekämpft werden sollen – der gerade Weg in den vom Steuerzahler zu finanzierenden Abgrund.

Wie der Euro in Wirklichkeit die »reichen« Länder ruiniert, hat auch der frühere Landesbankchef Wilhelm Hankel für Deutsch-land erläutert: »Geradezu ungeheuerlich und unter Fachleuten der Gipfel der Unredlichkeit ist es, wenn immer wieder behauptet wird, der Euro stütze Deutschlands Export und sei für unsere Volkswirt-schaft ein Segen. Denn diese Leute verschweigen, um welchen Preis das geschieht. Das zur Bezahlung der Defizite in die Euro-Krisen-länder exportierte deutsche Kapital – es summiert sich inzwischen auf gut und gerne 1000 Milliarden Euro – stellt einen gewaltigen Entzugseffekt für unsere Volkswirtschaft dar. Mit diesem Geld hät-te man unseren Bundeshaushalt und Sozialstaat sanieren, die ver-rottende Infrastruktur unseres Landes reparieren, den Mittelstand fördern und Zehntausende neuer Arbeitsplätze schaffen können. Stattdessen streckt Deutschland das Geld vor, mit dem die Grie-chen hierzulande einkaufen, die Spanier ihre Immobilienpreise steigern und die Iren ihren Finanzsektor aufblasen.«

Hankel hat daraus die notwendigen und absolut logischen Schlüsse gezogen: »Deutschland könnte es ohne dem Euro so gut gehen wie der Schweiz, Schweden oder Dänemark, die sich dieses Abenteuer erspart haben. Nach zehn Jahren von der Politik genähr-ter Euro-Illusion, dass ein griechischer, irischer, spanischer oder sonst wo in Euroland intern entwerteter Euro genau so werthaltig sei wie ein deutscher, sind die Finanzmärkte aufgewacht … Europas Politiker und ihre medialen Lautverstärker sollten den Mut und die Redlichkeit haben, zerknirscht zuzugeben, dass sie sich mit dem Euro als Wegbereiter der politischen Vereinigung Europas verrannt haben. Weder ist aus Europa über die Währung ein Staat zu machen, noch steht die Währung im Dienst politischer Ziele, schon gar nicht von Obsessionen ...Die Währung ist für den Bürger da. Sie ist das Instrument seiner Freiheit, der Sicherung seiner wirtschaftlichen Existenz und der Zukunft seiner Kinder. Ohne stabiles Geld gedeihen weder Rechts- noch Sozialstaat, weder unsere Marktwirtschaft noch überhaupt eine intakte Bürgergesellschaft.« Mit anderen Worten: Gesucht werden muss ein volkswirtschaftliches Geschäftsmodell, das den Krisenländern wieder wirtschaftliche Kraft, politische Souveränität und nationale Würde zurückgibt.

Was die Medien bisher weitgehend verschweigen: Auch in anderen Ländern der EU wächst inzwischen der Widerstand gegen den Euro. In den Niederlanden zum Beispiel hat ein »Bürgerforum EU« innerhalb ganz kurzer Zeit 40.000 Unterschriften für einen Austritt des Landes aus der EU gesammelt. Und der frühere EU-Kommissar für den Binnenmarkt, Frits Bolkestein, hat dem *Algemeen Dagblad* gegenüber gesagt: »Die Niederlande sollten den Euro so schnell wie möglich verlassen ...Die Währungsunion hat total versagt. Der Euro hat sich als Schlaftablette erwiesen, die Europa dösen ließ, anstatt über unsere Wettbewerbsfähigkeit nachzudenken ...Lasst uns den Euro stoppen und stattdessen den Binnenmarkt stärken ...Wir brauchen den Euro nicht dafür.«

Nur bleibt festzustellen: Die qualitätsfreien Medien erwecken fast jeden Tag den Eindruck, ein Zusammenbruch des Euro sei eine Katastrophe, die wie eine Apokalypse über Europa hereinbrechen und den ganzen Kontinent in ein einziges Armenhaus stürzen würde. Davon kann in Wirklichkeit keine Rede sein, wie Entwicklungen in der Vergangenheit beweisen. Wiederum stehen wir vor dem Phänomen, dass die Regierenden etwas als »alternativlos« bezeichnen, um ein Denkverbot auszusprechen. *FAZ*-Leser Michael Ohlmer hat ein wenig mehr nachgedacht als die Eurokraten: »Die Europäische Währungsunion ist der dritte untaugliche Versuch, über eine gemeinsame Währung kulturelle Unterschiede von Staaten wegzubügeln. Nur dieser Anspruch fällt dieses Mal ungleich vermessener aus als bei den beiden Vorgängern, weil siebzehn Staaten in das sinnlose Experiment eingebunden worden sind. Die »Skandinavische Münzunion« zwischen Schweden, Norwegen und Dänemark im Jahr 1872 hatte deutlich bessere Voraussetzungen, weil die drei Länder sich hinsichtlich ihrer institutionellen Ordnung ähnlich waren. Zudem gründeten sie auf reinem Goldstandard. Ihr formelles Ende kam dennoch 1924. Der erste Versuch war die »Lateinische Münzunion«. Sie wurde 1865 zwischen Frankreich, Italien, Belgien, der Schweiz und Griechenland geschlossen. Die Bilder damals und heute gleichen sich. Griechenland war 1868 beigetreten und fing sofort an zu schummeln. Nach einer Umschuldung und einem totalen Bankrott – mit anschließender internationaler Aufsicht über die Staatsfinanzen – wurde das Land 1908 aus der Union geworfen. Auch Italien hatte getrickst und Münzen mit weniger Edelmetallanteil geprägt. Außerdem hielt es sich nicht an die vereinbarte Menge. De facto war die ‚Lateinische Münzunion‘ 1914 zu Ende, formal 1926.« In den Jahren 1865 bis 2017 hat sich an den kulturellen Eigenarten dieser europäischen Länder offenbar nicht viel geändert. Das soll in den nächsten 150 Jahren anders werden? Vorläufiges Fazit: Drei Länder haben als Währungsverbund rund fünfzig Jahre durchgehalten, fünf Länder rund zwanzig Jahre, siebzehn Länder auf Basis Papierwährung streben nach zwölf Jahren einem Konkurs zu. ‚Wenn man sich nicht an die Vergangenheit erinnern kann, ist man verurteilt, sie zu wiederholen‘ (George Santayana).«

Das zweite zentrale Problem dieser verantwortungslosen Finanzpolitik ist der sogenannte »europäische Rettungsschirm« (ESM). Seine Befürworter machen die europäische Solidarität geltend. Er habe dafür gestimmt, so ein Münchner Abgeordneter, weil »die Ablehnung unmittelbar ganz gravierende negative Folgen für

die Währungsunion, für die Europäische Union, für die Weltwirtschaft, für die politische Konstellation in Europa und besonders
für Deutschland gehabt hätte. Eine Ablehnung des ESM durch
Deutschland hätte Europa und die Welt erschüttert.« Ham se's nich
ne Nummer kleener, sagt der Berliner. Die stellv. AfD-Vorsitzende,
die Rechtsanwältin Beatrix von Storch, Sprecherin des Vereins »Zi-
vile Koalition« artikulierte damals die Bedenken einer Mehrheit
der Deutschen: »Den unbeschränkten Zugriff einer supranationa-
len Behörde auf das Einkommen und das Vermögen aller Bürger
Deutschlands, quasi mit gleichzeitiger Unterwerfung unter die sofortige Zwangsvollstreckung, und das bei garantierter Straflosigkeit
der Beteiligten, das ist schlechterdings nicht hinnehmbar.«

Der Euro und die deutsche Schuld

Gab es zunächst noch gute Gründe für das wirtschaftliche Zusammenwachsen in Europa, so wurde mit dem nächsten Schritt der gerade Weg in die europäische Krise getan. Und die wurde mit Bedacht herbeigeführt, ohne dass sich die Akteure darüber klar waren, was sie da in Wirklichkeit anrichteten. Ein Blick auf das Jahr 1989: Die Sowjetunion fällt wie ein Kartenhaus in sich zusammen, der »Warschauer Pakt« löst sich auf, und Deutschland steht vor der Wiedervereinigung. Das aber ist für Frankreich und England die ziemlich schlimmste Entwicklung in Europa, eine Horrorvision – das, was bis dahin als europäische Freundschaft gegolten hatte (und in Wirklichkeit nur Heuchelei gewesen war), war nun auf einmal in seiner ganzer Konsequenz sichtbar: Frau Thatcher spielte die Nazi-Karte aus, versuchte noch rasch, die zerberstende Sowjetunion gegen die Deutschen in Stellung zu bringen, und der französische Staatschef Mitterrand (angeblich ein enger Freund des deutschen Kanzlers Helmut Kohl) zog alle Register, um die deutsche Wiedervereinigung zu verhindern, keine Intrige war schamlos genug.

Hier liegt auch der Grund, weshalb die D-Mark aufgegeben worden ist. 1989 setzte Mitterrand seinem »Freund« Kohl die Pistole auf die Brust: Entweder ihr gebt die D-Mark auf, oder wir sabotieren die Wiedervereinigung! Der Mitterrand-Berater Jacques Attali sagte es unzweideutig: »Die Macht Deutschlands beruht auf seiner Wirtschaft, und die D-Mark ist die deutsche Atombombe.« Deutlicher kann man den Neidkomplex der Franzosen wohl kaum formulieren.

Selbst Kohl, der überzeugte Europäer, sah damals die Gefahr, die mit der Währungsunion auf Deutschland zukam, aber er hatte nicht den Mut, sich dieser Gefahr zu widersetzen. Gegenüber dem damaligen amerikanischen Außenminister Baker gab Kohl zu: Diesen Entschluss habe er gegen deutsche Interessen getroffen: »Er frage sich, was er denn noch mehr tun könne, als beispielsweise die

Schaffung einer Wirtschafts- und Währungsunion mitzutragen. Diesen Entschluss habe er gegen deutsche Interessen getroffen. ... Aber der Schritt sei politisch wichtig, denn Deutschland brauche Freunde.« Dass man Freunde nicht kaufen kann, hat Kohl wohl übersehen (wollen) – hier ist er wieder, der deutsche Masochismus. Kohl hatte auch übersehen, dass der französische Schriftsteller François Mauriac schon 1966 beschrieben hatte, was Mitterrand zu seiner Politik machte: »Ich liebe Deutschland. Ich liebe es so sehr, dass ich froh bin, dass es zwei davon gibt«.

Das Gespräch mit Baker zeigt deutlich, dass sich Kohl schon damals selbst darüber im Klaren war: Die Entscheidung über die Europäische Währungsunion wurde gegen stabilitätspolitische und ökonomische Bedenken getroffen – allein, wie ein Sprichwort sagt, um des lieben Friedens willen bzw. wegen der deutschen »Schuld«. Vergangenheitsbewältigung ist das Stichwort. Bis heute werden die Canossa-Gänge denn auch damit begründet, dass Deutschland aufgrund der Nazi-Herrschaft zahlen muss – an wen auch immer. Otto von Habsburg hat dazu bereits 1989 gemeint: »Es gibt nichts Unerträglicheres als diesen Typen der Sühnedeutschen, der nichts anderes tut, als auf den Knien herumzurutschen, um die Welt um Verzeihung zu bitten, dass er existiert.«

Kohl versuchte, sich den Forderungen der »Freunde« zu erwehren, er, der Meister der Intrige, zog alle Register, aber viele Hunde sind des Hasen Tod. Auf dem EG-Gipfel von Straßburg am 8./9. Dezember 1989 – in »eisiger Atmosphäre«, wie Helmut Kohl später berichtete – beugte sich die Bundesrepublik.

Auch wenn es von den Euro-Verteidigern heute bestritten wird: Wer die Entstehungsgeschichte des Euro verfolgt, kann keinen Zweifel darüber haben, dass der Euro nur die eine einzige politische Funktion hatte (und hat), die Überlegenheit der Deutschen einem gemeinsamen europäischen Regime dienstbar zu machen. Der Euro wurde zu einer dauerhaften Reparationswährung, ähnlich wie der deutsche Länderfinanzausgleich, der ja zurecht umstritten ist, muss auch der Euro für das unverantwortliche Treiben der

Südländer (bzw. ihrer Banken) herhalten, was zu fallenden Reallöhnen führt (siehe Seite 180 «Bürgerkrieg») und damit zur Verarmung ganzer Regionen. Damit nicht genug: Die Niedrigzinspolitik der EZB führt zur Enteignung der »kleinen Leute«, aber auch der Mittelschicht, mit der »Lissabon-Erklärung«, nach der die EU den Wohlstand in Europa befördern wird, hat das alles nichts zu tun.

Es sind halt, allen Beschönigungen zum Trotz, Mentalitätsunterschiede, die unüberbrückbar sind und hoffentlich auch bleiben. Der wichtigste: In Frankreich (aber wohl auch im gesamten Europa) wird der deutsche Hang zur Selbstbezichtigung, der Mangel an Selbstachtung, nur mit Verachtung zur Kenntnis genommen. Der deutsche Masochismus und der französische Chauvinismus stehen sich völlig unvereinbar gegenüber. Und wer meint, mit der ständigen Vergangenheitsbewältigung würde man Sympathie oder gar Respekt erringen können, ist ein irrealer Träumer. Hinzu kommt: Während die Deutschen auf die Geltung geschlossener Verträge bauen (pacta sunt servanda), schert sich Frankreich nicht um Verträge, solange sie ihnen nicht Vorteile bringen. So verwundert denn auch nicht, dass Hollande sich engagiert für die EU und den Euro einsetzte – die französische Pleitewirtschaft profitiert in ganz entschiedener Weise von der Brüsseler Bürokratie, zu Lasten Deutschlands natürlich. Die Daten sind eindeutig: Verschuldung von knapp 126 Prozent, Arbeitslosenrate 10,1 Prozent, Industrieproduktion auf Talfahrt, Defizit des BIP 62 Milliarden Dollar (zum Vergleich: Deutschland 215 Milliarden Überschuss). Die französische Krankheit: Der öffentliche Dienst ist aufgebläht, der Arbeitsmarkt verkrustet, der Kündigungsschutz rigide, die 35-Stunden Woche und die Rente mit 60 sind unter globalen Bedingungen absurd. Derzeit sind 80.000 Arbeitsplätze gefährdet. Spätestens unter Präsident Hollande ist die Grande Nation zu einer Bananenrepublik verkommen.

ESM – Abschaffung des Rechtsstaates

Der bisherige Gipfelpunkt der Eulenspiegelei, die da und dort wohl zu Recht als »Verfassungsputsch« bezeichnet worden ist, sind die Rettungsschirme und schließlich der ESM, der »Europäische Stabilitäts-Mechanismus«, das 700-Milliarden-Euro-Monster. Der ESM, schreibt Friedrich Romig, »ist nichts anderes als eine gigantische Bad Bank, die uneinbringliche Schulden zahlungsunfähiger Staaten aufnimmt, um sie von den reichen Staaten und ihren Bürgern bedienen zu lassen.« Der ESM ist ein Ermächtigungsgesetz, das laut Vertrag das Primat der nationalen Parlamente und damit die Souveränität der Staaten in Finanz- und Budgetfragen (also die zentrale Zuständigkeit der vom Bürger in demokratischen Wahlen bestimmten Politiker) außer Kraft setzt. Hans Magnus Enzensberger dazu: »Ganz offen wird die Abschaffung des Rechtsstaates im Vertrag über den ESM proklamiert. Die Beschlüsse der maßgebenden Mitglieder dieses Rettungsvereins sind völkerrechtlich unmittelbar wirksam und an die Zustimmung von Parlamenten nicht gebunden. Sie nennen sich, wie in den alten Kolonialregimes üblich, Gouverneure und sind, ebenso wie die Direktoren, der Öffentlichkeit keine Rechenschaft schuldig. Im Gegenteil, sie sind zur Geheimhaltung ausdrücklich verpflichtet. Das erinnert an die Omertà, die zum Ehrenkodex der Mafia gehört. Unsere Paten sind jeder gerichtlichen oder gesetzlichen Kontrolle entzogen. Sie genießen ein Privileg, das nicht einmal einem Chef der Camorra zusteht: die absolute strafrechtliche Immunität. (So steht es in den Artikeln 32 bis 35 des ESM-Vertrages)«.

Der ESM, so steht es auch im Vertrag, braucht für seine Bankgeschäfte keine Banklizenz, noch untersteht er irgendeiner Finanzaufsicht. Die Abgeordneten der nationalen Parlamente können sich gegen die Strukturen nicht einmal wehren – die Verfassungsgerichte haben diesem Machwerk ja auch noch zugestimmt. Schlimmer noch, die Abgeordneten hatten nicht einmal die Möglichkeit, sich zu informieren, wie der Staatssekretär a.D. Ulrich Thurmann herausgefunden hat: »Bundeskanzlerin und Bundesfinanzminister zeigten gegenüber dem Deutschen Bundestag völlige Missachtung bis Verachtung, als es darum ging, diesen zeitnah und vollständig vor Beratung und Entscheidung über die Planungen für den ESM zu unterrichten. Beide sträubten und weigerten sich, die maßgeblichen Unterlagen vorzulegen, und haben damit die verfassungsmäßigen Rechte des Parlaments verletzt. Die Unterlagen musste sich der Bundestag schließlich vom Parlament in Österreich beschaffen.«

Wer da die Hoffnung hätte, jene Staaten, die auf solche Weise »gerettet« worden sind, würden dies als Ausdruck großartiger Solidarität zu würdigen wissen, hat die internationale Politik nicht ansatzweise begriffen: »Staaten haben keine immerwährenden Freunde, keine immerwährenden Feinde, sondern nur immerwährende (eigene) Interessen«, meinte der englische Premier Lord Palmerston einst. Dies gilt auch für unsere Tage, und deshalb ist die Anbiederung an vorgeblich höherwertige Interessen ebenso völlig fehl am Platz wie sich diesen Interessen zu unterwerfen. Richard Sulik, bis Herbst 2011 Parlamentspräsident und Vorsitzender der slowakischen Partei »Freiheit und Solidarität«, hat den Deutschen eine Warnung zukommen lassen, die auch für andere Länder Gültigkeit hat: »Dass Deutschland sich wie eine Weihnachtsgans ausnehmen lässt, könnte mir als Slowaken egal sein, wenn es da nicht zwei Zusammenhänge gäbe. Erstens bin ich davon überzeugt, dass die Haftung für die Schulden eines anderen dazu führt, dass sich niemand mehr verantwortlich für seine Taten fühlt. Warum sollten zum Beispiel die Griechen jemand anderen als Alexis Tsipras wählen, der im Grunde sagt: Spart nicht, Deutschland wird schon zahlen. Deutschland zahlt schon heute Milliarden an Griechenland (dass gleichzeitig Frau Merkel in griechischen Zeitungen mit Hakenkreuz am Arm abgebildet wird, ist ein schlechter Witz).

Wir stehen nicht erst am Anfang einer Entwicklung, sondern haben schon mehrere Rettungsversuche und zwei Dutzend Krisengipfel hinter uns. Deutschland ist bereits schwer getroffen: Während der »Club Med« (Italien, Spanien, Griechenland und Portugal) bei diesen sogenannten. Target 2-Forderungen bei der EZB tief in der Kreide sitzt, hat Deutschland gegen die EZB eine durch »Müll« abgesicherte Forderung von 796 Milliarden Euro (Stand Ende Januar 2017). Und die EZB? Sie hat ein offizielles Haftungskapital von elf Milliarden Euro, wird aber bis Ende des Jahres 2017 die Kleinigkeit von 2,28 Billionen Euro an Anleihekäufen in den Büchern stehen haben. Sollte ein Geschäftsmann/frau einmal versuchen, dieses Modell zu kopieren, würde der Staat für viele Jahre seine/ihre Unterbringung und Verpflegung bei gesiebter Luft garantieren – auch, wenn er/sie nicht Mario heißen.«

Übersehen werden sollte freilich auch nicht eine EZB-Studie, die zu dem Ergebnis kommt, dass keineswegs die »reichen« Deutschen in Europa die Reichsten sind (ganz im Gegenteil), sondern unter anderem die Zyprer. Die *»FAZ«* stellt fest: »Die reichsten Europäer leben in kleinen Ländern mit überdimensionierten Banksystemen, also in Luxemburg, auf Zypern und Malta.« Ganz konkret: Die Vermögensverteilung der Euro-Europäer stellt die Wohlstandsthesen in Europa auf den Kopf: Gemessen am mittleren Haushaltsvermögen liegt Deutschland nicht etwa irgendwo im Mittelfeld, sondern ganz unten. Mit 51.000 Euro Durchschnittsvermögen sind sie die ärmsten Europäer, halb so reich wie die Griechen. Die Zyprer sind mit 267. 000 nach den Luxemburgern und vor den Maltesern die zweitreichsten. Dies wollen viele Politiker in Europa freilich nicht zur Kenntnis nehmen, auch in Deutschland, wo es ja schick ist, auf das eigene Land einzuprügeln. Und in Brüssel kann die europäische Beflissenheitsfraktion gar nicht laut genug polemisieren, Deutschland habe mit seiner Exportstärke Südeuropa in den Konsumrausch und damit in die Überschuldung getrieben. Dazu die *»FAZ«*: »Dabei ist das genauso falsch wie das Märchen, Deutschland habe mehr als andere Euroländer von der Währungsunion profitiert. Im Gegenteil: Deutschland fiel nach der Euro-Einführung in Pro-Kopf-Einkommen und im Wachstum auf hintere Plätze zurück. Richtig ist auch, dass vormalige Weichwährungsländer mit dem größten Geschenk des Euro, den niedrigen Zinsen, nichts Besseres anzufangen wussten als noch mehr Schulden zu machen.« Dass die Medien die EZB-Studie nur unzureichend kommentierten, mag mit Ignoranz, bei manchen auch mit Kalkül zu erklären sein. Dass jedoch die deutsche Kanzlerin diese Studie zum Nachteil für Deutschland interpretiert (man müsse ja auch die hohen Renten hierzulande mit einbeziehen!), ist mehr als beschämend. Und dass sie auch noch mit fadenscheinigen Argumenten und falschen Zahlen gearbeitet hat (die Renten sind in Wirklichkeit sogar niedriger als in anderen EU-Ländern, das Rentenalter liegt weit höher) lässt Raum für die Frage, wie sie ihren Amtseid interpretiert.

Wer ein wenig darüber nachdenkt, was EU, ESM und EZB da angerichtet haben, wird schnell erkennen: Künftig werden Regierungen, die aufgrund falscher Politik in eine Schuldenkrise geraten sind, sich darauf berufen, die EU-Vorgaben eingehalten zu haben und daraus den Anspruch auf finanzielle Hilfen ableiten. Dies wiederum wird zu Druck auf die Gemeinschaft führen, Hilfen aus dem ESM zu erhalten, Politiker werden zu feige sein, sich dem zu widersetzen, das heißt, die 700 Milliarden werden bald nicht mehr reichen. Und wer zahlt dann? Wer den Verlauf der Schuldenkrise in einer ganzen Reihe von Euroländern überblickt, muss feststellen: Ausgelöst wurde das Desaster dadurch, dass finanziell betrügerische Regierungen sich bei der Rettung eigener Banken endgültig übernommen haben und sich immer weiter in unfassbare Höhen verschuldeten – sie hatten es ja auch gar nicht nötig, ehrlich zu sein, die »Währungsunion«, der sie angehörten, hat ihnen eh alles geglaubt, so dass sie jede Vorsicht vergessen konnten.

Angesichts der Schuldenkrise (aber nicht nur deswegen) entbehrt der Ruf nach mehr Europa also jeglicher Logik. Probleme, die auf nationaler Ebene nicht gelöst werden können, werden ja nicht automatisch dadurch behoben, dass sie auf eine übernationale Ebene verlagert werden. Im Gegenteil, eine Vergemeinschaftung, eine Transferunion wird den Trend zu einer dauerhaften und um so schlimmeren Krise weiter verstärken. Und immer wieder muss auf das Lügengebäude hingewiesen werden, das die »Elite« da aufgebaut hat, um den Bürger in Sicherheit zu wiegen. So zum Beispiel Jean Claude Juncker (»Wenn es ernst wird, muss man lügen«) in einem Gespräch mit dem damaligen bayerischen Ministerpräsidenten Stoiber auf dessen Sorgen vor einer Transferunion: »Transferleistungen sind so absurd wie eine Hungersnot in Bayern.« Heute haben wir gottlob keine Hungersnot in Bayern, aber eine Transferunion.

Mit ein wenig Logik sollte klar sein: Nur die Rückkehr zu einer nationalen Politik, zu einer Selbstverantwortung der Staaten für ihre Wirtschafts- und Finanzpolitik, nur durch die Rückkehr zur No-bail-out-Politik (wie sie einst angekündigt worden war) kann eine dauerhafte Lösung der europäischen Schuldenkrise sein. Es ist nicht einmal sehr polemisch, wenn man den ESM als eine Art Ermächtigungsgesetz bezeichnet, denn mit diesem Vertrag wird einer kleinen Gruppe von Personen, dem aus den Finanzministern der Euro-Mitgliedstaaten bestehenden Gouverneursrat, eine kaum zu kontrollierende politische und finanzielle Macht übertragen.

»Wiege Europas« – die Kulturnation

Die Idee von Europa hatte einst die Gründung von Organisationen zur Folge, die sich der Idee annahmen, sie mit Leben zu erfüllen. Die wichtigste zum damaligen Zeitpunkt war die »Organisation für Sicherheit und Zusammenarbeit in Europa« (OSZE), die 1975 als Konferenz für Sicherheit und Zusammenarbeit in Europa (KSZE) damals blockübergreifend gegründet wurde, und der neben europäischen Ländern auch die USA und Kanada angehörten. Das Jahr 1975 ist sicher der Höhepunkte in der Vergangenheit dieser Organisationen: Mit der Schlussakte von Helsinki am 1. August 1975 wurde aus der Konferenz ein Instrument der Friedenssicherung, in der Folge wohl auch das entscheidende Werkzeug zum Fall des Eisernen Vorhanges und damit zur Wiedervereinigung Europas.

Das Schlagwort »Wiege Europas« bezeichnet das antike Griechenland, das man als kulturellen Ursprung Europas betrachtet hat. Auch dieser durchaus vertretbare Begriff steht heute zur Diskussion, die Kulturwissenschaften meinen, den von ihnen als »eurozentrische Sicht« abgelehnten Begriff damit als obsolet darzustellen, dass auch außereuropäische Kulturkreise zur kulturellen Entwicklung in Europa beigetragen hätten. Dies ist sicher nur dahingehend richtig, dass natürlich auch außereuropäische Kulturen (so der Islam, der über acht Jahrhunderte in Spanien geherrscht hatte) gewisse Einflüsse ausgeübt haben, es ändert aber nichts an der Tatsache, dass diese Kulturen auf die »Wiege Europas« trafen und in der Folgezeit dort aufgenommen und weiterentwickelt wurden. Ohne in Hochmut zu verfallen, kommt man an dem Begriff der Kulturnation wohl nicht vorbei.

Europas Errungenschaft heute ist die Überwindung alter Feindschaften ohne Preisgabe der kulturellen Unterschiede. Europa kann natürlich auch, nachdem der Kalte Krieg gottlob zu Ende ist (ohne dass sich ein heißer entwickelt hat), als ein Bildungsprojekt angesehen werden, als Aufgabe, die nie enden wird und alle europäischen Völker umfasst. Der französische Philosoph Blaise Pascal hat dies schon im 17. Jahrhundert in einem scheinbar widersprüchlichen Bild gezeichnet: »Vielfalt, die sich nicht zur Einheit ordnet, ist Verwirrung. Einheit, die sich nicht zur Vielfalt gliedert, ist Tyrannei.« Diesen Gedanken aufzunehmen empfiehlt sich insbesondere für die Verfechter der »Vereinigten Staaten von Europa«, die mit ihrem missionarischen Eifern entsprechend dem Vorbild USA nur einen Schmelztiegel produzieren würden. Die historische Entwicklung hat – zumindest nach 1989/90 in Europa – eine demokratische Grundordnung zur Selbstverständlichkeit werden lassen. Der Rechts- und Verfassungsstaat bestimmt unser Leben, Identitäten und Nationalbewusstsein gehören zu einem Mosaik, dessen Farben nicht zusammengemischt werden dürfen (Maler wissen, dann entstünde ein schmutziges Grau-Braun!). Noch immer gilt, was der britische Premier Palmerston als politischen Grundsatz beschrieben hat: Nationen haben keine ewigen Feinde, keine ewigen Freunde, sondern nur ewige Interessen.

Randbemerkung II

Betrachtung am Rande: Die Grünen

Es ist beispielhaft, wie aus einer guten Idee innerhalb kürzester Zeit ein politisches Desaster gemacht werden konnte. Da war Mitte der 1970er Jahre eine Bewegung entstanden, die sich dem Umweltschutz verschrieben hatte. Doch schon nach wenigen Monaten gelang es kommunistischen Sektierern, aus dieser Idee eine schlagkräftige Partei zu formen, die es 1983 in den Bundestag schaffte. In der Folge entwickelte sich diese Partei zu einer linksradikalen, deutschfeindlichen Kampftruppe. Kein Wunder, dass es gelang, denn Leute wie Trittin (ehemals maoistische KPD), Reinhard Bütikofer (ehemals »Kommunistische Hochschulgruppe, heute Europa-Abgeordneter), Krista Sager (ehemals KBW-nahe »Sozialistische Studentengruppe«), Winfried Kretschmann (Kommunistischer Bund Westdeutschland, heute

Ministerpräsident von Baden-Württemberg) usw, usf. hatten in ihren Zirkeln gelernt, wie man die Macht ergreift. Man sollte die Karrieren der führenden Grünen in den kommunistischen Sektierergruppen, die ideologisch dem Maoismus nahe standen und mit Regimen wie der Volksrepublik China, Albanien oder Kambodscha unter Pol Pot sympathisierten, nicht vergessen. Das heißt, einige dieser famosen Demokraten haben ihre Karrieren begonnen, indem sie die brutalsten Massenmörder der damaligen Zeit anhimmelten. Der ugandische Diktator Idi Amin zum Beispiel (auch ein Massenmörder!) galt im KBW als ein fortschrittlicher Staatschef, dem nachzueifern zu den Tugenden dieser hoffnungsfrohen Elite galt.

Im Laufe der Jahre haben sich die Grünen zu einer radikal deutschfeindlichen Partei entwickelt, die alles daran setzt, das Land zu zerstören. Beispielhaft Sieglinde Frieß, Bündnis90/Die Grünen im Bundestag: »Ich wollte, dass Frankreich bis zur Elbe reicht und Polen direkt an Frankreich grenzt.« So ist es auch nur folgerichtig, dass gerade die Grünen sich am nachdrücklichsten für die Einwanderung engagieren. »Der deutsche Nachwuchs heißt jetzt Mustafa, Giovanni und Ali!«, jubelt denn auch der Vorsitzende, der Deutsch-Türke Cem Özdemir. Trotz der inzwischen für jedermann sichtbaren Überfremdung hat sich an der deutsch-feindlichen Haltung der Partei bis heute nichts geändert, wie die Fraktionschefin Katrin Göring-Eckardt (früher FDJ, abgebrochenes Theologiestudium) betont: »Unser Land wird sich ändern, und zwar drastisch. Und ich sag euch eins: Ich freu' mich drauf!« – angesichts der sogar von der Regierung zugestandenen Terrorgefahr hört sich das an wie eine obszöne Satire, nur: Die meinen all dies ernst.

Der aus Syrien stammende deutsche Politikwissenschaftler Bassam Tibi hat jüngst kritisiert, dass Islamisten und Linksgrüne in Europa ein Bündnis eingegangen sind. Beide Gruppen seien wertemäßig antieuropäisch und antiwestlich eingestellt und lehnen eine europäische Leitkultur ab. Eine Gefahr für Europa sei daher nicht nur der Islamismus, sondern auch der von Linksgrünen vertretene »kulturrelativistische Nihilismus«. Die Grünen würden die aus der islamischen Zuwanderung entstehenden »unversöhnlichen Parallelgesellschaften« als einen Segen betrachten, den sie dann als Multikulturalismus positiv bewerten.

Heute sind die Grünen ja nur scheinbar eine dem Umweltschutz ver-
pflichtete Partei, in Wirklichkeit jedoch eine linke Radautruppe, die als
kommunistische Sektierer den »Marsch durch die Institutionen« angetreten
hatten. Und sie haben's tatsächlich geschafft, der »Marsch durch die Institu-
tionen« ist ihnen gelungen, sie haben wichtigste Ämter in Staat und Gesell-
schaft erobert. Zum Beispiel die Betroffenheits-Tussi der Partei, Claudia
Roth, Verzeihung, Frau Bundestags-Vizepräsidentin, sie ist nur eines der
trostlosen Aushängeschilder dieser Partei, die es heute fast unmöglich macht,
Glossen zu schreiben – sie ist ja selbst eine Glosse. Neben der reinen Macht-
politik ergaben sich in den 1980/90er Jahren freilich noch andere Formen
der (pseudo)politischen Aktivitäten, die damals unter »liberal« verstanden
wurden und erst nach und nach an die Öffentlichkeit kamen. Ich habe vor
der Bundestagswahl im Herbst 2013 über diese Form des Liberalismus fol-
genden Kommentar geschrieben:

»In Gefängnissen herrschen Hierarchien. Das war kürzlich auch in ei-
ner Doku in der ARD zu sehen, Mörder, Drogendealer, Brandstifter, Mes-
serstecher usw. handeln unter sich aus, wer das Sagen hat. Eine Sorte
Knastbrüder aber ist für alle tabu: der Kinderschänder. Mit dieser Art von
Kriminellen will niemand etwas zu tun haben, häufig sind sie sogar Opfer
gewalttätiger Übergriffe, sie sind ohne Ausnahme die unterste Stufe in der
Knasthierarchie. Selbst hartgesottene Kriminelle haben für Kinderschänder
nur Verachtung übrig.

Das muss man wissen, um die Exzesse der Partei »Die Grünen« einord-
nen zu können. Denn in dieser Partei galt es in den 1980er Jahren als Aus-
weis besonders fortschrittlicher Gesinnung, sich für die »Rechte« der Pä-
derasten einzusetzen und offen zuzugeben, sexuelle Beziehungen mit
Kindern zu haben. Die Grünen jener Tage, die Partei der organisierten Ver-
kommenheit, hielt es für ein Zeichen von Toleranz und Weltoffenheit, wie
der frühere Abgeordnete der Grünen, Eckhard Stratmann-Mertens, im
WDR berichtet: »Auf Parteitagen lagen teilweise Erwachsene rum, die mit
Jugendlichen knutschten. Es war zum Kotzen.«

Von all dem wollen führende Grüne heute nichts mehr wissen, sie spie-
len sich auf als die Partei der moralisch Vollkommenen, die dem dummen
Volk zeigen müssen, was Gut und was Böse ist. Als Missbrauchsfälle in der

katholischen Schulen bekannt wurden, zeigt sich Claudia Roth »erschro-
cken über die Unfähigkeit der katholischen Kirche, mit dem Missbrauchss-
kandal angemessen umzugehen«, und Renate Künast tönte, ein Runder
Tisch sei nicht die Lösung, sondern eine »Verkleisterung«.

Seither erleben wir in der Tat nur Verkleisterung, wenn es um den orga-
nisierten Kindesmissbrauch der Grünen geht, wobei die »staatstragenden«
Medien eine besonders erbärmliche Rolle, quasi die des Zuhälters, zu spie-
len bereit sind. Deshalb ein paar Fakten: Bereits unmittelbar nach ihrer
Konstituierung als Partei im Jahre 1980 wurden pädophile Bewegungen
und Gruppierungen von den Grünen nicht nur toleriert, sondern ihre An-
liegen auch entsprechend gefördert. Die Mitglieder der sogenannten »India-
nerkommunen«, in denen Minderjährige und Erwachsene zusammenleb-
ten, erhielten auf den Parteitagen der Grünen eine Plattform, um in der
politischen Öffentlichkeit für sexuelle Handlungen zwischen Erwachsenen
und Minderjährigen zu werben.

Über diese Gruppierungen schrieb die den Grünen nahestehende Tages-
zeitung taz in der Rückschau: »Die erst in Heidelberg und später in Nürn-
berg aktive Indianerkommune war ein Wohnprojekt für Erwachsene und
Kinder, das sich einer selbst gezimmerten Ideologie von Konsumverzicht
und freier Liebe verschrieben hatte. Die Indianer, die sich nach den bedroh-
ten Urvölkern benannten, begriffen sich als von der Mehrheitsgesellschaft
bedrohter ‚Stamm‘. Bunt bemalt und lautstark vertraten sie in der Öffent-
lichkeit Forderungen wie freie Sexualität von Kindern mit Erwachsenen,
Abschaffung der Schulpflicht, das Recht von Kindern, von zu Hause abzu-
hauen. Im ‚Jahr des Kindes‘ 1979 erregten sie Aufsehen durch Hunger-
streiks, 1981 durch einen Prozess gegen ‚Oberindianer‘ Uli Reschke wegen
sexuellen Missbrauchs von Kindern.« Trotz ihres öffentlichen Eintretens für
Pädophilie konnte eine Gruppe von »Stadtindianern« aus Nürnberg auf
dem Programmparteitag der Grünen vom 21. bis 23. März 1980 in Saar-
brücken vor den Mitgliedern ihre radikalen Forderungen nach Straffreiheit
für Pädokriminalität verbreiten. Auch beim darauffolgenden Parteitag der
Grünen im Juni 1980 in Dortmund wurde den Nürnberger Stadtindia-
nern die Möglichkeit eingeräumt, für sexuellen Missbrauch von Kindern zu
werben.

Berüchtigt ist inzwischen das »Spiel« mit Kindern des Europa-Abgeordneten Cohn-Bendit, der sein widerliches Missbrauchs-Treiben sogar in einem Buch ausgebreitet hat. Sogar die »Zeit« meint dazu: »Cohn-Bendit war nicht der einzige Verirrte. Denn bei den Grünen konnten in den 1980er Jahren Pädophile ungestört Lobbyarbeit in ihrem Sinne betreiben. Und sie stießen teils auf große innerparteiliche Zustimmung und Unterstützung.« Der heute verbreiteten Version, dies sei eine Minderheit gewesen, widersprach Cohn-Bendit selbst. Im Mai 2013 erklärte im »Spiegel«: »Sie müssen sich nur die Anträge zur Altersfreigabe beim Sex mit Erwachsenen ansehen. Das war bei den Grünen Mainstream.« Die AG Schwulen und Päderasten (parteiintern SchwuP) hatte mehr Einfluss, als es die Partei heute glauben machen will.

Alles Schnee von gestern? Keineswegs! Nicht nur, dass die Grünen jegliche Aufarbeitung unter den Teppich kehren wollen und jegliche Entschädigung der Opfer verweigern, bis heute sitzen die Täter von einst in führender Position. Neben Cohn-Bendit zum Beispiel Volker Beck, ehemals parlamentarischer Geschäftsführer der Grünen im Bundestag und Sprecher für Schwulenpolitik. In einem Buch schrieb er: »Eine Entkriminalisierung der Pädosexualität ist angesichts des jetzigen Zustandes ihrer globalen Kriminalisierung dringend erforderlich.«

Nur der Klarheit wegen: Ein Vergleich mit den Fällen in der katholische Kirche, von den Grünen wiederholt angeführt, ist nur scheinlogisch. Von der Kirche wurden diese Fälle immer als kriminell angesehen und die Täter verurteilt. Bei den Grünen aber war es der Versuch, Kindesmissbrauch zu entkriminalisieren, per Gesetz möglich zu machen. Dass man sich davon auch heute noch nur verschwommen distanziert, sagt alles aus über diese Partei. Wer heute nachliest, was damals offenbar unter den Augen der Behörden, der Staatsanwaltschaften und der konkurrierenden Politik möglich war, muss Zweifel anmelden, wenn von einem Rechtsstaat die Rede ist. Es wird einem speiübel zu wissen, dass die Prominenten der in diese Verbrechen verwickelten Partei nie belangt worden sind, und dass sie bis heute nicht das geringste Schamgefühl zeigen.

Totalitäre Variante der Demokratie

Eines der meistgebrauchten Schlagworte der grünen Gosse ist der Begriff »ziviler Ungehorsam«. So lange die CDU den Kanzler stellte, ging jeder Demo-Analphabet damit hausieren, da wurde zunächst »Gewalt gegen Sachen« verklärt und verharmlost, später dann, zu RAF-Zeiten«, auch Gewalt gegen Menschen als revolutionäre Aktion »legitimiert«. Der Bürger, in der Sprache der Revoluzzer der »Spießer«, hatte keine Rechte, galt (welch eine Parallele zu unserer heutigen Zeit) als unterbelichtetes Prekariat. Das änderte sich schlagartig 1998, als rot-grün die Macht übernahm und der Innenminister (Schily, SPD, vorher Grüne) mit Polizeihelm und drohend erhobenem Schlagstock verordnete: Ruhe ist die erste Bürgerpflicht. Im Rechtsstaat, so seine Begründung, gebe es kein Bürgerrecht auf zivilen Ungehorsam. Und heute? Wir sehen mit Entsetzen, dass gegenüber Migranten und linksradikalen Kriminelle in diesem »Rechtsstaat«, der sich schon bei seiner totalen Grenzöffnung für »Flüchtlinge« aufgegeben hatte, Gesetzen nur nach Gutdünken zum Durchbruch verholfen wird. Der deutsche Rechtsstaat mit seiner Nachsicht für ausländische Rechtsbrecher stößt in dieser Asylantenkrise an seine Grenzen. Die etablierte Politik der volkspädagogischen Entmündigung des einzelnen schließt die Augen, wenn es um den Rechtsbruch der »Schutzsuchenden« geht, schlägt aber in aller Härte zu, wenn der Bürger in geringster Weise Vorschriften missachtet. Es ist kein Zufall, dass die Berliner Regierung den Drogenhandel im Görlitzer Park in Berlin-Kreuzberg sich selbst überlassen hat, eine der inzwischen zahlreichen »No-go-Areas« in Deutschland, die es ja angeblich gar nicht gibt. Inzwischen gilt der Drogenstrich als Touristen-Attraktion. In Berlin, und nicht nur dort, hat die Polizei große Probleme, Nachwuchs zu finden. Konrad Adam hat sich in der »*Jungen Freiheit*« Gedanken über unseren Rechtsstaat gemacht: »Im Rechtsstaat? Was ist von dem denn übrig, seit Angela Merkel die Regierung führt? Seit sie die

Grenzen öffnete und das Parlament entmachtet hat? Die Genfer Flüchtlingskonvention ist nichts mehr wert, das Abkommen von Dublin läuft leer, das Grundgesetz wird verhöhnt und missachtet. Inzwischen ist der Rechtsbruch zur Grundlage der Regierungstätigkeit von Angela Merkel geworden.

An die Stelle von Recht und Gesetz, Verfassung und Vertrag ist ein humanitär verblasener Imperialismus getreten, der Menschenrecht und Hilfsbereitschaft als Ausreden benutzt, um sich über Regeln, geschriebene und ungeschriebene, hinwegzusetzen. Die von Frau Merkel eigenmächtig verfügte Grenzöffnung ist der bislang massivste Angriff auf die Demokratie, denn wie jede Gemeinschaft braucht auch die Demokratie Grenzen. Ohne zu wissen, wer dazugehört und wer nicht, sind Wahlen und Abstimmungen sinnlos. Wo alle irgendwie dazugehören und irgendwie betroffen sind, lassen sich Mehrheiten und Minderheiten nicht mehr ermitteln. Dann hängt die Demokratie in der Luft – und soll das wohl auch.

Was da heraufzieht, ist die totalitäre Variante der Demokratie.«

Und wieder ist der Bürger ziemlich hilflos, er kann die Asylantenflut nicht stoppen, kann allenfalls versuchen, sich und seine Familie in Sicherheit zu bringen. Berlin, Brüssel, Nizza, Madrid, London usw. usw. Der islamistische Terror (Merkel: »Der Islam gehört zu Deutschland!«) ist längst in Europa angekommen, zeigt drastisch das Versagen der Behörden auf, ihre Unfähigkeit, der Asylantenflut Herr zu werden, ihre beflissene Haltung gegenüber dem vom Islam geführten »Kampf der Kulturen«. Dabei ist völlig klar: Migration ist das Trojanische Pferd des Terrorismus. Und es sind nicht nur die Behörden, die den Blick auf die Realität verloren haben: Der katholische Oberhirte Deutschlands, Kardinal Marx, hat die Öffnung der Grenzen durch Angela Merkel mit den Worten gelobt: »Sie hat sich sogar über das Gesetz hinweggesetzt. Das gehört auch zur politischen Führung.« Der famose Gottesmann demonstriert damit erneut, wie weit sich die Kirchen vom Volk entfernt haben, wie wenig die himmlischen Gesetze mit den weltlichen zu tun haben. Und nicht zu vergessen: Wenn es darum geht, würdelos vor den Islamisten einzuknicken, dann vergisst der Gottesmann seine Gesetze und legt demonstrativ das Kreuz ab. Gleiches gilt leider auch für die Justiz. Man kann niemandem widersprechen, der da sagt: Uns geschieht's ganz recht, wir sind so unendlich feige, mit uns kann man's halt machen. Da erlaubt sich in Hamburg der türkische Elternfunktionär Karabulut den Deutschen zu drohen: »Ab jetzt könnt ihr was erleben, ihr Köterrasse.« Man stelle sich vor, Vergleichbares hätte ein Deutscher über Moslems gesagt!!! In Hamburg aber meint die Staatsanwaltschaft, das Wort Köterrasse sei keine Beleidigung, keine Hetze und wies eine Anzeige wegen Volksverhetzung zurück. Kommentar überflüssig!

Mitteleuropäische Staatswesen ruhen angeblich auf drei Säulen: der parlamentarischen Demokratie, dem verfassungsmäßigen Rechtsstaat und der sozialen Marktwirtschaft. Nun kann man darüber streiten, ob alle Teile dieses Dreiklanges bei uns immer und überall gewährleistet sind – wieder und wieder werden Einzelfälle bekannt, die nachdenklich machen – im großen und ganzen aber ist die Herrschaft des Rechtes fester Bestandteil mitteleuropäischer Staaten. Dieser Besitzstand der Gemeinschaft (englisch: Community acquis, französisch: acquis communautaire) bezeichnet den gemeinschaftlichen Besitzstand aller Rechtsakte, die für die Mitgliedstaaten der EU verbindlich sind.

Soweit die Theorie. In der Praxis der Europäischen Union, die sich als eine auf die Grund- und Menschenrechte gestützte Wertegemeinschaft darzustellen versucht, sieht es ganz anders aus, obwohl nach Art. 2 des Vertrags über die Europäische Union (EUV) die Achtung von Demokratie, Gleichheit und Rechtsstaatlichkeit dazu gehören. Eben da liegen die erwähnten drei Säulen jedoch in Trümmern. Von einer parlamentarischen Demokratie kann keine Rede sein, trotz Lissabon-Vertrags ist das EU-Parlament ein zahnloser Tiger, der allenfalls zum Bettvorleger taugt. Die soziale Marktwirtschaft ist nur noch in der Theorie vorhanden, und von der Herrschaft des Rechts können nur jene reden, die sich der Wirklichkeit verschlossen haben. Dass Verträge eingehalten werden müssen, gilt längst nicht mehr, jeder Staat macht, was ihm in der Krise gerade passt. Maastricht – vergessen, Schuldenbremse – vergessen, Stabilitätspakt – vergessen. Man schaue auf Frankreich: Hollande nimmt den Aufschub (beim Defizitverfahren) gnädig entgegen und desavouiert gleichzeitig die Kommission, die Reformen verlangt. So geht das inzwischen schon seit Jahren: Ein Beschluss jagt den nächsten, »No Bail Out«-Klausel, Unabhängigkeit der EZB, »Sixpack«, »Twopack«, »Euro-Plus-Pakt« – die Phantasie der Apparatschiks beim Erfinden von Leerphrasen ist unerschöpflich, ihr Sinn für erfolgreiches Krisenmanagement jedoch unterentwickelt. »Die Europäische Währungsunion«, so lese ich in der »*FAZ*«, »baute bereits bei ihrer Entstehung auf Rechtsbrüchen auf und sie sichert ihre Existenz ebenfalls nur durch Rechtsverstöße.«

Letzte Phrase: Die »Bankenunion«. Sie ist aber nur ein Teil, wenn man so will ein Symptom für die Finanz- und Vertrauenskrise, die das zentrale Problem ist, die Krise Europas nämlich. Oder richtiger: die Krise der Europäischen Union. Die Hauptursache dieser Krise ist der Verfall des Rechtes. Ohne das Vertrauen in die Autorität des Rechtes aber wird ein Staat zur Bananenrepublik, ohne die Sicherheit, dass der Staat »getragen wird von der Idee, dass Regeln eingehalten und Rechtsbrüche geahndet werden« (so der damalige deutsche Bundespräsident Gauck) verliert der Bürger sein Interesse an der Gemeinschaft. Genau dies ist mit der Europäischen Union geschehen. Der Bürger, den der Staat wegen einer Überschreitung der Höchstgeschwindigkeit unbarmherzig verfolgt (was ja in Ordnung ist), sieht sich als Objekt der Willkür, wenn er erlebt, dass derselbe Staat Verträge bricht und dessen Politiker hemmungslos lügen. Eben dies erleben wir jedoch tagtäglich, wenn es um die »Rettung« des Euro geht. Der »*Spiegel*« dazu: »Ob Merkel und Schäuble seit Anfang 2010 in Sachen Euro-Krise wiederholt die Unwahrheit gesagt haben oder ob sie es einfach nicht besser wussten, bleibt dahingestellt. Ebenso die Frage, was aus Sicht der Wählers hier eigentlich das Bedenklichere wäre: Dass Politiker einer Partei, die das ‚C‘ im Namen führt, fortgesetzt lügen (und seien es Notlügen) – oder dass unsere besten Politiker in Sachen Euro so naiv sind, dass sie glaubten, was sie sagten. Die Aussagen der Bundeskanzlerin und ihres Finanzministers in Sachen Euro-Krise sind über die Jahre immer wieder völlig falsch.«

Wenn es noch eines Beweises bedurft hätte, dass die Euro-Rettung auf kriminelle Weise allein den Banken und nicht den Menschen dient – hier ist er erbracht. Zu hören war von diesem Skandal freilich nichts – Justitia hat die Augen verbunden, und keiner der EU-Oberen kommt auf die Idee, kriminelle Vorgänge auch als kriminell zu bezeichnen. Der Begriff Krise wird als Chance bezeichnet, und alle lügen sich in die eigene Tasche. Wie viele Krisen braucht man eigentlich noch, ehe in Europa wieder Vernunft einkehrt? Die Krise der EU hat sich in Wirklichkeit längst zu einer Krise der Demokratie entwickelt, die an den Grundlagen der Akzeptanz des Einzelnen an »seinem« Staat nagt. Wenn Legitimität nur noch ein abstrakter Begriff ist, bei politischen Entscheidungen nicht mehr relevant, Versprechungen der Politiker nur noch die Halbwertzeit von Tagen haben, entsteht eine Distanz zwischen Bürger und Staat, zerfällt das demokratische Prinzip, das Gefühl des Bürgers, Herr seines eigenen politischen Schicksals zu sein.

Inzwischen sind Details bekannt, wie sich im Herbst 2015 die Öffnung der Grenzen abgespielt hat und wie die Asylanten das Land fluten konnten. Zunächst hatte man ja darüber nachgedacht, die Grenzen zu schließen und Polizeieinheiten in den Süden zu verlegen. Doch dann wurde Frau Merkel von einem zweiten Gedanken überwältigt: Welche Fernsehbilder würde die Schließung der Grenze zur Folge haben, wie würde es aussehen, wenn die »Schutzsuchenden« zurückgewiesen würden, wie würde die Medienmafia aufheulen angesichts dieser Bilder? Die Feigheit der Kanzlerin, ihr ständiges Jagen nach positiven Schlagzeilen haben jeglichen Gedanken an Recht und Gesetz überlagert. Wer heute nachliest, was damals unter den Augen der Behörden möglich war, muss Zweifel anmelden, wenn von einem Rechtsstaat die Rede ist.

EU und Ungarn

Es war ein erbärmliches Stück Volksverdummung (die bis heute anhält), die Ungarn wegen der Schließung ihrer Grenzen zu diffamieren. Inzwischen hat man zwar eingesehen, dass die »Balkanroute« ein zentraler Weg der »Flüchtlinge« in Richtung Mitteleuropa war, das Asylchaos also ohne die Ungarn noch dramatischer geworden wäre und das hilflose europäische Establishment noch dümmer ausgesehen hätte, doch Viktor Orban gilt im Mainstream nach wie vor als der Teufel in Person. Dass er es war, der die schlimmsten Exzesse der Asylantenflut zumindest aufgehalten hat, dass er es war, der als erster europäischer Staatsmann auf die Gefahren verwiesen und einen Ausweg aufgezeigt hat, verzeihen die in ihre Blindheit verbohrten Linken dem »rechten« Orban nie. Anfang des Jahres 2017 stellte Orban noch einmal klar, was kluge, weitsichtige Politik für Europa zu bedeuten hätte: »Die Naivität, die Illusionen und das Zeitalter der Laxheit in Europa sind vorbei. Wir müssen mit beiden Füßen auf dem Boden stehen. Grundlage unseres Handeln muss das sein, was wir vorfinden nicht was wir gerne sehen würden. Es gibt einige, die denken, dass jeder, der nach Europa kommt, nach unseren Gesetzen und Bräuchen leben möchte. Die Tatsachen belegen aber genau das Gegenteil. Terrorangriffe, Unruhen, Gewalttaten, Verbrechen, ethnische und kulturelle Zusammenstöße, all das zeigt uns, dass diejenigen, die hierher kommen, nicht so leben wollen, wie wir es tun. Sie wollen ihr Leben nach ihren eigenen Regeln fortsetzen, aber auf dem Level europäischen Lebensstandards jenes Landes, das ihnen von den Bürokraten in Brüssel zugewiesen wurde. Wir wissen, dass auch Migranten Opfer sind. Opfer der Schlepper. Opfer der einladenden europäischen Politiker, die eine schnelle Einbürgerung versprechen.«

Ein Blick zurück im Zorn: Breschnew-Doktrin zweiter Teil? Diesmal durch die Europäische Union? Der grimmige Kampf der rot-grünen Super-Demokraten gegen Ungarn nimmt inzwischen hysterische Ausmaße an: Der ehemalige Kommissionspräsident Barroso hatte wie immer »ernste Bedenken« (wogegen, weiß er so recht nicht) und droht ein Vertragsverletzungsverfahren an, da meint der Außenminister Luxemburgs, Jean Asselborn, dass »Ungarn zum Schandfleck in der EU« werde, da überschlagen sich die Agitprop-Kompanien mit Vorwürfen, Ungarn würde die demokratische Rechte einschränken, da wird von Diktatur gefaselt, da wird unterstellt, Ungarn verabschiede sich vom Rechtsstaat usw. Fakten: keine!

Und an jene Werte, die angeblich die Europäische Union ausmachen, also Nichtdiskriminierung, Toleranz, Gerechtigkeit, Solidarität, denken sie nicht einmal im Ansatz. Ungarn wird an den Pranger gestellt und soll bestraft werden, denn es hat einen Konservativen als Ministerpräsidenten, der es gewagt hat, sich gegen den sozialdemokratischen Geist der EU-Institutionen zu stellen – für die berufsmäßigen Fälscher in den Medien also ein gefundenes Fressen für Desinformationskampagnen.

Gegen Ungarns Regierung werden seit Jahren viele Vorwürfe erhoben, alle laufen im Grunde auf das gleiche hinaus: Die Ungarn haben falsch gewählt, als sie das korrupte Regime der Sozialisten in die Wüste schickten. Beispiel gefällig: Als Orban 2002 abgewählt wurde, lag die Staatsverschuldung bei 52 Prozent, als er 2010 die Regierung wieder übernahm, bei 80 Prozent.

Da ist es wohl auch nur ein Zufall, dass die abgewählten Genossen zu den weitaus Wohlhabensten Ungarn zählen: Das Vermögen des ehemaligen Ministerpräsidenten Ferenc Gyurcsany wird auf runde 15,5 Millionen Euro geschätzt.

Die letzten drei sozialistischen Ministerpräsidenten gelten als die wohlhabensten Menschen in Ungarn. Woher das Geld stammt? Vielleicht ist das ein Grund dafür, dass der Wähler das seltsame Finanzgebaren der Sozialisten satt hatte. Paul Lendvai, ein harter Kritiker Orbans, hat die Lage so beschrieben: »In den Jahren zwischen 2002 und 2010 bot das sozialistisch-liberale Lager ein jämmerliches, ja zuweilen ekelerregendes Bild von Filz, Vetternwirtschaft und politischer Verkommenheit.«

Zielscheibe der Kampagne ist die neue Verfassung, die mit dem Bekenntnis beginnt: »Gott segne die Ungarn«, in der auf die »Rolle des Christentums« verwiesen wird und die im ersten Artikel festlegt: »Der Name unseres Vaterlandes ist Ungarn«. Pfui, wie kann man nur! In einer EU, die zwar von europäischen Werten spricht, aber nicht einmal den Mut findet, sich expressis verbis zum Christentum zu bekennen – die Türken könnten ja böse sein ... Dass Viktor Orban es wagt, den christlich-abendländischen Wertekanon für seine Regierung als Richtschnur zu nutzen, gilt in Brüssel als Verfassungsverstoß.

Bemerkenswert an dieser Kampagne ist, dass sie nur zum Teil innerhalb des Landes geführt wird und dass sich die Kämpfer darauf verlassen dürfen, von außerhalb lautstark unterstützt zu werden.

Übersehen wird dabei, dass die ungarischen Sozialisten ja weniger von der Fidesz geschlagen worden sind, sondern dass Orbans Wahlsieg der politische Selbstmord seiner Gegner vorausging. Wie hasserfüllt in dieser Situation »argumentiert« wird, belegt folgender Fall: Da beklagt der ungarische Schriftsteller Akos Kertesz (nicht verwandt mit Nobelpreisträger Imre Kertesz), dass er wegen der Hetze in seiner Heimat auswandern müsse. Was er vergisst zu erwähnen: er hat sich zu dem Satz verstiegen, »der Ungar ist genetisch zum Untertan geboren«.

Europas Wirklichkeit ist derzeit, dass Rot-Grün bestimmt, was gut und demokratisch oder schlecht und faschistisch ist. Wer es wagt, sich gegen den rot-grünen Grundwerte-Katalog zu stellen, wird als undemokratisch denunziert – für diese Geisteshaltung gibt es einen Namen: Totalitarismus.

Im November 2012 hat der ungarische Ministerpräsident Viktor Orban in einer Rede seine Grundhaltung zur Nation, zur Familie, zum Christentum dargelegt, und wer diese Rede liest, weiß auch, warum ihn Sozialisten, Grüne und Liberale im europäischen Parlament mit fanatischem Hass verfolgen. Wer diese die Kampagne gegen Ungarn verfolgte, wurde in fataler Weise erinnert an das Jahr

2000, als in Österreich ein Konservativer es wagte, den Sozialisten die Futtertröge wegzunehmen:

Rückblick: Sanktionen gegen Österreich
(aus: Epoche 145/3/2000)

»Die große Politik«, das wusste schon Kurt Tucholsky, »wird genau so gemacht, wie sich Klein-Mäxchen das vorstellt.« Wer eine Bestätigung für diesen Satz braucht, muss sich nur die Sanktionspolitik der vierzehn EU-Partnerländer gegen Österreich ansehen. Was da an Heuchelei, Tölpelei und Böswilligkeit zusammenkommt, kann eigentlich nur Stoff für eine Satire sein. Das Fatale dabei: die famosen Verteidiger einer europäischen Moral beschädigen die Idee der europäischen Einigung, sie machen kaputt, was die großen Europäer Adenauer, de Gaulle und De Gasperi einst geschaffen haben, wofür wir – damals jung und voller europäischer Überzeugung – vor 40 Jahren gekämpft haben.

Dabei geht es längst nicht mehr darum, dass sich Österreich, was Demokratie, Menschenrechte, Rassismus usw. angeht, nichts zuschulden kommen lässt, das wissen die Sanktionierer natürlich (jüngst wurde sogar der Minderheitenschutz in die Verfassung aufgenommen, was bisherige Regierungen 45 Jahre lang versäumt bzw. verschlampt hatten). Aber das alles zählt nicht, den Faschismus-Jägern geht es heute nur noch darum, ohne Gesichtsverlust aus der selbstverschuldeten Peinlichkeit herauszukommen. Wie ungezogene kleine Buben, die halsstarrig ihren Fehler als Weisheit verkaufen wollen, verrennen sich die selbsternannten Verteidiger einer europäischen Moral in eine verantwortungslose Rechthaberei.

Gerade Frankreich hätte am wenigsten Grund, mit dem Finger auf Österreich zu weisen. Ein Beispiel, das für viele steht: Anfang Juli veröffentlichte der Europarat ein Papier, das sich mit dem Rassismus in Europa beschäftigte. Österreich kommt in diesem Papier überhaupt nicht vor, über Frankreich aber ist folgendes zu lesen:

»In Frankreich sind Rassismus und Diskriminierung besonders gegenüber den jungen Immigranten heftig. Diskriminierung und Ausgrenzung geben insbesondere im Arbeitsleben, bei der Ausbildung, bei der Wohnungssuche und auf öffentlichen Plätzen Anlass zur Besorgnis. Ebenso sind die Situation der nicht gemeldeten Immigranten, einschließlich in einigen französischen Übersee-Territorien, und das Benehmen der Polizei Grund für Besorgnis.«

Man stelle sich vor, der Europarat hätte dies über Österreich geschrieben – zu recht wäre alle Welt über die Alpenrepublik hergefallen. Aber wenn Frankreich auf diese Weise angeklagt wird ... Oder haben Sie, verehrte Epoche-Leser, über diese Ungeheuerlichkeit auch nur eine einzige Zeile gelesen? Wobei hinzuzufügen ist: der Rassismus in Frankreich, die menschenunwürdige Behandlung Farbiger, die Diskriminierung von Ausländern ist in Frankreich seit jeher an der Tagesordnung.

Und sogar der heutige Präsident, wohlgemerkt einer der Einpeitscher der vierzehn moralbesorgten Europäer, bestritt einst seinen Wahlkampf mit rassistischer Demagogie: »Lärmende, stinkende Wohlstandsschnorrer«, nannte Chirac im Wahlkampf 1991 die Immigranten, »es gebe eine Überdosis an Ausländern« in Frankreich, Ausländerfamilien, »die 50.000 Francs Sozialhilfe bekommen – natürlich ohne zu arbeiten«. Ein Franzose, der mit ansehen müsse, wie nebenan »ein Vater mit vier Frauen und einem Dutzend Kindern mit dem dreifachen Einkommen von der Sozialhilfe« lebe und dann auch noch den »Lärm und Gestank« zu ertragen habe, werde »verrückt«.

Es ist derselbe Herr Chirac, der als Bürgermeister von Paris nicht nur wegen Günstlingswirtschaft und illegaler Parteienfinanzierung umstritten ist, sondern der sich neuerdings auch noch dem Vorwurf des Wahlbetruges ausgesetzt sieht – die Behörden fanden inzwischen schon 4.000 Phantomwähler, Personen also, die sich durch gefälschte Unterlagen eine Stimmberechtigung erschlichen (das funktionierte so gut, dass es sein Nachfolger fröhlich weiter betrieb – oh hoch-moralisches Frankreich!!!).

Dies also ist die moralische Instanz, die den kleineren Europäern glaubt sagen zu dürfen, was politisch korrekt ist. Chiracs rüder Starrsinn wider besseres Wissen wird in Europa nur noch von zwei Staaten geteilt. Die Wiener »Kronen Zeitung« hat das so beschrieben: »An die moralische Rechtmäßigkeit der Sanktionen glauben heute nur noch der belgische Ajatollah (Anm. d. Verf.: gemeint ist Außenminister Michel) und ein paar in- und ausländische Linkspublikationen und auch die deutsche Regierungsdelegation um Schröder, die auf dem EU-Gipfel das zynische Doppelspiel noch immer nicht erkannt hatte und nibelungentreu im offiziellen französischen Fahrwasser wild auf die österreichische Regierung eindrosch und gegenüber Journalisten unflätig beschimpfte. Die deutsche Politik bot auf dem Gipfel ein ebenso jämmerliches Bild wie der deutsche Fußball bei der EM.«

Dabei fällt auf, dass bei der schamlosen Aktion der vierzehn immer wieder das vordergründige »Argument« strapaziert wird, in der EU sei der Unterschied zwischen Außen- und Innenpolitik überwunden. Ausgerechnet von Frankreich! Und ausgerechnet mit der heuchlerischen Begründung von der »Wertegemeinschaft«, die angeblich jeden Verstoß gegen die souveränen Rechte einer untadeligen Demokratie rechtfertigt.

In Wirklichkeit verbirgt sich hinter diesen »Werten« die Ambition der europäischen Linken zu bestimmen, was gut und demokratisch oder schlecht und faschistisch ist. Wer sich gegen den rot-grünen Grundwertekatalog stellt, wird als undemokratisch denunziert und soll aus der Gemeinschaft der Demokraten verbannt werden. George Melloan hat im »Wall Street Journal« die Methode der politisch Korrekten eindrucksvoll beschrieben: »Wenn die Werte des einzelnen unterdrückt werden zugunsten einer Politik der ‚gemeinsamen Werte‘, dann hat dies einen Namen: es wird Totalitarismus genannt«. Tatsache ist, daß wir gerade in Deutschland mehr und mehr die Versuche der Linken beobachten können, mit der Waffe der political correctness demokratische Verfahren auszuhebeln. Österreich als neuerliches Signal!

Auch Kommissionspräsident Prodi weiß inzwischen, dass die Sanktionen gegen Österreich der Sache Europas eher schaden. Es sei dringend und wichtig, so Prodi, dass die Sanktionen zu Ende kommen, er wolle diese Spaltung der EU nicht länger tolerieren. Die Wiener Tageszeitung »Die Presse« dazu: »Welch heldnischer Mut! Tief beeindruckt vernehmen die Österreicher diese Töne. Die Dankbarkeit sollte sich aber in Grenzen halten: Als es Österreich wirklich schlecht ging, als die Wiener Regierung und die Mehrheit der Bevölkerung wie in einem Albtraum rundum mit unglaublichen Vorwürfen und Hass-Aktionen überschüttet worden sind, da hat sich die Kommission ganz anders verhalten …So braucht sich die Kommission nicht zu wundern, wenn man heute in Paris und Berlin von einem Zweierdirektorium träumt, in dem für die Kommission kein Platz ist.«

Nun also wollen die 14 den Rückwärtsgang einlegen, wollen loswerden – was selbst die einer konservativen Haltung unverdächtige »Zeit«-Herausgeberin Gräfin Dönhoff als »rechtswidrig, konzeptlos und töricht« beschrieben hat. In der Tat hatte sich das Ganze ja als kontraproduktiv herausgestellt, hatte schließlich dazu geführt, dass nicht Österreich Sympathien verlor, sondern dass die Hardliner sich mehr und mehr der Lächerlichkeit anheim gaben. Aber nicht nur das. Die europäische Breschnew-Doktrin gegen Österreich hat bei den potentiellen Mitgliedsländern, von denen die meisten früher unter der wahren Breschnew- Doktrin zu leiden gehabt hatten, zu heftigem Nachdenken geführt. So überlegen nun Polen, Ungarn und Slowenien, ob sie sich tatsächlich so ohne weiteres dem Diktat der selbsternannten Moralwächter in Paris und Berlin unterwerfen sollen. Wie gesagt, diese famosen Staatsmänner haben nicht nur der konservativen Regierung in Österreich geschadet – das am allerwenigsten –, sondern auch eine Infektion ausgelöst, die den europäischen Körper insgesamt schwächt.

Mit der Beobachtung durch die sogenannten drei »Weisen« könnte freilich auch etwas einhergehen, was gerade Frankreich, Deutschland, Belgien usw. gar nicht freuen dürfte. Es könnten nämlich Vergleiche angestellt werden, man könne vielleicht anhand des Berichtes der Weisen einmal vergleichen, wie Ausländer in Österreich und in Frankreich behandelt werden (siehe oben: Europarat), man könnte vergleichen, wie Österreich mit Zigeunern umgeht und wie Belgien. Und man könnte vergleichen, wieviele Asylanten in Deutschland und wie viele in Österreich durch Rechtsradikale zu Tode geprügelt worden sind. Und in allen Fällen würden die betreffenden Staaten gar nicht gut aussehen. »Wer wie wir Deutschen im Glashaus sitzt«, schreibt der Vorsitzende der Liberalen Türkisch-Deutschen Vereinigung, Mehmet Daimagüler, »sollte nicht mit Steinen werfen.« Er beschreibt, wie er in Ostdeutschland bedroht, beschimpft, beleidigt, mit Flaschen und Steinen beworfen worden ist, und meint, er wolle seinen Urlaub doch lieber in der Steiermark oder in Kärnten machen: »In Österreich gibt es zwar eine Bundesregierung, die mir nicht gefällt. Aber es trachtet mir dort niemand nach dem Leben.«

Was die drei »Weisen« nach Beobachtung und Untersuchung über Österreich berichten werden, müsste also von vornherein völlig klar sein. Aber, so die *»Neue Zürcher Zeitung«* vor einigen Tagen: »Ganz ohne Weihrauch werden auch diese drei ‚Weisen‘ nicht auskommen. Natürlich müsste im Interesse der europäischen Sache irgendwie vernebelt werden, dass die Vierzehn eine eklatante Fehlentscheidung getroffen haben.« Völlig vernebelt wird jedoch der letzte Punkt der Untersuchung: das Wesen der FPÖ zu ergründen. Wie und nach welchen Maßstäben, so fragt sich der ratlose Beobachter, soll nun das Wesen einer Partei beurteilt werden?

Ganz nebenbei, um noch einmal zu Vergleichen zurückzukommen: Hat sich in Europa je einer Gedanken darüber gemacht, welch Wesen die SED-Fortsetzungspartei PDS auszeichnet? Hat je einer gefragt, welch eine Partei die orthodox-kommunistische KPF ist, die ja bekanntlich Teil der französischen Regierung ist? Und welch ein Wesen zeichnet die italienischen Kommunisten aus, deren Vorsitzender – als er noch italienischer Regierungschef war – sich mit aller Verve für Sanktionen gegen Österreich eingesetzt hat, ausgerechnet jener D'Alema, der nie ein Sterbenswörtchen gegen die sowjetischen Schreibtischmörder verloren hat, ganz einfach deshalb, weil seine Partei von ihnen alimentiert worden ist?

Die *Neue Zürcher Zeitung* kommt deshalb zu einem bedenkenswerten Fazit: »Die in Österreich und anderswo aufgebrochenen Ressentiments werden eine Weile in den Köpfen haften bleiben. Man sollte es nicht zulassen, dass sie sich zu ‚anti-europäischen Werten' verfestigen. Abgesehen von den französischen und belgischen Scharfmachern haben auch die britische und vor allem die deutsche Regierung, die sonst recht vollmundig zu agieren belieben, keine gute Figur gemacht. Sie zogen sich kleinlaut in ihr Schneckenhaus zurück, als ihnen das Thema zu heiß wurde. Von ‚leadership' nicht die geringste Spur. Auch europäische Solidarität, die immer wieder beschworene und erstrebenswerte, stellt man sich doch etwas anders vor.

Brüsseler Apparatschiks und Demokratie

Es ist geradezu rührend, wie die Europa-Romantiker die Probleme der »Gemeinschaft« in hohle Phrasen kleiden und als Hoffnung verkaufen: Ja, derzeit gibt es zwar eine Krise (eine nach der anderen, aber das sagen sie natürlich nicht), aber künftig wird alles besser. Darauf warten wir inzwischen schon seit Jahren, die Realität ist, dass es nicht besser, sondern schlechter wird. Hinzu kommt, und dies zeigt die Erfahrung: Viele dieser Phrasen sind nicht einfach nur auf Hoffnung gegründete Zukunftserwartungen, es sind schlicht und einfach Lügen, ganz bewusst und gezielt auf Verdummung des Bürgers gerichtete Lügen. Es geht dem EU-Zentralkomitee um die Allmacht der Zentrale. Wir sehen eine kafkaeske Bürokratie, die Schritt für Schritt die soziale Marktwirtschaft und letztendlich auch die Demokratie zerstört.

Immer öfter zeigt sich, dass die EU für die Brüsseler Eurokraten nur vorstellbar ist als allumfassender Superstaat, dessen Führung sich das Politkomitee untereinander zuschustert – von demokratischen Strukturen, demokratischen Wahlen, demokratischen Entscheidungsmustern ist keine Rede mehr. Die Mächtigen wollen, wie sonst nur in Diktaturen üblich, vom Bürger bitteschön nicht gestört werden. Der frühere Kommissionspräsident Barroso gab sich nicht einmal mehr Mühe, das Ziel zu verschleiern: »Die gegenwärtige Krise hat die Grenzen des individuellen Handels von Nationalstaaten aufgezeigt.« Was im Klartext heißt: Die gewählten Parlamente der Mitgliedsstaaten sollen entmachtet werden, die EU-Institutionen sollen im Stile eines Zentralkomitees unseligen Angedenkens in diktatorischer Weise regieren können.

Barroso hatte freilich nur ausgeplaudert, was in Brüssel offenbar als gemachte Sache galt, wie auch der damalige EU-Ratspräsident Herman Achille van Rompuy ungeniert bestätigt: »Die nationalen Parlamente handeln nicht im Interesse der EU und sollten daher in ihrer Bedeutung deutlich zurückgedrängt werden.« Man erinnert sich an den »Lissabon Vertrag«, der angeblich, so wird immer wieder betont, eine Stärkung der nationalen Parlamente und damit der Demokratie zum Ziel hatte. Was man dagegen von den Spitzen der EU hört, ist genau das Gegenteil: Der Versuch einer autoritären Machtübernahme durch eine nicht demokratisch legitimierte Zentralregierung. Die EU, so meinte der Chefredakteur der »*Weltwoche*«, Roger Köppel, sei »eine Kriegserklärung an den gesunden Menschenverstand«. Nur wenige Journalisten haben den Mut, sich auf diese Weise gegen das Diktat der EU-Oberen, gegen den Zeitgeist, gegen die Macht der »gleichgeschalteten Medien« zu äußern.

»*FAZ*«-Leser Arnold Kawlath hat dieses Prinzip auf eine einleuchtende Weise beschrieben: »Wieder einmal könnte es dazu kommen, dass wir in Deutschland unsere Freiheit für ein vermeintlich höheres Gut – eine europäische Sozialunion – aufgeben. Statt den Wettbewerb zwischen Individuen und Staaten zu fördern, würde in der Sozialunion wieder einmal gleichgeschaltet, eingeebnet und verwaltet. Hatten wir nicht schon wiederholt in Deutschland unter zuviel Betreuung gelitten? ... Jeder Finanzausgleich, jede Transferunion, ja, jede gewollte Vereinheitlichung ist kontraproduktiv, weil sie die segensreichen Funktionen des Wettbewerbs ausschaltet. Wird der Wettbewerb ausgeschaltet, ist es nicht mehr weit dahin, auch die Freiheit zu verlieren. Kein Ziel kann aber so wichtig sein, dass es rechtfertigt, Freiheit und Wettbewerb auszuschalten. Lassen wir uns bitte nicht wieder einmal unsere Hirne vernebeln. Noch wissen wir, wozu Europa degenerieren kann, lassen wir es nicht zu!«

Solche Warnungen scheinen freilich ungehört in Berlin zu verhallen. Gegen Ende des Jahres 2012 gefiel sich die deutsche Kanzlerin in Brüssel mit einem neuerlichen Vorstoß, noch mehr Kompetenzen an den EU-Moloch abzugeben: »Die europäischen Institutionen müssen«, so sagte sie, »gestärkt werden, um Fehlverhalten und Regelverstöße wirksam korrigieren zu können.« Dort, wo die Nationalstaaten den Vorgaben dieser großen drei (Ministerrat, Europäischer Rat und Kommission) nicht entsprechen, will sie

»der europäischen Ebene echte Durchgriffsrechte gegenüber den nationalen Haushalten gewähren, sofern die vereinbarten Grenzwerte des Stabilitäts- und Wachstumspaktes nicht eingehalten werden«. Das klingt nicht nach partnerschaftlicher Zusammenarbeit, schon gar nicht nach Demokratie. Die Kanzlerin und die Brüsseler Apparatschiks reden zwar immer vom Diskutieren, belegen dann aber regelmäßig ihre Ideen mit dem Attribut »alternativlos«, das heißt, transparent demokratisch ist an dieser Art von Politik nichts, der Bürger wird exekutiv-technokratisch nur noch als Stimmvieh missbraucht. Um es auf einen Punkt zu bringen: Die »Durchgriffsrechte« und alle anderen Methoden, mit denen versucht wird, die europäischen Krisen in den Griff zu bekommen, brauchte es gar nicht, gäbe es den EU-Irrsinn nicht. »Fehlverhalten« und »Regelverstöße« sind die logische Konsequenz in einer Krise, die sich selbst generiert.

Aber um Demokratie und Mitverantwortung der nationalen Parlamente soll es ja wohl auch gar nicht gehen. Dies zumindest geht aus einem Aufsatz hervor, den der ehemalige Pressesprecher von Frau Merkel, derzeit Intendant des Bayerischen Rundfunks, in der »*FAZ*« veröffentlicht hat. Der europahörige Ulrich Wilhelm meint in einer Art Prämisse: »Europa ist auf die Idee von Rechtsstaat und Demokratie gegründet. Der Rechtsstaat europäischer Prägung, der für jedes hoheitliche Handeln eine rechtliche Grundlage fordert, ist wahrscheinlich die größte zivilisatorische Leistung der Menschheit ... Europa gibt sein wichtigstes Erbe auf, wenn die Rettung des Euro auf einem systematischen Rechtsbruch gründet.« So weit, so richtig! Leider sieht Wilhelm nicht, dass eben dies permanent auch durch seine ehemalige Chefin geschieht, angefangen von den Verstößen gegen Maastricht bis hin zum angeblich verbotenen »No Bail out«.

Wilhelm folgert dann weiter, dass ein Auseinanderbrechen der Eurozone schwerwiegende Verwerfungen hervorrufen würde und ein enormes Potential von Enttäuschung und Aggression bei Millionen von Bürgern in der gesamten EU zur Folge hätte. Wer einigermaßen illusionslos die Demonstrationen in Griechenland, Italien und Spanien verfolgt, sieht eben genau dies – und zwar als Konsequenz verfehlter EU-Politik. Der entscheidende Satz findet sich am Ende des Aufsatzes (und man kann davon ausgehen, dass Wilhelm hier die Stimme seiner ehemaligen Vorgesetzten ist): »Eine politische Union fordert zwingend die Abgabe von Souveränität an die europäischen Institutionen.« Das ist es, was Frau Merkel als »alternativlos« bezeichnet – und es ist der fatale Weg, den sie seit Jahren verfolgt und der erkennbar in den Abgrund führt. Ganz nebenbei: Wenn Wilhelm meint, »ohne die Einbettung in die EU wäre die deutsche Einheit nicht gelungen«, ist zu fragen, ob er verschlafen hat, wie Frankreich und England alle Hebel in Bewegung gesetzt haben, um die deutsche Einheit zu verhindern – aber wenn es um Europa geht, ist den EU-Freunden keine Geschichtsklitterung zu verlogen.

Propaganda contra Wirklichkeit

Nur hin und wieder erlebt man, dass die Europa-Fanatiker einmal die Wahrheit sagen. Aber es kommt vor. Der kalte Putsch, so hat uns der damalige Eurogruppen-Chef Jean-Claude Juncker erklärt, läuft folgendermaßen ab: »Wir beschließen etwas, stellen es dann in den Raum und warten einige Zeit ab, ob was passiert. Wenn es dann kein großes Geschrei gibt und keine Aufstände, weil sie meist gar nicht begreifen, was da beschlossen wurde, dann machen wir weiter – Schritt für Schritt, bis es kein Zurück mehr gibt.« »Sie«, damit ist der Bürger gemeint. Junckers Satz ist schamlos, ist zynisch, ist antidemokratisch. Man kann angesichts solcher Aussagen nur sagen: Ein »mehr Europa« ist nicht der Ausweg, sondern das Problem, ist der gerade Weg in einen totalitären Führerstaat. Zur Ergänzung hier noch ein weiterer Hinweis auf das Lügengebäude, in dem der Bürger Europas gefangen gehalten wird: Da wird am Höhepunkt der Zypernkrise erzählt, das Land müsse – mit zehn Milliarden Euro – unbedingt gerettet werden, weil von der kleinen geteilten Insel ein Systemrisiko für den gesamten Euro-Raum ausgehe. Wohlgemerkt, Zypern hat eine kleinere Wirtschaftskraft als das kleine Saarland in Deutschland. Und wer ein wenig logisch zu denken in der Lage ist, muss sich fragen: Was für ein Gewicht soll die Eurozone im Systemwettbewerb mit China, Indien, den USA oder Brasilien haben, wenn schon ein Winzling wie Zypern die ganze Eurozone ins Wanken bringen kann? Diejenigen Schlaumeier, die uns sagen, dass die europäische Kleinstaaterei heute nicht mehr zeitgemäß und wirtschaftlich nicht überlebensfähig ist, sehen in Zypern dann das Ende der EU bzw. des Euro nahen. Seltsame Logik!

Was bei Juncker wie ein flapsiger Sager bei einem Small-talk klingt, ist leider bittere Wirklichkeit. Die führenden Kräfte in Europa vermeiden unter allen Umständen, irgendein konkretes Ziel ihrer Aktivitäten zu nennen, sie nehmen aber das Ziel, die

»Vereinigen Staaten von Europa« (VSE) ins Auge, sie entscheiden immer öfter in einer Weise, die dazu geeignet ist, eine Umkehr unmöglich zu machen. Wohl wissend freilich, dass die VSE nur durch die Abschaffung der Nationen möglich sind, und dies wiederum nur über Plebiszite erreicht werden könnte. Einer Zustimmung dieser Art aber würde das Volk (würden die Völker) trotz der seit Jahren betriebenen Gehirnwäsche der Medien eine klare Absage erteilen – also wird über verschwommene Ziele geschwafelt, wird das Volk schlicht und einfach belogen. Jean-Claude Juncker hat dies auch ganz ungeniert zugegeben: »Wenn es ernst wird, muss man lügen.« Wie wohltuend dagegen Charles de Gaulle, der keine politische Union wollte: »Welche Kurzsichtigkeit verrät der oft von naiven Gemütern vorgebrachte Vergleich dessen, was Europa tun sollte, mit dem, was die Vereinigten Staaten getan haben, die doch von Wellen um Wellen entwurzelter Siedler, ausgehend vom Nichts, auf ‚jungfräulichem Boden‘ geschaffen wurden?«

Nur als Anmerkung: Seit der Zeit der Siedler haben sich die USA grundlegend geändert. Der französische Politiker und Historiker Alexis de Tocqueville hat 1841 in einem grandiosen Werk »Über die Demokratie in Amerika« das für einen Demokraten erschreckende Problem der gelenkten Gesellschaft beschrieben, das sich für den heutigen Menschen in exakt der gleichen Weise stellt: »In Amerika zieht die Mehrheit einen drohenden Kreis um das Denken. Innerhalb dieser Grenzen ist der Schriftsteller frei, aber wehe, wenn er sie zu überschreiten wagt! Der Machthaber sagt hier nicht mehr: ‚Du denkst wie ich, oder du stirbst‘, er sagt: ‚Du hast die Freiheit, nicht zu denken wie ich; Leben, Vermögen und alles bleibt dir erhalten; aber von dem Tag an bist du ein Fremder unter uns. Du wirst dein Bürgerrecht behalten, aber es wird dir nicht mehr nützen; denn wenn du von deinen Mitbürgern gewählt werden willst, werden sie dir ihre Stimme verweigern, ja, wenn du nur ihre Achtung begehrst, werden sie so tun, als versagten sie sie dir. Du wirst weiter bei den Menschen wohnen, aber deine Rechte auf menschlichen Umgang verlieren. Wenn du dich einem unter deinesgleichen nähern wirst, so wird er dich fliehen wie einen Aussätzigen; und selbst wer an deine Unschuld glaubt, wird dich verlassen, sonst meidet man auch ihn. Gehe hin in Frieden, ich lasse dir das Leben, aber es ist schlimmer als der Tod.'«

Welch eine Parallele in unsere Zeit! Zum Beispiel, einer wagt im Freundeskreis (in dem bisher durchaus kontrovers diskutiert wurde) zu verkünden, er werde AfD wählen. Schweigen. Nach einer Weile wird das Thema gewechselt. Ob er dann zum nächsten Treffen der Freunde noch eingeladen wird, steht dahin. Wahrscheinlich aber wusste er sowieso, wie das System läuft und hat seine Wahlabsicht klugerweise verschwiegen. Und Ausgrenzung ist ja noch harmlos, inzwischen ist es üblich (so Anfang des Jahres 2017 geschehen), dass die Angestellten eines Hotels mit dem Tode bedroht werden, sollte der Parteikonvent der AfD tatsächlich wie vorgesehen ablaufen. Natürlich waschen sich die Politiker ihre Hände in Unschuld, nein, sie haben nicht gedroht! Gedroht haben »nur« jene nützlichen Idioten, die sich des geheimen Lobes jener Politiker sicher sein dürfen. Fazit: In Deutschland herrschen längst jene Zustände, wie sie Tocqueville für Amerika beschrieben hat, die uns schaudern machen und die ertragen zu müssen wir eigentlich nie für möglich gehalten hätten.

Europa – aufgebaut auf Lügen. Der ehemalige Verfassungsrichter Dieter Grimm würde dies natürlich so direkt nie sagen, seine Kritik an der deutschen Politik ist dennoch deutlich: »Die Aussichten auf Änderung sind gering, weil die Vermeidung der Finalitätsdiskussion eine Erfolgsbedingung für die Fortschritte der Integration war. Wären die Folgewirkungen anstehender Entscheidungen im Licht der Zielfrage offen diskutiert worden, hätte der demokratische Prozess in den Mitgliedstaaten womöglich zu ihrer Ablehnung geführt. Die Integration wäre hinter dem inzwischen erreichten Stand zurückgeblieben. Wer allerdings glaubte, der mit Prinzipienscheu erkaufte Fortschritt sei kostenlos zu haben, verfiele einem Irrtum. Die EU zahlt den Preis in Form ihres Legitimationsdefizits. Dem

Integrationsfortschritt fehlt der gesellschaftliche Rückhalt.« Festzuhalten bleibt: In der europäischen Finanz- und Vertrauenskrise erlebt der Bürger, wie ein Versprechen nach dem anderen gebrochen
wird, wie er von der europäischen »Elite« belogen und betrogen,
wie er nur noch als Stimmvieh missbraucht wird. Auch Christine
Lagarde, damals französische Finanzministerin, fand im Jahre 2011
nichts dabei, ebenso freimütig und wie schamlos einzugestehen:
»Wir brechen Recht, um den Euro zu retten.«

Aufgebaut auf Lügen

Noch einmal: Europa – aufgebaut auf Lügen. Und darauf, dass man die demokratische Willensbildung der Völker abschafft, weil die Parlamente der Teilnehmerstaaten unfähig sind, die großen Leistungen des EU-Politbüros zu würdigen. Über ein Interview mit dem Chef der Eurogruppe (wo er obige Zitate bestätigte), schrieb Prof. Joachim Starbatty: »Wenn man dieses Interview analysiert, dann kann einem nur Angst und Bange werden, dass solchen Politikern das Schicksal Europas und auch die finanzielle Existenz seiner Bürger anvertraut sind.« Kein Wunder, wenn ein Buchautor analysiert: »Die Günstlinge des alten Systems wehren sich verbissen gegen den Machtverlust. Anstatt jedoch neue politische Strömungen für sich zu nutzen, schüren sie eine Anti-Haltung gegen alle, die eine positive Veränderung fordern. Man ist nicht mehr ,für' die einen, sondern nur noch ,gegen' die anderen. Diese ,negative Parteilichkeit' nimmt in Europa wie in den USA immer extremere Formen an, da die etablierten Politiker einen immer tieferen Keil in die Bevölkerung treiben, um deren wachsenden Widerstand zu zerschlagen. Doch der wächst weiter und die Wahrheit kommt immer öfter ans Licht.«

Die finanzielle Existenz seiner Bürger zu sichern – das wäre die zentrale Verantwortung für eine Regierung. Aber eben dies wird von den EUphorikern nicht oder nur in zweiter Linie wahrgenommen, wenn es darum geht, das EU-Monster zu retten. Da spielt dann auch keine Rolle mehr, wie groß die Mentalitätsunterschiede zwischen den Völkern sind. Beispiel Spanien: Da ist es für Politiker halt üblich, den Staat als Selbstbedienungsladen zu benutzen, selbst eine allgemeine Arbeitslosigkeit von rund 25 Prozent und eine Jugendarbeitslosigkeit von rund 60 Prozent haben daran kaum etwas geändert. Ob Parteien, Gewerkschaften, Unternehmerverbände, ja, sogar das Königshaus, jeder hält sich schadlos, ob die konservative »Partido Popular« oder die sozialistische »Partido Socialista Obrero Español« (PSOE) und ihre Funktionäre, sie alle halten die Hand auf und fühlen sich völlig im Recht, wenn wieder einmal ein Korruptionsskandal auffliegt und heraus kommt, dass Millionen in private Kassen umgeleitet worden sind (die Schattenwirtschaft, so meinen Experten, beträgt etwa 20 Prozent des BIP). Und ebenso selbstverständlich ist es für die politische Führung, dass die EU – das heißt, im wesentlichen Deutschland – für den bankrotten Staat und seine Banken zahlen soll.

Lügen haben kurze Beine – ginge es nach diesem Sprichwort, würde so ziemlich die gesamte EU-Führung auf den Oberschenkeln daherwatscheln. Immer wieder hören wir, wie harmlos doch die Schuldenkrise im jeweiligen Lande ist, und dass man selbstverständlich ohne Hilfe von außen zurecht komme – und wenige Tage später hören wir von denselben Politikern, dass alles eigentlich noch viel schlimmer ist, dass ohne Hilfe die Pleite drohe.

The same procedure as everywhere, um eine gängige Floskel zu variieren. Für wie dumm halten die Politiker das Volk eigentlich? Nun sollen die spanischen Banken (nein, nein, nicht der Staat, der Weisungen aus dem Ausland fürchtet) mit Euro-Milliarden über Wasser gehalten werden, eine Weile wenigstens, bis die nächste Pleite droht. Denn was da geplant ist, wird folgendermaßen ablaufen: Die Banken werden ihren bisherigen Kreditnehmern weitere Darlehen bewilligen, Gelder, die dann nur der Begleichung aufgelaufener Zins- und Tilgungszahlungen dienen. Die Banken vermeiden damit, diese eigentlich faulen Kredite abschreiben zu müssen, was sie – da ihnen die bilanziellen Mittel fehlen – in den Ruin treiben würde. Dass auf diese Weise ein ökonomischer Ausweg gefunden würde, zum Beispiel mit Krediten für die mittelständische Wirtschaft, ist natürlich eine Illusion. Die Vorstellung, man könne der Schuldenkrise durch weitere Schulden Herr werden, ist natürlich erkennbar eine Lüge. »Die Wahrheit siegt durch sich selbst, die Lüge braucht stets einen Komplizen«, heißt es bei Epiktet. Die Europäische Währungsunion baute von Anfang an auf Rechtsbrüche und sichert ihre Existenz seither ununterbrochen durch Lügen, weil sie nicht das Produkt ökonomischer Notwendigkeiten ist, sondern das künstlich geschaffene Gebilde aus Wunschvorstellungen und politischer Ideologie.

Die am dringendsten geforderte Bekämpfung der Arbeitslosigkeit ist mit den Taschenspielertricks der spanischen Führung, aber auch der EU-Oberen, erkennbar nicht zu machen, statt dessen schwadroniert man von Wachstum, das mit noch mehr Schulden herbeigeredet werden soll. Wie in Griechenland haben sich die Sozialisten durch ausufernde Bürokratie (verbunden mit Korruption) und hemmungslosen Personalausbau ihre Macht über Jahre »erkauft«. Allein die vier schon verstaatlichten Banken – Bankia, Catalunya Caixa, Novacaixagalicia und Banco de Valencia – haben zusammen einen unmittelbaren Kapitalbedarf von 28 Milliarden Euro.

Hollande und Konsorten empfahlen in dieser Situation die Vergemeinschaftung der Schulden durch ESM, Eurobonds und eine Bankenunion – das heißt, die endgültige Entkoppelung von politischer Verantwortung und finanzieller Haftung. Im Klartext: Die Steuerzahler in Deutschland sollen für Gelder haften, über die sie keine Kontrolle haben. Wie lange sie sich das gefallen lassen werden, steht dahin. Nur damit die Fakten klar sind: Seit Beginn der Währungsunion sind die Löhne in Frankreich doppelt so stark gestiegen wie in Deutschland (in Italien blieb die Produktivität fast stehen). Wenn jedoch Lohnkosten zu hoch und Produktivität zu niedrig ist, dann wird Arbeitslosigkeit die unabwendbare Folge sein (siehe Spanien usw.). Solange jedoch die »Retter« weiter retten, driftet zunächst der Süden, später dann aber auch der Norden auf den Abgrund zu.

Wenig überraschend gibt es deshalb eine allgemeine Unzufriedenheit mit der »politischen Klasse«, die sich in Politikverdrossenheit äußert, in Wirklichkeit aber wohl eher eine Politikerverdrossenheit ist. Die Menschen halten Politiker für volksfremd, die die Wünsche des Bürgers nicht zur Kenntnis nehmen, die nur die eigenen Interessen im Sinn haben, die zum großen Teil verantwortungslos agieren. Im Politologendeutsch: Die Krise in Europa droht das sozialpsychologische Fundament der Demokratie zu beschädigen. Das Erstaunliche dabei, wiewohl eigentlich nicht überraschend, ist die totale Unfähigkeit der handelnden Politiker – ob vorgeschoben oder nicht –, sich der Verantwortung zu stellen.

Die griechische Tragödie

Man sollte sich im Sommer 2017 daran erinnern: Vor zwei Jahren schworen Politiker aller Parteien Stein und Bein, das damals in Rede stehende Hilfspaket von 86 Milliarden Euro sei das letzte, dann sei endgültig Schluss. Und nun, im Frühsommer 2017, also nur zwei Jahre später, ist man erneut zu einem Hilfspaket bereit, selbst wenn der IWF sich daran nicht beteiligt – soviel zur Glaubwürdigkeit von Politikern. Um das Ganze auf den Punkt zu bringen: Die Rentnerin in Deutschland soll von ihrer sowieso schon schmalen Rente die goldenen Wasserhähne der griechischen Reeder bezahlen! In Griechenland ist die Arbeitsproduktivität seit Ausbruch der Finanzkrise weiter gefallen, was im realen Wirtschaftsleben heißt: Das Land ist nicht wettbewerbsfähig. Wie eine Rangliste des World Economic Forum zur Wettbewerbsfähigkeit zeigt, rangiert Griechenland noch hinter Bulgarien und Albanien und Lettland, international sind Firmen in Botswana, in Namibia oder im Iran mittlerweile wettbewerbsfähiger als die griechischen. Aber Frau Merkel beharrt darauf: Griechenland muss gerettet werden!!!

Wie irrational das ganze Rettungstheater ablief (und läuft), dafür bietet Griechenland das beste Anschauungsmaterial. Seit 2009 bekannt wurde, dass das Land eine reale Staatsverschuldung aufweist, die es niemals wird ausgleichen können, haben EU und IWF immer absurdere Vorstellungen entwickelt, Griechenland allen Warnungen zum trotz im Euro zu halten – koste es, was es wolle. Es kostet vor allem den griechischen »kleinen Mann« und den deutschen Bürger. Man kann sicher darüber streiten, ob Griechenland trotz seiner Randlage zur EU gehört – das Land von Homer, Perikles und Sokrates hat mit dem heutigen Griechenland jedenfalls nichts mehr zu tun. Die wirtschaftlichen und juristisch-institutionellen Voraussetzungen waren auch im Jahre 1981 nicht gegeben, als das Land in die EWG aufgenommen wurde. 400 Jahre türkischer Besatzung hatten eine Mentalität hinterlassen, die mit den oft beschworenen »Werten« Europas wenig zu tun hat. So ist auch erklärbar, dass nach dem Zweiten Weltkrieg und mit Ausnahme der Zeit der Militärdiktatur nur zwei Familien sich diesen Staat wie ein Privatvermögen untereinander aufteilen konnten.

Heute weiß man, dass selbst im Jahre 1981 die Zustimmung der Bürger zu einem EWG-Beitritt nur bei 40 Prozent lag. Das aber sollte sich rasch ändern, als die Europa-Ideologen anfingen, Gelder in die Randregion zu pumpen – den Griechen wurde der Beitritt über Korruption schmackhaft gemacht. Von einem Geldsegen zu sprechen verbietet sich freilich: Die Gelder wurden verprasst, es wurde nur wenig investiert, die europäische Multis regieren die nationale Wirtschaft, es entstand ein Bauboom, der rasch zur Immobilienblase wuchs, Löhne wuchsen ins Gigantische, ein ebenso korrupter wie ineffizienter Staatsapparat sah dem Treiben regungslos zu. Die beiden Parteien PASOK und Nea Dimokratia bedienten jeweils, kaum an die Macht gekommen, ihre Klientel, das Heer der Staatsbeamten wuchs auf über eine Million. Diese »Beamtenelite« beutete den Staat schamlos aus, zahlte kaum oder gar nicht Steuern, Korruption galt allenfalls als Kavaliersdelikt.

Soweit, so schlecht. Angesichts der internationalen Finanzkrise wachte die EU plötzlich auf, erkannte das Chaos in Griechenland, meinte, das Land »retten« zu müssen. Mit der berüchtigten »Troika«, gebildet aus Vertretern der Europäischen Union, des Internationalen Währungsfonds und der Europäischen Zentralbank, wurde nun die Katastrophe komplettiert. Das Ergebnis: Arbeitslosigkeit 25 Prozent, Jugendarbeitslosigkeit bis 60 Prozent, Absturz des Nationaleinkommens um rund 25 Prozent. Die Sparprogramme haben die Wirtschaft Griechenlands nicht auf den Wachstumspfad gebracht, sondern massiv gedrosselt. Ein Drittel der Einwohner Griechenlands gelten als arm. Besonders gravierend sind die Einschnitte im Gesundheitswesen: Griechenland hat sein Budget für Krankenhäuser um 40 Prozent gekürzt. Die Selbstmorde haben in den ersten fünf Monaten 2011 um 40 Prozent zugenommen im Vergleich zum Vorjahreszeitraum. Wie sollen die Griechen da auf einen grünen Zweig kommen. Kein Zweifel: Griechenland muss seine Wirtschaft umstrukturieren und seine Schulden abbauen. Aber eine umfassende und nachhaltige wirtschaftliche Erholung besteht nicht nur aus Bilanzen und finanzpolitischen Zielen. Die Situation in Griechenland kann sich zu einer ausgemachten humanitären und gesellschaftlichen Katastrophe entwickeln mit einer Radikalisierung und offenen Gewaltausbrüchen. Von den Milliarden, die da (angeblich) zur Rettung nach Griechenland geflossen sind, haben die Griechen kaum einen Cent gesehen – gerettet wurden die Banken, zumeist im westlichen Besitz, die sich an der griechischen Misere schamlos bereicherten. Das ist eigentlich der Kern der »griechischen Tragödie«.

Doch da ist auch eine Komödie in diesem Trauerspiel: Da gibt die »*FAZ*« dem ehemaligen Ministerpräsidenten Griechenlands, Kostas Simitis von der sozialistischen »PASOK« die Möglichkeit, auf einer ganzen Zeitungsseite die Pleite der Hellenen zu begründen. Und der verblüffte Leser findet auf der ganzen Seite nicht einen Satz, der wenigstens in einem Ansatz das Eingeständnis eigener Fehler ausdrückt. Der Mann, der die griechisch-europäische Misere maßgeblich mitverschuldet hat, schwafelt von Fehlern der Europäer, der Banken, der Fehlkonstruktion der Währungsunion – Fehler der Griechen gibt es offenbar nicht (nur nebenbei: seine Dissertation trägt den Titel »Gute Sitten und ordre publique«). Der bis ins Jahr 2004 regierende Regierungschef würde in einem Rechtsstaat belangt werden wegen Untreue, Bilanzfälschung und Insolvenzverschleppung – in Griechenland aber herrschen andere »gute Sitten«. (Nebenbei: sein Bruder Spiros Simitis war langjähriger Datenschutzbeauftragter des Landes Hessen, hatte damit einen engen Kontakt zum vormaligen Ministerpräsidenten Eichel, der dann als Bundesfinanzminister gegen alle Ratschläge und Fakten den Griechen den Beitritt zum Euro ermöglicht hat – alles nur Zufälle!).

Um es klar festzuhalten: Simitis hat Griechenland den Zutritt zur Währungsunion mit Hilfe von Finanzminister Hans Eichel durch massiv gefälschte Zahlen erschlichen. Hans-Jürgen Weber hat in der »*FAZ*« die Zusammenhänge genannt: »Eine ‚Flucht nach vorn‘ tritt Konstantinos Simitis an, um seiner Verantwortung für verbrecherisches Treiben als griechischer Ministerpräsident zu entgehen. Nebelkerzen befinden sich in allen Argumentationsansätzen. Warum war Simitis jeder Betrug recht, um in die Eurozone zu gelangen? Die Antwort ist einfach: Im Euroraum ließ es sich in größerem Masse verdeckt betrügen. Alles, was Simitis über Pläne, Aufsicht und Zentralisierung lamentiert, vertuscht das Versagen seines Staates, der nicht nur den Beitritt mit Betrug erreichte, sondern fortgesetzt intensiv weiter betrog und auch in Zukunft betrügen wird. Simitis äußert sich vorwurfsvoll zur ‚Solidarität gewisser Länder in der Union‘. Kein Wort über die 60 Milliarden, die ‚gewisse Länder der Union‘ in den letzten zehn Jahren solidarisch für Griechenland aufgebracht haben, kein Wort darüber, in wessen Taschen die Milliarden in Griechenland geflossen sind. Simitis‘ Regierung hat zur Erlangung von Subventionen landwirtschaftlich genutzte Flächen nach Brüssel gemeldet, die in Summe so groß sind, dass daneben kein Platz mehr für Straßen und Häuser im ganzen Lande wäre; alleine mit diesem Betrug ergaunerte sich Simitis‘ Regierung Milliarden. Kein Wort darüber, dass in seiner Regierungszeit unter einer Million Rentenbeziehern hunderttausend Tote waren, dass dieser Betrug durch die Troika aufgedeckt wurde und zwei Jahre nach dem Bekanntwerden noch keine Anklage gegen einen verantwortlichen Direktor oder Abteilungsleiter der Pensionskasse erhoben wurde, geschweige denn gegen die unrechtmäßigen Bezieher der Renten.«

Nun noch ein kurzer Blick auf Italien. Nicht ganz so trostlos, aber in der Tendenz ähnlich ist die Situation in Italien, wo Steuerbetrug eigentlich zum guten Ton gehört. Nicht zuletzt aufgrund der EU-Richtlinien und durch die Anbindung an den Euro befindet sich Italien heute in der schlimmsten Rezession seit 1929, mit stetig steigender Arbeitslosigkeit, sinkendem Export und dem auf Rekordniveau angewachsenen Schuldenberg. Ein Beispiel für das Desaster dieses Landes war die entwürdigende Feilscherei um das

Präsidentenamt und eine Regierungskoalition im Frühjahr 2013, bei der es keineswegs noch um das Staatsinteresse ging, sondern nur um kleinkarierte Machtspielchen. Genau dieses egozentrische Schrebergartendenken ist die Wurzel der italienischen Krankheit. Das durch den schwächelnden – und mittlerweile in Agonie liegenden – Staat entstandene Vakuum wurde in Italien schon immer von der »Familie« (auch im weiteren Sinn) gefüllt: Vom politischen Klientelismus. Parteien und politische Ämter dienen als Vehikel zur Karriere – und/oder Selbstbereicherung – für den Patron und seinen Clan.

Dieses System dominiert auch weite Teile der Wirtschaft und der Forschung: »Beziehungen« sind die Grundlage, um weiterzukommen. Lange hat das funktioniert. Nun aber fordern Misswirtschaft und Korruption ihren Preis. Die Schlagzeilen der Wirtschaftszeitungen lesen sich wie Todesanzeigen für ein Land, das es im letzten halben Jahrhundert dank der Kreativität, Flexibilität und des Unternehmergeistes seiner Einwohner zunächst geschafft hatte, aus »made in Italy« ein globales Topqualitätsmerkmal zu machen. Doch ausufernde Bürokratie und veraltete, ineffiziente Strukturen ersticken diese Energien: Italien ist international nicht mehr wettbewerbsfähig. Junge, ehrgeizige Italiener verlassen in Scharen ihre Heimat, die ihnen nichts mehr zu bieten hat. Dieses marode »System Italia« widert immer mehr Italiener an.

Wenn wir einmal auf andere Länder schauen, von denen uns die Systemmedien sagen, sie verkörpern die »europäischen Werte« und ihre Politik prüfen, wird rasch klar, dass diese EU heute eigentlich nur noch ein Kadaver ist, der entsorgt werden muss. England hat bereits die Notbremse gezogen (die Kampagne der deutschen Medien dagegen mutet heute wie eine Satire an), Frau Merkel hat mit ihrer Willkommenskultur erreicht, dass die Briten das Ausmaß des Nonsens erkannt haben. Nur ein Beispiel: da nistet sich ein angeblich 12jähriger Afghane bei einer Familie ein, eine ärztliche Untersuchung belegt schließlich, dass er mindestens 21 Jahre alt ist; Beispiele dieser Art gäbe es auch in Deutschland zu tausenden. 65

Prozent dieser armen unbegleiteten »Jugendlichen«, so die englische Regierung nach umfänglichen Untersuchungen, waren über 18 Jahre alt.

Auch Schweden ist ein Beispiel für den Missbrauch, den das Gutmenschentum seit Jahren betreibt. 1975 öffnete eine sozialdemokratische Regierung die Grenzen für die Masseneinwanderung nach Schweden. Was die Vergewaltigungsrate betrifft, hat Schweden einsame – verhängnisvolle – Rekorde zu bieten: Das in Washington ansässige »Gatestone-Institut« hat eine offizielle Statistik der UNO ausgewertet und kommt zu dem verheerenden Ergebnis, dass seit dem Jahr 1975 die Vergewaltigungsrate in Schweden um 1.472 Prozent und die Verbrechensrate insgesamt um 300 Prozent gestiegen ist. Heute weist Schweden eine enorm hohe Arbeitslosigkeit unter Asylbewerbern aus, eine hohe Vergewaltigungsrate, gescheiterte Integration. Das einstige Multi-Kulti-Vorzeigeland steht vor den Trümmern seiner bedingungslosen Immigrationspolitik. Die Fragen dürfen gestellt werden: Wie konnte aus dem früheren Vorzeige-Staat Schweden das Vergewaltigungs-Mekka der Gegenwart werden? Und: Kommen die Entwicklungen zeitverzögert auch zu uns?

Belgien als nächstes Beispiel, eigentlich ein failed state, ein gescheiterter Staat mit einer permanenten Folge von Regierungsnotstand. Dass die Hauptstadt Brüssel das Zentrum der EU ist, darf als symbolisch gelten. Der Stadtteil Molenbeek gilt als Terror-Mekka (ein treffliches Bild) für Islamisten, ein Rückzugsgebiet für die Mörder des Dschihad, Brutstätte und Gewächshaus für die europaweit agierenden Kämpfer des IS.

Frankreich befindet sich eigentlich auch im Ausnahmezustand. Obwohl die deutsche Kanzlerin dem Links-Sozialisten Hollande gar nicht genug schmeicheln konnte, ließ er Deutschland in der Flüchtlingsfrage demonstrativ auflaufen: Während man sich hierzulande mit einem Millionenheer abmüht und in Sachen Obergrenze streitet, lässt Hollande verkünden: Mehr als 30.000 Migranten werden nicht aufgenommen – eine schallende Ohrfeige für

Frau Merkel. In Frankreich ist die Präsenz des Militärs in den Städten bereits zum Alltag geworden, die brennenden Banlieues in Paris und anderen Großstädten weisen bereits alle Merkmale eines beginnenden Bürgerkriegs auf. Der islamistische Terror hat das Land jedenfalls fest im Griff.

Spanien wie Italien, Griechenland wie Portugal – das kleine Karo und die Korruption sind die Erkennungszeichen der EU. Und deshalb kann sich auch niemand wundern über die Ergebnisse von Meinungsumfragen, zum Beispiel nach der Entwicklungsrichtung der Union. Nur 22 Prozent sehen diese als richtig an, 52 Prozent der Europäer sehen die EU hingegen auf dem falschen Pfad.

Ein ganz ähnliches Bild ergibt sich, wenn nach dem Vertrauen in die EU-Institutionen selbst gefragt wird: Nur 33 Prozent der Europäer vertrauen ihnen, 57 Prozent vertrauen ihnen nicht. Würden die Eurokraten sich ein wenig in der Geschichte auskennen, wüssten sie: Die großen Reiche gehen zugrunde, die kleinen Einheiten bieten dem Bürger die Heimat, die er braucht. Andreas Unterberger hat dies auf eine einprägsame Formel gebracht: »Österreich wie die EU sollten dringend darüber nachdenken, wieder den kleinen Einheiten gemäß dem Subsidiaritätsprinzip mehr Rechte zu geben. Alles, was die kleinere Einheit oder auch der einzelne Bürger besser (oder genauso gut) erledigen können als die größere Einheit, soll nicht von der größeren übernommen werden. Die dabei entstehende Vielfalt ist ein Vorteil und eine Stärke, kein Nachteil. Das schließt natürlich auch immer Pflichten ein.«

Dafür ein treffliches Beispiel: Die Schweiz. Das Land gehört nicht der EU an (was nach der Propaganda der EU-Agitatoren ja geradezu selbstmörderisch ist), gilt freilich als wirtschaftlich stabil und hat mit dem Franken eine weltweit gesuchte Währung. Lange Jahre gab es auch in der Schweiz eine Diskussion darüber, ob ein EU-Beitritt sich für die Eidgenossen auszahlen würde – schließlich hat man sich gegen die EU entschieden. Der Chefredakteur der »*Weltwoche*«, Roger Köppel, nennt die EU »eine kopfgeborene Fehlkonstruktion, eine Kriegserklärung an den gesunden Menschenverstand und eine Absage an die jahrhundertealte Tradition der Demokratie in der Schweiz.«

Und er beschreibt in einem Leitartikel ein paar wesentliche Punkte, die auch außerhalb des Landes zu denken geben sollten: »Die Schweiz ist erfolgreich, weil sie die Interessen der Bürger über die Interessen der Politiker stellt. Wir stimmen über die Dinge ab, die uns betreffen. In der EU ist es umgekehrt: Das ‚supranationale‘ Gebilde, das weder Fisch noch Vogel, weder Staatenbund noch Bundesstaat ist, dient den Interessen der Politiker und Funktionäre, die ohne lästigen Widerspruch von unten walten wollen. Die Schweiz ist eine Demokratie, in der das Volk tatsächlich entscheidet. Die EU nennt sich Demokratie, obschon das Volk nichts zu sagen hat …Umgekehrt sehen Politiker und Beamte in der EU zu Recht ein Instrument zur reibungslosen Verwirklichung ihrer Wünsche. Unten gegen oben: Nicht Romantik und Ideologie prägen die Haltungen, es sind handfeste Interessen, an denen sich die Lager scheiden. In der EU profitieren die Politiker… Die direkte, bürgernahe Demokratie sorgt dafür, dass die Politik einen gewissen Bezug zur Wirklichkeit nicht verliert. Die Geschichte der EU und des Euro ist demgegenüber ein Musterbeispiel für die Bezauberungskraft von genialen Ideen, die im richtigen Leben scheitern.«

Letztendlich geht es bei dem EU-Monster um die Frage, wie demokratisch ist dieser Zusammenschluss, wie weit wird der Bürger entmündigt, gegängelt? Was bisher aus Brüssel zu hören war, sollte alle Alarmsirenen schrillen lassen, derzeit sieht es so aus, als würden die Freiheitsrechte der Menschen beschnitten, als würden Presse- und Meinungsfreiheit zerzaust, als würde ein freier Meinungsaustausch, sofern er dem von oben als »pädagogisch erwünscht« angeordneten Diktat widerspricht, auf vielfältige Weise sabotiert. Der damalige Bundestagsabgeordnete Peter Gauweiler hat Gefahren und Konsequenzen aufgezeigt: »Diese Enteignung des demokratischen Souveräns wird und muss in der europäischen Öffentlichkeit das zentrale Thema der bevorstehenden Debatte um die Zukunft der Brüsseler Institution sein. Nicht als Denkblockade, sondern als Voraussetzung jeder staatsbürgerlichen Solidarität, auf welcher Gebietsebene auch immer... Und einen auf Enteignung zielenden Kollektivismus, der – seit Goldman Sachs neben Marx und Lenin getreten ist – aus zwei Richtungen die europäische Menschheit bedroht. Hier waltet ein Unsegen.«

Diesen Unsegen kann man auch mit anderen Worten benennen: Regulierung, Bevormundung, Umverteilung anstelle von individueller Freiheit und Verantwortungsbewusstsein. Die Vorstellung, eine gemeinsame Währung könne die unterschiedlichen Mentalitäten in Europa angleichen, nivellieren, war eine von Technokraten, die von menschlichen Gefühlen keine Ahnung haben. Ulrich Brunner hat dies in der »*Presse*« so formuliert: »Kein Populist von Le Pen bis Strache, keine Anti-Europa-Partei hat den Europagedanken so beschädigt wie die Einführung des Euro. Erst mit der Gemeinschaftswährung haben sich die Länder des Südens innerhalb weniger Jahre einen Wohlstand erschwinden können, der keine wirtschaftliche Basis hatte und jetzt mit viel Geld aus den wohlhabenden Ländern saniert werden soll. Alle Ökonomen, Philosophen und Politiker, die die Eurorettung als alternativlos darstellen, werden scheitern: Die Wähler in den Zahlerländern werden irgendwann nicht mehr mitspielen.« Und sie werden dann eine Idee zunichte machen, die es wert wäre, sorgsam gepflegt zu werden: Die Idee von Europa.

Auf dem Weg zum Bürgerkrieg

Worin also bestehen die Verdienste der EU in Sachen Frieden? Das Nobelkomitee führt in erster Linie die Versöhnung zwischen Frankreich und Deutschland nach dem Zweiten Weltkrieg an. Nur: Das hat mit der EU absolut nichts zu tun, das war das Werk von Adenauer und de Gaulle. Und auch der von Oslo erwähnte Frieden mit den Staaten jenseits des Eisernen Vorhanges nach 1989 war für die Europäer ein Gewinn, der ihnen in den Schoß gefallen ist, Verdienste daran sucht man vergebens. Bleibt noch der Frieden in Südost-Europa – da wird's dann geradezu lachhaft. Hat man in Oslo vergessen, wie erbärmlich und feige sich die Europäer während der Balkankriege verhalten haben? Wenn die Amerikaner bzw. die NATO nicht eingegriffen hätten, wäre das Blutvergießen weitergegangen, die Europäer hatten nichts beizutragen als dumme Ermahnungen.

Soweit der Blick zurück im Zorn. Aber das Nobelkomitee hatte ja wohl auch die Absicht, mit diesem Preis die Zukunft Europas im Sinne von Frieden zu befördern. Und hier wird's kritisch. Denn wenn man derzeit verfolgt, was in den Staaten Griechenland, Italien, Spanien, Portugal und neuerdings auch in Frankreich abläuft, mag man nicht eben optimistisch in die Zukunft blicken. Nahezu täglich hören und sehen wir gewalttätige Demonstrationen verarmter Bürger, die auf ihre kaum noch beherrschbare soziale Lage verweisen. Der Euro bzw. die sogenannte Euro-Rettung hat ihren Lebensnerv getroffen. Zugegeben, da sind auch Drahtzieher am Werke, die die Verzweiflung der Menschen ausnützen, die Empörung des einzelnen ist jedoch verständlich.

Während die politische Elite vom »Friedensprojekt Europa« schwafelt, wollen Fachleute das Wort »Bürgerkrieg« nicht mehr ausschließen (und vom Krieg der Hochfinanz gegen die Nationalstaaten ist sowieso keine Rede). In einer noch geheim gehaltenen Studie prognostizieren CIA-Experten für etliche europäische Regionen ethnisch-soziale Auseinandersetzungen (die zum Teil auch länger anhalten werden), die durchaus mit dem Wort Bürgerkrieg umschrieben werden können. Da »von einem beträchtlichen Teil der Migranten« Europa sowieso als »dem Untergang nahe« angesehen wird, steigt auch das Unruhepotential von Jahr zu Jahr. Der ehemalige CIA-Chef Michael Hayden erwartete in diesem Zusammenhang, dass einige europäische Ballungsräume schon im Jahre 2020 unregierbar sein könnten, so zum Beispiel Teile des Ruhrgebietes, Berlin, der Rhein-Main-Raum, Teile von Stuttgart, Ulm und Hamburg. Etliche Gruppen von Zuwanderern würden versuchen, sich notfalls auch mit Waffengewalt rechtsfreie Räume zu erkämpfen (heute bereits die Realität in Teilen von Berlin). Bürgerkrieg?!

Wir erleben ja schon in unseren Tagen, dass die Gewalt sich ausbreitet, dass Menschen wie in einem Fahrstuhl nach unten in die Armut sausen. Sie haben dieses Schicksal nicht zu verantworten (außer, man wollte ihnen vorwerfen, sie hätten falsch gewählt, aber was wäre dann die Alternative gewesen?), sind Opfer einer Tragödie, die verantwortungslose, ideologiebesessene Politiker herbeigeführt haben. Inzwischen wollen Fachleute das Wort »Gewalt« bereits jetzt nicht mehr ausschließen. Der Generaldirektor des Internationalen Roten Kreuzes, Yves Daccord, hat in einem Interview mit der dänischen Zeitung »Politiken« gewarnt: »Erstmals in der Geschichte stoßen die lokalen Komitees in Europa auf die Notwendigkeit, Hilfe auf die Bürger der eigenen Länder und nicht die anderer Kontinente zu konzentrieren.« In Spanien unterstütze das IKRK mittlerweile rund 300.000 »extrem gefährdete Menschen«, die nicht in der Lage sind, sich alleine durchzuschlagen.

Nach den neuesten Daten des EU-Statistikamtes EuroStat lebten fast 120 Millionen EU-Bürger unterhalb der europäischen Armutsgrenze. Deshalb sei es nicht auszuschließen, dass durch die EU-Länder eine Welle des gesellschaftlichen Aufruhrs rollen könnte, ähnlich dem Arabischen Frühling. Und Professor Michael Hudson, Chefberater der lettischen Regierung in Wirtschaftsfragen, hat schon im Jahre 2010 offiziell von einem sich abzeichnenden »Krieg um Schulden in Europa« gesprochen, den Zusammenbruch der Euro-Zone prognostiziert und gemeint, Regierungen könnten durch bewusst provozierte Kriege von der schlagartigen Verarmung der nationalen Bevölkerungen abzulenken versuchen. Der deutsche Bundesnachrichtendienst war im Mai 2009 der Meinung, die Schuldenkrise in Europa habe das Potential zu einem Krieg, und selbst Mr. Euro, Jean Claude Juncker meinte Anfang März 2013: »Die Konflikte in Europa könnten sich gefährlich zuspitzen. Wer glaubt, dass sich die Frage von Krieg und Frieden nie mehr stellt, könnte sich gewaltig irren«. Wenn es zu einer weiteren Verschärfung der Finanzmarkt- und Wirtschaftskrise komme, so das »Trends Research Institute«, werde das in allen europäischen Staaten zu schweren ethnischen und religiösen Spannungen führen, bis zu einem richtigen Bürgerkrieg sei es dann nur noch ein kleiner Schritt. Alles Panikmache?

Dass diese Prognosen nicht eben nur Phantasie sind, belegt eine Analyse des Wirtschaftsnobelpreisträgers Milton Friedman, der kurz vor seinem Tode 1997 meinte: »Ich prophezeie, der Euro wird bald nach seiner Einführung auseinanderbrechen …Die Zentralbank wird den Euro ausgeben, um Anleihen zu kaufen – französische, deutsche, österreichische, spanische. Die Franzosen werden wollen, dass die Zentralbank französische Anleihen kauft, die Österreicher österreichische Anlagen vorziehen. Können Sie sich die Konflikte vorstellen, die daraus unter den Gouverneuren entstehen?« Friedmans Prognose ist nicht in jedem Detail Realität geworden, dass aber die EZB Anleihen aufkauft, um damit die Staaten zu alimentieren (ein glatter Rechtsbruch!), ist heute traurige Wirklichkeit.

Die Folge ist bereits jetzt zu spüren: Zunächst Null-Zins-Politik, die Sparguthaben entwertete, nun die »gewünschte« Inflation! Und Inflation ist die Enteignung eben jener, deren Eigentum sowieso schon begrenzt ist, der kleinen Sparer, die sich einen Notgroschen auf die Seite gelegt haben. Am 17. September 2012 war dies in aller Deutlichkeit in der »Presse« zu lesen: »Die EZB hat die Weichen zum ‚Weginflationieren' der Staatsschulden gestellt, die Deutsche Bank hält hohe Teuerungsraten für ‚unvermeidlich'. Inflation als Preis für die Eurorettung«.

Der Schriftsteller Hans Magnus Enzensberger hat diese Entwicklung in der bei ihm deutlichen Klarheit so beschrieben: »Es mutet gespenstisch an, mit welcher Gelassenheit die Bewohner unseres kleinen Kontinents ihre politische Enteignung hingenommen haben. Das mag daran liegen, dass es sich um ein historisches Novum handelt. Im Gegensatz zu den Revolutionen, Staatsstreichen und Militärputschen, an denen die europäische Geschichte reich ist, geht es bei uns lautlos und gewaltfrei zu. Dass dabei auf Verträge keine Rücksicht genommen werden kann, wundert niemanden. Existierende Regeln wie das Subsidiaritätsprinzip der Römischen Verträge oder die Bail-Out-Verbotsklausel von Maastricht werden ganz nach Belieben ausgehebelt. Pacta sunt servanda – dieser Grundsatz gilt als leere Phrase, die sich irgendwelche juristischen Bedenkenträger der Antike ausgedacht haben.«

Dies ist die Stunde der Wahrheit: Der Normalbürger wird enteignet, damit die Politiker der EU-Rätediktatur recht behalten und die Banken weiterhin absahnen können. Der frühere Ratspräsident Barroso scheint längst vergessen zu haben, was er vor Gewerkschaftsführern im Jahre 2010 offen ausgesprochen hat: Spätestens wenn sich herausstellen sollte, dass die in Form sogenannter »Rettungsschirme« bereitgestellten Milliarden nicht zur Abwendung von Staatsbankrotten ausreichen (was, so Barroso damals, absehbar sei), könne es schon bald Bürgerkriege und in dem einen oder anderen betroffenen Lande auch Militärputsche geben – Barroso nannte Griechenland, Spanien, Portugal. Doch auch in den anderen EU-Staaten wird es nicht so ruhig bleiben wie bisher. Unter dem Diktat der leeren Kassen werden immer mehr Regierungen gezwungen sein, die Leistungen des Staates einzuschränken, den Bürger aber gleichzeitig unter der Knute zu halten.

Weltbank-Präsident Robert Zoellick bestätigte diese Einschätzung bei der Münchner Sicherheitskonferenz im Februar des Jahres

2013, wo er vor der Gefahr einer zunehmenden antideutschen Stimmung in Europa warnte, sollte die Krise in der Eurozone weiter eskalieren. Spätestens wenn es der deutschen Regierung nicht mehr gelingen sollte, den hiesigen Steuerzahlern die Finanzierung immer neuer »Rettungspakete« schmackhaft zu machen, könnte Deutschland zum Ziel neuer Aggressionen werden. Zoellick wird fast jede Woche bestätigt, in Griechenland zu Beispiel, wo der Mob mit SS-Uniformen und Hakenkreuz-Fahnen demonstriert (und sich die Regierung mit keinem Wort von solch schändlichen Aktionen distanziert).

Bleibt zu hoffen, dass die gewalttätigen Demos nicht noch weiter eskalieren, dass die Armee nicht eingesetzt werden muss (aber es gab im März 2017 in Deutschland bereits gemeinsame Übungen von Polizei und Armee, angeblich ging es um die Abwehr bei einem Terroranschlag), um die Massen im Zaum zu halten, dass nicht irgendwo Politiker an den Bäumen baumeln. Die Entwicklung bei jenen Politikern, die eingangs als Friedensnobelpreisträger genannt wurden, lässt Optimismus jedenfalls nicht zu. Die Finanz- und Wirtschaftskrise der Europäischen Union freilich auch nicht.

Die Türkei ist eine orientalische Diktatur

»Das erschreckende Bild einer durch und durch totalitären Gesellschaft, die bis ins letzte Detail durchorganisierte absolut autoritäre Staatsmacht.« Nein, die Rede ist hier nicht von der Türkei, sondern von Orwells berühmtem Buch »1984«. Ganz so weit ist die Türkei unter dem totalitär regierenden Präsidenten Erdogan zwar noch nicht, aber vieles, das in Orwells Phantasie vorkommt, findet sich auch im islamistischen Staate des Herrn Erdogan. Nur heißt das Wahrheitsministerium da Justizministerium, und die Gedankenpolizei in »1984« ist jetzt die dem Diyanet (der Religionsbehörde) ergebene Funktionärsclique der Regierung, die das missionarische Weltbild des Präsidenten in die Praxis umsetzen soll. Und der hat inzwischen jegliches Maß verloren, meint den Europäern drohen zu können: »Wenn ihr euch weiterhin so benehmt, wird morgen kein einziger Europäer, kein einziger Westler auch nur irgendwo auf der Welt sicher und beruhigt einen Schritt auf die Straße setzen können.« Anders reden auch Terroristen nicht!

Immer wieder bestätigt Erdogan: Die Türkei ist eine orientalische Diktatur. Jüngstes Beispiel: Da wird der für die »Welt« arbeitende Journalist Yücel festgenommen. Dass Journalisten in der Türkei inhaftiert werden, ist nicht eben außergewöhnlich, 155 Journalisten befinden sich derzeit in der Türkei in Haft, mehr als in China, mehr als im Iran. Nach Angaben der Polizei wird gegen Yücel wegen Mitgliedschaft in einer Terrororganisation, Terrorpropaganda und Datenmissbrauchs ermittelt. In der Türkei wanderten in den vergangenen sechs Monaten 1.656 Menschen wegen ihrer Beiträge in sozialen Medien in Untersuchungshaft. Insgesamt wurden gegen 3.710 Verdächtige Verfahren wegen »Terrorpropaganda« oder anderer Straftaten in sozialen Medien eingeleitet, meldete die staatliche Nachrichtenagentur Anadolu. Das Besondere am Fall Yücel ist, dass dieser sowohl die deutsche als auch die türkische Staatsbürgerschaft besitzt, das heißt, ein deutscher Staatsbürger sitzt in der Türkei in Untersuchungshaft. Wer immer Kritik an der doppelten Staatsbürgerschaft übte, hier ist ein Paradefall. Aber die SPD hatte für diese Form des Pass-Missbrauches wohl deshalb so nachhaltig gestritten, weil die überwiegende Mehrheit der Deutsch-Türken die Genossen wählen (im Jahre 2002 wäre Edmund Stoiber Bundeskanzler geworden ohne die Stimmen der Türken für die SPD).

Im Lande des Merkel-Freundes Erdogan werden fast täglich dutzende regierungskritischer Journalisten festgenommen, einem von ihnen, dem angesehenen weil investigativ arbeitenden Reporter Ahmed Sik, wurde sein noch nicht einmal fertiges Buch beschlagnahmt, digitale Kopien wurden zerstört. Sik hatte über den Geheimbund »Ergenekon« recherchiert und war dabei auf die seltsame Verbindung eines radikalen Islamistenbundes, der Fethullah-Gülen-Bewegung, und der türkischen Justiz sowie der Polizei gestoßen. Das absurde an den Vorwürfen ist, dass Sik vor allem für ein Enthüllungsbuch über die dunklen Machenschaften der Gülen-Bewegung bekannt ist (also eigentlich auf der Erdogan-Linie liegt). Bei Orwell werden solche Bücher in einem »Gedächtnis-Loch« vernichtet, in der Türkei unserer Tage muß das Wahrheitsministerium, pardon, das Justizministerium ziemlich hilflos mit ansehen, dass Siks Buch im Internet kursiert. »Wir brennen alles Böse und allen Irrglauben aus«, heißt es bei Orwell, in der Türkei schlägt nur die (Gedanken)Polizei zu und sperrt die »Verbrecher« (so der famose Präsident) ins Gefängnis, wo nach wie vor gefoltert wird.

Die Schergen im Polizeistaat Türkei hatten freilich allen Grund, Publizität über die Gülen-Bewegung zu begrenzen, es handelt sich hier um eine weltweite agierende Sekte islamistischer Chauvinisten, die im Geheimen Welteroberungspläne verbreiten. Diese Bewegung, schreibt Necla Kelek, betont die Überlegenheit des Islams gegenüber jeder anderen Religion, sie ist in Japan, in Russland, in ganz Westeuropa und in der Türkei aktiv; sie verfügt über Universitäten, Fernsehsender, eine Bank, Versicherungen, Zeitungen, einen Unternehmerverband und Gewerkschaften. Fethullahci, wie sich Gülens Anhänger nennen, haben inzwischen Positionen bis in höchste türkische Regierungskreise... Die Sekte hat die Struktur eines Konzerns und ist absolut despotisch... Gülens Gefolgsleute sind die intellektuellen Vordenker der AKP. Bei Orwell nennt sich die Führungsfigur der »Große Bruder«.

»Was immer die Partei für Wahrheit hält, ist Wahrheit«, heißt es bei Orwell. Aber auch in der Türkei. Das musste die junge Wissenschaftlerin Pinar Selek erfahren, die nun schon mehrfach wegen eines Sprengstoffanschlages angeklagt worden ist. Obwohl klar ist, dass sie damit nichts zu tun hatte (die Explosion wurde durch eine schadhafte Gasleitung ausgelöst) wird sie wieder und wieder angeklagt. Der Grund, sie hat geschrieben, was eigentlich jeder weiß: »Bei uns gibt es ganz allgemein ein Problem mit der Demokratie. Und das äußert sich in den Demütigungen der Armenier, der Kurden und in der Verachtung der Frauen. Sexismus geht Hand in Hand mit Militarismus und Nationalismus.« Ein bizarres Detail dazu: Die Staatsanwaltschaft brachte eine »Augenzeugin«, die dann zugab, die Angeklagte nie gesehen zu haben. Man hatte ihr, einer Analphabetin, einen Text vorgelegt, den sie mit ihrem Daumenabdruck dann auch brav unterschrieben hatte.

»Wer die Macht über die Geschichte hat, hat auch Macht über Gegenwart und Zukunft«, heißt es bei Orwell. Und auch beim Großen Bruder in der Despotie Türkei. Und deshalb wird der Völkermord an den Armeniern bis heute bestritten, bestenfalls bagatellisiert. Doch die Fakten sind eindeutig: Schätzungsweise 1,5 Millionen Armenier wurden in den Jahren 1915/16 im damaligen Osmanischen Reich gezielt ermordet. Den Plan zur Vernichtung der armenischen Minderheit hatte das nationalistische Jungtürken-Regime bereits lange zuvor beschlossen. Rund die Hälfte der Opfer wurden an ihren Wohnorten ermordet, der andere Teil auf Deportationszügen zu Tode geschunden. Wer es jedoch heute wagt, diesen Völkermord anzusprechen, den trifft die ganz Macht des Wahrheitsministeriums.

Denn was der Große Bruder für Wahrheit hält, ist Wahrheit. Und so meinte Sultan Erdogan, hemmungslos einprügeln zu können auf die Schweizer, als die sich gegen den Bau von Minaretten aussprachen: »Zeichen einer zunehmenden rassistischen und faschistischen Haltung in Europa, denn Religions- und Meinungsfreiheit sind Grundrechte der Menschheit.« Abgesehen davon, dass dies mit Rassismus nichts zu tun hat und Erdogan hier die Terminologie der Nazis übernimmt, lohnt in diesem Zusammenhang ein Blick in die Türkei: Vor rund 100 Jahren war da noch etwa ein Drittel der Türken christlich, heute nur mehr ein Prozent, und das wird unterdrückt, schikaniert und in Einzelfällen sogar getötet. Der Bau jeglicher Versammlungsräume, gar nicht zu reden von Kirchen, wird von den Behörden systematisch behindert. Religions- und Meinungsfreiheit????

Das Denken des heutigen Großen Bruders in der Türkei aber verrät ein anderes wichtiges Wort: Islamophobie sei ein Verbrechen gegen die Menschlichkeit. Ein entlarvendes Wort: Wer den Islam kritisiert, ist also krank, gehört in die Heilanstalt – das hatten wir doch schon einmal, der Große Bruder Stalin lässt grüßen. Bei Orwell wird dem Opfer auch der Grund für die Folter erklärt: »Warum haben wir Sie hierher gebracht? Um Sie zu heilen! Um Sie geistig gesund zu machen.«

Die Präpotenz des Präsidenten erweist sich auch im Bereich der Kunst. Als Erdogan vor einiger Zeit ein Denkmal sah, das den Frieden mit den Armeniern symbolisieren sollte, fand er dies »abartig« – der Große Bruder bei den Nazis sprach in solchen Fällen von »entartet«. Ein Unterschied? Natürlich wurde das Denkmal inzwischen geschleift.

Was die Türkei unter Erdogan unter Demokratie versteht, ist am deutlichsten im Bereich der (nicht vorhandenen) Pressefreiheit zu erkennen. Vor einigen Jahren gab es drei große Familienclans (Dogan, Bilgin, Uzan), die sich fast die gesamte Medienlandschaft untereinander aufgeteilt hatten. Dann wurden zwei praktisch enteignet, übrig blieb der Dogan-Clan, der mit einer Zwei-Milliarden-Euro-Klage wegen Steuerhinterziehung in den Ruin getrieben werden sollte und damit offenbar auf Linie gebracht wurde. Es gehört zu den Absurditäten des internationalen Presse(un)wesens, dass das Haus Springer und der Burda-Verlag mit der Dogan-Holding Geschäfte machen und mit dem »*Welt*«-Reporter Yücel nun ein Springer-Mann im Gefängnis sitzt. Die Menschenrechts-Organisation »Reporter ohne Grenzen«, die sich weltweit für die Pressefreiheit engagiert, hat die Türkei inzwischen auf Platz 138 von insgesamt 178 Ländern eingestuft, hinter Zimbabwe (123), Bangladesch (126) und der Ukraine (131). Noch Fragen zur EU-Tauglichkeit der Türkei?

Manche Themen brauchen einfach länger. So auch dieses! Seit 1963 wird in Europa bereits über eine Anbindung der Türkei gesprochen, aber erst seit dem EU-Gipfel von Kopenhagen im Dezember 2002 scheint die Öffentlichkeit dieses Thema zur Kenntnis zu nehmen. Und seither wird diskutiert, kontrovers, oft emotional, selten genug auch kenntnisreich. Das zentrale Argument der Wirtschaft: Das Land sei »ein bedeutender Partner Europas«. Lange Jahre traf dies in der Tat zu, in jüngster Zeit sind Zweifel angebracht. Gleiches gilt wohl auch für die NATO-Mitgliedschaft. Wiewohl man sich über Sinn und Unsinn des Militärbündnisses streiten kann – man kann es nicht nur als Verteidigungs-, sondern auch als Aggressionsinstrument ansehen – sollte doch klar sein: Die Türkei ist ein völlig untauglicher Partner, passt in keiner Weise in das Bündnis, wird immer mehr zu einer Belastung für die Politik im Nahen Osten.

Denn eines müsste eigentlich unbestritten sein: Islam und Demokratie sind unvereinbar. Die Europäische Union aber gründet doch angeblich auf der Idee von Demokratie und Freiheit, von Menschenwürde und Toleranz – und von all dem sind in der Türkei bestenfalls Ansätze zu sehen. Auch das Argument, Europa müsse die Türkei aufnehmen, um die dortige Regierung zu stabilisieren und auf diese Weise das Erstarken fundamentalistischer Kräfte zu verhindern, sagt alles über den inneren Zustand der Demokratie dort. Unter diesem Gesichtspunkt müssten übrigens zwei Drittel der Länder dieser Erde aufgenommen werden. In Wirklichkeit ist die Türkei eine Diktatur, in der nur Präsident Erdogan entscheidet, wie der künstliche Laizismus aussehen darf und wie Atatürks Reformwerk aus dem Jahre 1923 in unserer Zeit in Politik umgesetzt werden muss.

Heute sehen wir, dass in der Realität so ziemlich alles ganz anders ist, als es von Brüssel beschrieben wird. Und deshalb wird man einem Staatsmann wie Giscard d'Estaing nicht widersprechen können, der den Beitritt der Türkei als das Ende der EU bezeichnete. Die »Werte« der EU, die angeblich den Alltag der Menschen innerhalb der EU bestimmen, nämlich Demokratie, Pluralismus, Rechtsstaatlichkeit sowie Bürger- und Freiheitsrechte, sind in der Türkei kaum vorhanden: die Todesstrafe wurde nur auf internationalen Druck hin abgeschafft (und soll nun wieder eingeführt werden), Folter in Gefängnissen ist nach wie vor üblich, die Pressefreiheit steht nur auf dem Papier Das alles geht bis hinunter ins tägliche Leben des Einzelnen: In Europa undenkbar, in der Türkei zum Beispiel Alltag, dass der Mann das Recht hat, seine Frau zu schlagen. Seit Mitte der 2000er Jahre zeigen die Statistiken einen deutlichen Anstieg der sogenannten Ehrenmorde in der Türkei. Und die Justiz zeigt großes Verständnis: Es gilt als strafmildernd für den Mörder der Ehefrau, wenn diese zuvor die Scheidung beantragt hat.

Das Multikulti der Revoluzzer

Als ich im Jahre 1993 mit Blick auf den Krieg in Jugoslawien geschrieben hatte, Multikulti führe in die Barbarei, gab es einen Aufschrei, selbst konservative Geister hielten das für übertrieben. 20 Jahre später, mit den Erfahrungen der Balkankriege, aber auch der vielen anderen Kriege und Krisen seither, wird – bis auf grün-linke Ideologen – kaum jemand bestreiten, dass Europa in Gefahr ist. 33 Millionen Ausländer leben in den 27 Ländern der Europäischen Union (mit mehr als 500 Millionen Menschen), also knapp sieben Prozent.

Multi-Kulti, das geht zurück auf die 68er-Bewegung, die in ganz Europa, besonders aber in Deutschland und Frankreich, die Gesellschaft verändert hat. Ausgehend von Studentenunruhen in den USA (vor allem in Berkeley) brodelte es – »unter den Talaren Muff von tausend Jahren« – auch in Europa an den Universitäten.

Schon bald waren studentische Reformen in den Hintergrund gedrängt, die Revoluzzer nahmen das Ruder in die Hand, diejenigen, die ihr politisches Weltbild mit Plakaten der Mordgesellen Lenin, Stalin, Mao, Ho Chi Minh, Pol Pot und nicht zuletzt von Marx, dem Begründer des staatlichen Totalitarismus, vor sich hertrugen und den »Marsch durch die Institutionen« ankündigten. Natürlich waren sie nicht alle Kommunisten, aber wer heute über »die 68er« redet, meint ja auch nicht die Mitläufer, die später als Ministerialbeamte, Journalisten oder Ärzte jenes Spießertum lebten, das sie und ihre Genossen damals anprangerten. »Die 68er«, das steht heute für jene Funktionärskaste, die Sozialismus meinte, wenn sie von Liberalität sprach, die (kommunistische) Diktatur meinte, wenn sie von Freiheit sprach, die Terror meinte, wenn sie von Humanität sprach. Der Berliner Historiker Götz Aly, damals selbst Mitglied der »Roten Hilfe«, sieht heute völlig zu Recht in der Führungsclique von damals Wiedergänger der nationalsozialistischen Studenten vor 1933.

Heute ist einer der zentralen Punkte der Revoluzzer von einst die Umwandlung Europas, die Öffnung für jede Art von Zuwanderung und damit die Zerstörung dessen, was die Kultur, die Identität Europas ausmacht, erreicht. Nicht umsonst predigen die »Grünen« zum Beispiel den Zuzug von Islamisten als »Bereicherung« der deutschen Kultur!!!. Anscheinend vergessen ist, dass die EU als Raum der Freiheit, der Sicherheit und des Rechtes gegründet worden war. Pervertiert wurde dabei das Problem des Asylrechtes, das eigentlich eine Hilfe sein sollte für politisch oder religiös Verfolgte. Aufgrund der Feigheit der EU-Oberen, allen voran Kanzlerin Merkel, vor der Macht der linken Medien wurde daraus Europa als gelobtes Land für Wirtschaftsflüchtlinge. Dass auf diese Weise nicht nur die Identität, sondern auch der »Raum des Rechts« zerstört wird, scheint in Brüssel kaum jemanden zu bedrücken. Und da wird dann auch immer die Frage der Überalterung europäischer Gesellschaften ins Spiel gebracht, angeblich würde die Zuwanderung ja die Probleme der Demografie lösen. So kann denn auch nicht überraschen, dass laut einer repräsentativen N24-Emnid-Umfrage fast drei Viertel der Befragten (74 Prozent) die etablierten Parteien für realitätsfremd und abgehoben halten. Auf die Frage, ob sich die etablierten Parteien von der Lebensrealität der deutschen Bevölkerung entfernt haben, antworten 42 Prozent mit »ja, stark« und weitere 32 Prozent sogar mit »ja, sehr stark«.

Was die Multi-Kulti-Ideologie in Wirklichkeit bei vielen Menschen erreicht hat, ist eine tiefsitzende Politikverdrossenheit, aber auch eine wohl begründete Politikerverdrossenheit gegenüber der herrschenden Klasse. Umfragen in Deutschland ergeben eine Mehrheit von rund 80 Prozent von Wählern, die meinen, sie hätten kaum noch Einfluss auf die Politik. Eine Umfrage des World Economic Forum ergab, dass 76 Prozent der Deutschen die Politiker für unredlich halten (in Frankreich nur 36 Prozent). Mit einem Wort: die 68er waren (so sagten sie) angetreten, Deutschland zu demokratisieren, sie haben in der Realität die Demokratie schwer beschädigt.

Entstanden ist dabei eine stickige, giftige Atmosphäre, in der schon einzelne Worte auf dem Index landen, so neuerdings der völlig wertfreie naturwissenschaftiche Begriff »Rasse«. Orwells Neusprech, in den 80er Jahren des vorigen Jahrhunderts als romanhafte Übertreibung angesehen, erfährt bedrückende Realität, sein »Wahrheitsministerium« gibt uns vor, was wir zu glauben, was wir – die Journalisten – zu schreiben haben: »Einwanderung ist Bereicherung« – wehe, es wagt einer, Multi-Kulti-Probleme zu benennen; »Die EU hat Frieden in Europa geschaffen« – wehe, man weist darauf hin, dass der Friede in Europa mit der EU nichts zu tun hat; »Unwissenheit ist Stärke« – kein Zufall, dass die Eurokraten, wie sie ja auch zugeben, den Bürger in Europa ständig belügen. Wer sich dazu bekennt, die für Europas Kultur grundlegenden Werte wie Tradition, Heimat, Familie, Volk, Staat, Ehre usw. als erstrebenswert zu bezeichnen, setzt sich in gewissen Kreisen einem mitleidigen Lächeln aus. Eigentlich sogar verständlich, denn in Brüssel haben Werte wie Verantwortung, Ehrlichkeit, Rechtstreue, Verlässlichkeit usw. kaum noch Geltung. Der Grundsatz »pacta sunt servanda« wurde in Brüssel auf dem Müllhaufen der Geschichte entsorgt. Der französische Publizist Dominique Venner, der sich im Jahre 2013 in der Pariser Kathedrale Notre Dame vor dem Altar erschoss, schrieb in seinem Abschiedsbrief unter anderem: »Ich stehe ein für die Identität aller Völker in ihrem Kulturraum, und auch deshalb lehne ich mich auf gegen das Verbrechen, das unsere Völker durch andere ersetzen will.«

Aber eben dies ist ja das Rezept, das die Polit-Darsteller in Europa angesichts der Vergreisung ihrer Völker verfolgen: Millionen von Einwanderern sollen das Problem der sinkenden Bevölkerungszahlen ausgleichen – Frau Merkel spricht von zwölf Millionen, die da kommen und durchgefüttert werden sollen. Diese Zuwanderung verstärkt freilich nur das Problem, denn es kommen ja nur zu einem geringen Teil jene, die wirklich gebraucht werden, es kommen in Wirklichkeit diejenigen, die dem Sozialstaat zur Last fallen. Es bedarf keiner Gutmenschen, um die Deutschen, Österreicher und andere

Europäer zu ermahnen, mit integrationsbereiten Zuwanderern gut und friedlich auszukommen. Aber es kann auch nicht verboten sein, die Kriminellen, die Nichtintegrationswilligen als Wirtschaftsflüchtlinge zu bezeichnen, für die das Recht auf Asyl nicht gilt.

Nur wird in diesem Lande so leichtfertig mit Vorwürfen, mit Anklagen und Diffamierungen umgegangen, dass viele Menschen schon gar nicht mehr den Mut haben (allein diese Formulierung, Mut haben!, sagt alles), ihre Bedenken in Sachen Masseneinwanderung auszusprechen. Marco Maier hat angesichts dessen, dass man wohl bis zum Jahr 2020 mit weiteren mindestens vier bis fünf Millionen Zuwanderern (Asylbewerber, Armutsmigranten, Flüchtlinge, Familiennachzug…) rechnen muss, ein düsteres Bild gezeichnet: »Es gibt bereits heute schon ausgeprägte Parallelgesellschaften und selbst viele Menschen mit Migrationshintergrund, die seit vielen Jahren in Deutschland leben, fühlen sich in der Bundesrepublik nicht mehr sicher. So kommt man nicht umhin, von einem sich anbahnenden Chaos zu sprechen. Denn die dadurch entstehende Fraktionierung der Bevölkerung wäre kaum mehr handhabbar. Das Hauptproblem wird jedoch darin bestehen, dass diese demografischen Verschiebungen auch entsprechende gesellschaftliche und politische Auswirkungen haben. Schon jetzt macht sich dies in manchen Gegenden Deutschlands bemerkbar, wo immer mehr Straßen zu »No-Go-Areas« avancieren weil dort diverse Gangs quasi »regieren«. Angesichts weiterer Millionen neuer Menschen – vor allem aus Nordafrika, den arabischen Ländern und dem Mittleren Osten – kann man sich vorstellen, wohin das führen dürfte. Das Ergebnis ist hierbei nicht sehr erfreulich. Insofern darf man wohl getrost davon ausgehen, dass sich Deutschland bis zum Jahr 2025 auf die Unregierbarkeit einstellen kann. Doch ob es wirklich so positiv ist, afghanische oder libysche Verhältnisse (wo regionale Warlords und diverse Clans faktisch die Macht haben) in Deutschland aufkommen zu lassen, ist mehr als nur fraglich. Allerdings muss man sich auch fragen, ob man in Europa wirklich solche Verhältnisse haben will, vor denen diese Menschen angeblich fliehen.«

Wahrheitsministerium und Gesinnungsschnüffelei

Von George Orwell kennen wir den wunderbaren Begriff »Wahrheitsministerium« aus seinem 1949 erschienen Buch »1984«. Nun sind seither fast 70 Jahre vergangen, und jene apokalyptische Diktatur, die er beschrieben hat, schien uns allen damals unvorstellbar, ein Roman eben. Nun wird niemand die aktuelle Lage mit »1984« vergleichen, aber die Methoden, die zum Beispiel der Justizminister bei diversen Gelegenheiten ankündigt, lassen jenen Grundgesetzartikel, der die freie Meinungsäußerung gewährleisten soll, doch im Zwielicht erscheinen (GG Artikel 5: »Jeder hat das Recht, seine Meinung in Wort, Schrift und Bild frei zu äußern und zu verbreiten und sich aus allgemein zugänglichen Quellen ungehindert zu unterrichten. Eine Zensur findet nicht statt.«). Hassreden, so Minister Mittelmaas, sollen nicht nur dann strafbar sein, wenn sie Beleidigungen und ähnliches enthalten (das sind sie ja bereits jetzt), sondern schon dann, wenn Meinungsäußerungen als »nicht sachdienlich« erscheinen oder als verbaler »Angriff« verstanden werden können. Wer den Begriff der Hass-Rede so definiert, der hat einen neuen Kampfbegriff gegen die Meinungsfreiheit erfunden, der will das elementare Freiheitsversprechen des Grundgesetzes kippen. Auch »Falschmeldungen« sollen nach Maas sanktioniert werden können – womit wir dann schon ganz nahe am Wahrheitsministerium gelandet wären.

Der Springer-Chef und Präsident des Bundesverbandes deutscher Zeitungsverleger, Mathias Döpfner, warnt eindringlich: »George Orwell war harmlos dagegen. Ich habe den Eindruck, dass gerade ein paar Grundprinzipien freiheitlicher Gesellschaftsordnung mit Füßen getreten werden. Viele böse Dinge dieser Welt begannen im Namen der guten Absichten. Die gute Absicht heilt den Bruch eines Prinzips nicht. Was Wahrheit ist, definiert keine Regierung, auch nicht Facebook. Und was den Menschen zuzumuten ist, sollten nicht Zensurbehörden definieren. Der beste Garant für den mündigen Bürger ist die Vielfalt der Information, der Meinungen und Wahrheiten unterschiedlicher Verleger, TV- und Radiosender oder Online-Anbieter.« Mit Blick auf das zum Teil erbärmliche Auftreten von Journalisten meint Döpfner: »Wir haben selbst offenbar etwas nicht richtig gemacht. Vielleicht sprechen wir zu sehr wie Politiker, in Worthülsen, Sprechblasen, in politisch-korrekt abgeschliffenen Formulierungen. Vielleicht transportieren wir zu oft Wünsche, wie etwas sein müsste und zu selten Fakten, Tatsachen, schonungslose Beobachtungen. Vielleicht haben wir auch durch weltfremde Political Correctness Vertrauen eingebüßt. Ein guter Journalist redet mit jedem, auch mit halbseidenen Figuren, zur Not auch mit Verbrechern und Diktatoren, aber hält bei allen, selbst bei Idealisten und Weltverbesserern, den nötigen Abstand. Und dieser Abstand ist in einigen Fällen immer geringer geworden. Manche Journalisten verstehen sich inzwischen als Politikberater und betreiben einen Journalismus, der sich an ein paar Eingeweihte richtet, denen sie Codewörter zurufen. Der eigentliche Empfänger ist nicht mehr der normale, intelligente, aufgeschlossene, aber nur bedingt informierte Leser, sondern die Kollegen, Politiker, Künstler oder Wirtschaftsführer.«

So deutlich hat das bislang keiner der führenden Medienleute gesagt. Es steht freilich nicht zu hoffen, dass daraus eine Erkenntnis erwächst. Nach wie vor, und in diesem Wahljahr besonders, gilt der Titel »Die Herrschaft der Lüge«, ein Buches des 2006 verstorbenen französischen Philosophen und Journalisten Jean-François Revel, das auf Französisch den kaum weniger dramatischen Titel »La Connaissance inutile« (Das nutzlose Wissen) trägt. Der deutsche Untertitel macht deutlich, worum es geht: »Wie Medien und Politiker die Öffentlichkeit manipulieren.« Revel fällt gleich mit der Tür ins Haus und beginnt seine Philippika mit dem Satz »Die allererste aller Kräfte, die die Welt regieren, ist die Lüge.« Nun weiß man allerdings (oder glaubt zu wissen), dass jeder Mensch ungefähr 200 Mal am Tag lügt. Da liegt es natürlich nahe, dass in Politik und Presse ebenfalls gelogen wird. Jeden Tag, bei jeder »Informationssendung« der Öffentlich-rechtlichen wird dem aufmerksamen Hörer bzw. Zuschauer bewusst, dass es mehr »Politikberater« (so Döpfner) sind als Journalisten, die für ihre (parteipolitische) Klientel aus der Information einen Kommentar machen. Verständlich, wissen sie doch, dass in den Gremien Politiker sitzen, die mit der Stoppuhr über die Karriere entscheiden.

Und wehe, es würde sich einer erlauben, einen Politiker live bei einer Unwahrheit zu ertappen. Das fatale Wort »Lügenpresse« ist halt leider nicht aus dem blauen Himmel gefallen, es wird fast täglich bestätigt, zumindest dahingehend, dass vorzugsweise mit Halbwahrheiten gearbeitet wird. Aber der Volksmund weiß: Eine halbe Wahrheit ist eine ganze Lüge. Nennen wir es also »Lückenpresse«, was uns da täglich an »Informationen« um die Ohren gehauen wird. Nur eine Kleinigkeit, aber typisch: Da gönnen sich die Abgeordneten des Landtags von Baden-Württemberg mehr Geld – gegen die Stimmen der AfD. In der überregional erscheinenden Zeitung »Stuttgarter Nachrichten« liest man freilich von einer Einigung »aller vier Fraktionen im Landtag« – die fünfte musste, weil nicht genehm, unter den Tisch fallen. Lügenpresse – Lückenpresse?

Wie Journalismus in Deutschland funktioniert, darüber gibt ein Buch (»Die Getriebenen«) des »*Welt*«-Kollegen Robin Alexander Auskunft, der die fatale Grenzöffnung von 2015 und das törichte Wort der Kanzlerin »Wir schaffen das« untersucht hat. Frau Merkel hatte sich aus Angst vor unschönen Fernsehbildern, die eventuell bei der Abweisung von »Flüchtlingen« entstanden wären, derart verrannt, dass sie entgegen Recht und Gesetz die totale Öffnung der Grenze anordnete: »Nun musste geschafft werden, was eigentlich nicht zu schaffen ist, und es wurde hierfür eine beispiellose Rechtfertigungskampagne in Gang gesetzt, die um so irrationaler wurde, je weniger sie sachlich begründet war«, schreibt Klaus-Rüdiger Mai im »*cicero*«, und er folgert: »Journalisten verlernten das kritische Nachfragen, weil sie nicht mehr nur berichten wollten, sondern sich in den Dienst eines »aktiven Journalismus« stellten.

Aktiver Journalismus, wie es sich dann zeigte, bedeutet, dass man nur darüber berichtete, was der moralischen Überhöhung der offenen Grenzen und der Willkommenskultur diente, dass man sich nicht scheute, von der Meinungsmache zur Nachrichtenmache überzugehen. Wer die DDR noch erlebt hatte, dem kamen bald schon öffentlich-rechtliche Nachrichtensendungen wie Tagesschau und Heute, Magazine wie Tagesthemen und Heute Journal als eine Wiederkunft der Aktuellen Kamera und Claus Kleber als verjüngter und smarter Karl Eduard von Schnitzler vor.«

Was sagt uns dies alles? Orwell und Revel stehen für die vielen anderen, die in der gegenwärtigen Situation verzweifelt sind, weil sie in zunehmendem Maße die grundgesetzlich verbriefte Meinungsfreiheit schwinden sehen. In den sozialen Medien riskiert heute schon Sanktionen, wer die Flüchtlingsströme, die sich aus dem Nahen und Mittleren Osten und Teilen Afrikas nach Europa, vornehmlich nach Deutschland, ergießen und den Charakter einer Völkerwanderung angenommen haben, nicht politisch korrekt beschreibt. Politiker und Presse verkauften uns dieses Problem wochenlang als Hilfe für Flüchtlinge, Samariterdienste für Schutzbefohlene und wurden noch nicht einmal rot dabei. Kaum einer wagte zu sagen, dass hier »das Proletariat von morgen« (Henryk M. Broder) einwandert. (Naja, Broder darf das!!!)

Hatte doch schon Napoleon I. festgestellt: »Es gibt kein gutmütigeres, aber auch kein leichtgläubigeres Volk als das deutsche. Keine Lüge kann grob genug ersonnen werden, die Deutschen glauben sie.« Dazu passt, was Revel über die Presse schreibt: »Sieht man nicht, dass die Journale, Magazine und Diskussionen im Fernsehen oder die Pressekampagnen, die angeblich tiefschürfend und scharfsinnig sind, sich ohne Ausnahme durch einen Informationsgehalt auszeichnen, dessen Armut nur durch seine Fehlerhaftigkeit übertroffen wird?« Dies zur »Lügenpresse« oder »Lückenpresse« – und wer auf den Artikel 5 der Grundgesetzes baut, der baut in Zeiten einer Angela Merkel und Heiko Maas auf Sand. Festzuhalten bleibt: Alles, was die Bundesregierung erfindet, von »Hate Speech« bis

»Fake News«, sind regierungsamtliche Hate Speeches im Kampf gegen die Meinungsfreiheit.

Wenn Verleger derzeit über den allgemeinen Niedergang der Zeitungen und Zeitschriften klagen, sollten sie sich einmal fragen, woher dieser Zustand – der ja keine einzelne Zeitung betrifft – woher diese allgemeine Unzufriedenheit kommt. Es wäre zu einfach, alles nur aufs internet zu schieben, es muss auch andere Gründe haben, dass sich die Leser von den etablierten Druckerzeugnissen – sie Zeitungen zu nennen fällt zunehmend schwer – so deutlich abwenden. Michael Paulwitz ist der Sache in der *»Jungen Freiheit«* auf den Grund gegangen: »Die Zeiten sind vorbei, da einem Gerhard Schröder ‚Bild, BamS und Glotze' zum Regieren reichten, weil ein exklusiver Zirkel etablierter Medien sich als Torwächter und Filterinstanz fühlen konnte, der darüber entschied, was in den Augen der Öffentlichkeit stattfindet und was nicht. Internet und soziale Medien haben die Mauern zwischen den Toren eingerissen, die die selbsternannten »Qualitätsmedien« weiter gern bewachen möchten. Die vermeintliche Medienkrise ist in Wahrheit eine Krise des bevormundenden Gouvernantenjournalismus.« Über das eingespielte Zusammenwirken von Macht und Medien spottet der ehemalige Chefredakteur der *»Wirtschaftswoche«* Roland Tichy in seinem blog »Tichys Einblick« dass die klassischen Medien geradezu unterwürfig regierungsnah sind, bereit, die offizielle Lesart der Regierung Merkel an die Leser zu bringen wie ein gelehriger Pudel das Stöckchen. »So spottet Markus Somm, ‚Chefredaktor' der *»Basler Zeitung«*, über seine deutschen Kollegen nach dem Terroranschlag von Berlin: ‚Rasch sprachen Kritiker von der rechten AfD von ‚Merkels Toten', was besonders die Journalisten sogleich als überzogene Verunglimpfung zurückwiesen, ohne dass Merkel sich auch nur eine Sekunde zu wehren brauchte. So haben Politiker die Presse gern.«

Für ein überwiegend linksgestricktes Pressekorps, in dem so mancher gerade deshalb zum Journalismus kam, weil der Beruf dem linken Drang zur Volkspädagogik, zur Weltverbesserung und

zur ideologischen Korrektur der Realität besonders entgegen-
kommt, ist das schwer einzusehen: Wenn alle das selbe schreiben
und meinen, Fakten und Interpretation kaum noch auseinander-
halten können und wer mehr auf das Urteil der Zunftkollegen als
auf das achtet, was die Leser interessiert und umtreibt, der wird irgendwann schlicht ignoriert. Die bis zu zweistelligen Auflageverl-
luste von *Stern* und Springer-Medien, deren Flaggschiff »*Bild*« gerade wieder einmal 200.000 Leser in nur einem Vierteljahr verloren
hat, sind die Quittung, wenn man mit »Refugees welcome«-Kam-
pagnen und devotem Kanzlerinnen-Dauerjubel beharrlich und
verbohrt am Publikum vorbei schreibt. Es ist eine köstliche Parallele sich zu erinnern, was William S. Schlamm im März 1974 über
die Presse geschrieben hat, die Willy Brandt bis zu seinem Sturz angebetet hatte: »Willy Brandt, dem sie vier Jahre lang hinten hinein-
gekrochen sind. Nun, da sie heraus will, sieht die Journaille nicht
eben appetitlich aus.« Wir dürfen sicher sein, Gleiches wird sich
auch beim Sturz von Angela Merkel abspielen.

Wie weit in Europa das Orwellsche Neusprech bereits Einzug
gehalten hat, konnten aufmerksame Leser der Zeitungen bereits
Anfang des Jahres 2013 erkennen: Da sahen Berater der EU-Kommission die Pressefreiheit in Europa in Gefahr – und schlugen eine
stärkere Überwachung durch den Staat vor. Nur Medien, die sich
als gefügig erwiesen hatten, sollten auch finanziell unterstützt werden, um, wie es heißt, Pluralität und Qualität zu stärken. Die Europäische Grundrechteagentur solle die Pressefreiheit und Meinungs-
vielfalt in den Mitgliedstaaten der EU kontrollieren, das EU-
Parlament könne dann Empfehlungen über geeignete Maßnahmen
treffen, heißt es in dem Bericht, den die damals für »digitale Fragen« zuständige Kommissarin Neelie Kroes in Auftrag gegeben hatte. Eine andere Möglichkeit sei, dass die EU dafür eine »unabhän-
gige Beobachtungsstelle« aus Wissenschaftlern einrichte. Außerdem
müssten nationale Behörden und die Kommission bei Wettbe-
werbsentscheidungen stärker auf Pluralismus achten, vor allem in
den Onlinemedien. Dass mittels des Internets jedermann Informa-

tionen verbreiten kann, soll also verhindert werden, sämtliche Medien sollen einen Verhaltenskodex und ihre redaktionellen Richtlinien veröffentlichen müssen. Wer einigermaßen logisch denkt und zwischen den Zeilen lesen kann, der merkt: Das Wort »Empfehlungen« ist in Wirklichkeit ein Synonym für Gesinnungsschnüffelei, für die Überwachung des Bürgers mit Stasi-Methoden, weil die EU-rokraten dem freien Bürger mit demokratischen Mitteln nicht mehr Herr werden. Seither hat sich das Überwachungs- und Denunziantentum nochmals deutlich verschlimmert.

Wer damals gemeint hätte, das Ganze sei ein Aprilscherz, dürfte sich getäuscht haben, die EU-Apparatschiks meinen es todernst. In diesem Europa, in dem auch die Bürokraten das Scheitern kaum noch verheimlichen können, muss jede kritische Stimme unterbunden werden, koste es, was es wolle, auch die Reputation. Inzwischen spielt es schon gar keine Rolle mehr, dass sich die EU immer mehr einer totalitären Macht nähert: »Beobachtungsstelle«, »Verhaltenskodex« – das alles kommt uns aus den diversen Diktaturen doch sehr bekannt vor, Orwell lässt grüßen! Und der hatte das Phänomen ja selbst erfahren, als seine wunderbare Tierfabel »Animal Farm«, die den orthodoxen Kommunismus beschrieb, 1945 von vier (!) englischen Verlagen abgelehnt wurde, weil sie befürchteten, Ärger mit dem Verbündeten Sowjetunion zu bekommen. In einem Artikel »The Freedom of the Press« beklagte Orwell, dass in England die Zensur weitgehend freiwillig ausgeübt werde, um unbequeme Ideen totzuschweigen. Wir erleben Vergleichbares in unseren Tagen: Kritische Stimmen zur EU und zum Euro werden weitgehend totgeschwiegen – Schopenhauer nennt diese Methode das »wirksamste und feigste Mittel«, um sich unliebsamer Meinungen zu erwehren.

Auf der gleichen Ebene liegt das »alternativlos«, mit dem sich besonders die deutsche Kanzlerin gefällt. Aber auch von anderen Entscheidungsträgern hören wir das »alternativlos«. Haben die Herrschaften noch nicht bemerkt, dass sie damit ein Denkverbot aussprechen, ebenso mit dem immer wieder gebrauchten »Sachzwang«, der jedem politischen Gegner die Rolle des Ignoranten aufzwingen will – ein Dummkopf, der nicht begreift, welche Notwendigkeit hinter dieser oder jener Entscheidung steckt?! In Wirklichkeit handelt es sich nicht selten um ideologische Forderungen, mit denen Analysen ausgeschaltet, mit denen politische Gegner schachmatt gesetzt werden sollen. Ein für unsere Demokratie bezeichnender Fall ist die Wahl des Partei-Apparatschiks Steinmeier zum Bundespräsidenten. »*cicero*« analysierte: »Mit seiner Wahl wollte das politische Berlin sich selbst Kontinuität und Stabilität beweisen. Man versucht so, die Zeiten fortleben zu lassen, in denen Politik aus alternativlosen Konsensschleifen bestand und niemand ernsthaft die demokratische Friedhofsruhe der Republik störte… Die große Politik hat verlernt, mit politischen Wettbewerbern auf demokratische Art und Weise umzugehen. Sie reagiert mit panischen, paranoiden und unappetitlichen Diffamierungen und versucht, politische Widersacher zu dämonisieren, an den Rand zu drängen und Menschen daran zu hindern, deren Ideen und Standpunkte selbst zu überdenken. Somit verschärft sie das Problem der wachsenden Bürgerferne.«

Was da von den Politikern als »alternativlos« angepriesen wird, gerät in der linken Publizistik schnell auf den Altar der Heiligkeit – und von da wieder zurück in die Politik nach dem Motto: Die Medien sagen das ja auch. Wer sich ein wenig kritisch mit eben diesen Medien auseinandersetzt, stellt schnell fest, dass es da ein Ping-Pong-Spiel gibt, ein kleinkariertes Nachplappern dessen, was man im Freundes- und Kollegenkreis aufgeschnappt hat. Es sei nochmals Martin Walser zitiert, der dies in gleicher Weise beobachtete: »Es besteht die Gefahr, dass unser Gespräch gar nicht mehr Gespräch ist, sondern nur ein Echo dessen, was uns ein- und aufgeredet worden ist.« Der Chefredakteur der »*Zeit*« di Lorenzo beklagt ebenfalls, dass im Diskurs über die Flüchtlingsfrage auch die Fähigkeit zur Differenzierung verkümmert ist: »Ohne Not haben wir uns wieder dem Verdacht ausgesetzt, wir würden mit den Mächtigen unter einer Decke stecken, wir würden so uniform berichten, als seien wir gesteuert; wir würden die Sorgen und Ängste der Menschen ignorieren, die nicht selbst zur Flüchtlingshilfe oder zur politischen Klasse gehören.« Ja, Herr Kollege, diesen Verdacht haben die deutschen Medien nun über Jahre hinweg bestätigt, und die daraus resultierenden Auflagenverluste sprechen eine deutliche Sprache.

Und da sich eine Mehrheit der Journalisten dem (angeblich) fortschrittlichen Lager verpflichtet fühlt (lt. einer neuen Studie des Allensbach-Instituts ordnen sich 72 Prozent der Journalisten bei rot und grün ein), wird abgekupfert, was das Zeug hält. Noelle-Neumann: »Journalisten orientieren sich aneinander und verfallen in Schweigen, wenn sie merken, dass die Mehrheit der Kollegen anderer Meinung ist – und damit ist der Meinungstenor da (man könnte es auch drastisch ausdrücken: ein Meinungsterror, Anm. d. Verf.) mit der entsprechend starken Wirkung auf Politiker, aber auch auf die Bevölkerung als Ganzes …Was Sie heute in den Köpfen der Menschen vorfinden, ist oft gar nicht mehr die Realität, sondern eine von den Medien konstruierte, hergestellte Wirklichkeit.« Der Philosoph Hermann Lübbe sprach schon vor rund 30 Jahren vom »Triumph der Gesinnung über die Urteilskraft« beklagte den »Verstoß gegen die Regeln des gemeinen Rechts und des moralischen Common sense unter Berufung auf das höhere Recht der eigenen, nach ideologischen Maßstäben moralisch besseren Sache«. Die Selbstermächtigung der blasierten Snobs ist inzwischen weiter gegangen, ist zum Markenzeichen von kleinkarierten Eiferern in den Redaktionsstuben verkommen. Die Revoluzzer des 68er Aufstandes, die damals (angeblich) für Meinungsfreiheit, für Toleranz und gegenseitigen Respekt stritten, sind heute – da sie an der Macht sind – die Vertreter von Zensur, von Intoleranz, von Hass auf Andersdenkende. Ihre geistigen (geistlosen) Nachfolger bei den Grünen, der Neo-Linken, der Antifa, ja sogar bei der SPD beweisen, dass sie das Potential haben, zu Meinungsdespoten und autoritären Ideologen. Hunderte Millionen von Euro werden ausgegeben, um die Bevölkerung mittels Kampagnen, Zensur und Einschüchterung auf Linie zu halten. Egal ob feministische Familienpolitik oder erzwungener Internationalismus: Widerspruch ist nicht erwünscht.

Es ist schon fast eine Satire wert, dass die »rot-grün versifften« (Akif Pirinçci) Eliten heute, mehr als 70 Jahre nach dem Ende des Dritten Reiches, in fanatischer Weise gegen Hitler kämpfen, als ob der heute vor dem Bundeskanzleramt stünde. Ihre hysterische Fixierung auf die NS-Zeit ist eine pathologische Obsession, die sie mit dem Gefühl ausstattet, zu dem Guten im Lande zu gehören. Zwangsneurotikern gleich sehen sie hinter jedem Verkehrsschild, hinter jedem Werbeplakat und natürlich hinter jeder Aussage der AfD »Nazi«. In Wirklichkeit sind diese Typen (zumindest die Einpeitscher, das Fußvolk der nützlichen Idioten dient nur der Propaganda) hoffnungslose Reaktionäre. Sie sind 70 Jahre zurückgeblieben und kleben trotzdem an den Schaltstellen der Macht, in Politik und Medien.

Hinzu kommt ein zweiter Aspekt. Der Bericht der »Forschungsgruppe zu Propaganda in Schweizer Medien« hat vor allem die Rolle von global agierenden Nachrichtenagenturen (man kann auch sagen: Nachrichtenportalatrappen) in Hinblick auf ihre Berichterstattung untersucht. Als Beispiel wurde etwa die Syrien-Berichterstattung in Deutschland, Österreich und der Schweiz herangezogen. Fazit: Der größte Teil der internationalen Nachrichten in all unseren Medien stammt von nur drei globalen Nachrichtenagenturen.

Da zum Beispiel die deutschen Nachrichtenagenturen über keinerlei nennenswerte Auslandskorrespondenz verfügten, würden diese Nachrichten einfach von den Großagenturen kopiert. Wie der Fall der Syrien-Berichterstattung in der Studie belegt, stehen hinter den Meldungen der globalen Nachrichtenagenturen aber durchwegs Interessen westlicher Regierungen und Geheimdienste. Bei diesen Berichten wird die Einflussnahme der westlichen Regierungen auf die Massenmedien besonders deutlich. 82 Prozent der Artikel, Kommentare und Berichte sind USA, EU beziehungsweise NATO-freundlich geschrieben. Auf der anderen Seite orten Zeitungen und Fernsehstationen sogenannte »Propaganda« immer auf der

Gegenseite und nicht in den eigenen Reihen. Die Studie führt weiter aus, dass Geheimdienste über zahlreiche direkte Kontakte in die Medien verfügen und jenen bei Bedarf gezielt »Informationen« zuspielen. In den Medien ist dann später häufig zu lesen, die Informationen seien aus »Militär- oder Regierungskreisen«. Der Effekt dahinter soll einzig und alleine der weltweit synchronisierten Verbreitung von Propaganda und Desinformation über die Agenturen dienen. Wundern Sie sich also künftig nicht mehr, wenn in verschiedenen Zeitungen fast wörtlich die gleichen »Fakten« zu lesen sind, bis hin zur kleinsten Regionalzeitung serviert man ihnen in der »gleichgeschalteten Presse« (Günter Grass) gleichgeschalteten Einheitsbrei.

Wobei zum Thema »Lügenpresse« hinzuzufügen ist: Noch schamloser als die gedruckten Medien sind die elektronischen, ARD und ZDF sowie die Regionalsender. Agitatorisch, propagandistisch und desinformativ – so die wesentlichen Vorwürfe. Volker Bräutigam, ein ehemaliger mehrjähriger »Tagesschau«-Redakteur, prangert seit Jahren diese Mißstände beim öffentlich-rechtlichen Rundfunk an. Noch als aktiver Tagesschau-Redakteur analysierte Bräutigam Strukturen und Arbeitsweisen der Tagesschau-Redaktion. Er kam zu dem Schluss, dass die Tagesschau das bringe, »was unsere politischen Zustände bestätigt und verfestigt und was die von den öffentlichen Medien gesteuerten Massen angeblich hören und sehen wollen«. Aufmerksame Zuschauer können Belege für solche Vorbehalte tagtäglich feststellen. Es hat oft den Charakter von Kampagnen-Journalismus, den jeder anständige Redakteur eigentlich als Angriff auf seine Berufsehre zurückweisen müsste, lässt sich aber eindeutig beweisen, ob Trump-Wahl oder Brexit, ob AfD oder Euro-Rettung, die GEZ-Sender missbrauchen das Geld ihrer Kunden auf schamlose Weise. Dabei behauptet die ARD ganz ungeniert, die Ausgewogenheit sei ihre oberste Maxime, der sie sich verpflichtet fühle: »Dazu gehören das Gebot einer fairen und unabhängigen Berichterstattung und die Verpflichtung zur Überparteilichkeit. Die Abbildung verschiedener Meinungen im Programm soll insgesamt ausgewogen sein. Diese Vorgaben gelten in besonderem Maße für Nachrichten oder politische Sendungen.« Wähler der AfD zum Beispiel können über so viel Chuzpe nur lachen. Verständlich die Verzweiflung vieler Bürger, die zu dem Schluss kommen: Was auch immer die Parteien uns erzählen, die Inhalte sind egal, die Medien entscheiden die Wahl, wir sind Zuschauer in einem Politzirkus, der an Peinlichkeit nicht zu übertreffen ist.

Inzwischen gibt es eine ganze Reihe von Büchern, die belegen, dass der Begriff »Lügenpresse« seine Berechtigung hat. Ein Autor zeigt auf, dass die Massenmedien mehrheitlich »mittels Falschinformation und aggressiver Intoleranz« die bestehenden gesellschaftlichen Missverhältnisse rechtfertigen, sie fördern und verschärfen. Dabei würden die Medien zu »Falschmünzern im Interesse jener Eliten, die unbegrenzt Reichtümer anhäufen und mittlerweile unbeschränkt Macht ausüben. Und dies ohne jede demokratische Legitimation.« Und der Kollege Markus Gärtner schreibt: »Bei den Recherchen für das vorliegende Buch bin ich auf so viel Dämlichkeit, ausgemachte Lügen, Agitation, Hetze, Verlogenheit, Selbstzensur und einseitige Nachrichten gestoßen, dass ich jeden erzürnten Leser und Zuschauer sofort verstehen kann, wenn er die herrschenden Medien angewidert mit dem Vorwurf Lügenpresse konfrontiert.« Sogar Institutionen, die sich sonst gerne der Medien bedienen, sind fassungslos über den tiefen Fall des Mainstream-Journalismus, wie das folgende Zitat (Einladungstext von »Ver.di Bayern«) zeigt. »Die Medien befinden sich in einer tiefen Vertrauenskrise. Im Zuge der Ukraine-Krise hat sich dies weiter verstärkt. Nach einer Umfrage des Medienmagazins *Zapp* vertrauen 69 Prozent der Menschen den Medien »gar nicht« bis »wenig«. Es sind also nicht nur die Pegida-Anhänger, die »Lügenpresse« rufen. In weiten Teilen der Bevölkerung herrscht eine Unsicherheit, ob den Medien noch zu trauen ist.«

Auch wenn das Wort »Lügenpresse« zum Teil ein wenig pauschal sein mag, der Journalist Prof. Dr. Ulrich Teusch hat in seinem Buch »Lückenpresse – Das Ende des Journalismus, wie wir ihn kannten« feststellt, die »Mainstreammedien« unterdrücken bewusst (!) Informationen, sie berichten einseitig und messen mit zweierlei Maß. Teusch ist immerhin Träger des Roman-Herzog-Medienpreises, also kein Laie, kein Ignorant. Und wenn sogar ein dem Mainstream verpflichteter Kollege wie Ulrich Wickert die »völlig uninformierten Journalisten«, kritisiert, die da »planlos durch das politische Berlin stolpern«, wenn sogar er die »politisch korrekten Sprachregelungen mit den zahlreichen Tabus« anprangert und schließlich zu dem ernüchternden Schluss kommt: »Von wegen Gedankenfreiheit!« – dann muss einem das schon zu denken geben. Vor dem Fernseher sitzend, leben wir fast täglich in einer Parallelwelt, in der uns nahezu ausschließlich schutzsuchende Flüchtlingsfamilien geboten werden, große Kinderaugen und liebenswerte Mütter, wo in Wahrheit – und das weiß doch auch jeder – mehrheitlich junge gewaltbereite Männer ohne Anspruch auf Asyl ins Land strömten. Berechtigte Ängste, es seien auch Kriminelle und Terroristen unter den Migranten, werden relativiert, weggewischt, als Rassismus diffamiert oder schlichtweg unterdrückt. Wieder wird man an Günter Grass und das böse Wort von den »gleichgeschalteten Medien« erinnert.

Die Gleichschaltung der Medien erleben wir auch durch den eifernd-geifernden Hang der Journalisten (und anderer) zur politische Korrektheit, pc. »Die politische Korrektheit«, schreibt Jörg Schönbohm, einst General, später Innensenator in Berlin und Innenminister in Brandenburg, »hat sich zu einer Art Diktatur in unserer Gesellschaft entwickelt. Wer ihre Vormachtstellung und damit ihre Deutungshoheit infrage stellt, mit dem wird kurzer Prozess gemacht – sollte er nicht bereits durch den politisch korrekten Lynchmob medial aufgeknüpft worden sein. Die obligatorische Empörungsarie fungiert mittlerweile als allmächtige rhetorische Allzweckwaffe, die sich als besonders geeignet erwiesen hat, unsere Sprache, unser Denken und unser Gewissen zu kontrollieren und in die ‚richtigen‘ Bahnen zu lenken.« Hinzuzufügen ist, dass das »Neusprech« dazu dient, dem herrschenden System widersprechende Wörter auszumerzen, so dass abweichendes Denken aufgrund fehlender sprachlicher Voraussetzungen unmöglich wird – genau dies ist ja das System bei Orwells Roman »1984«. Fazit: Ganz soweit sind wir derzeit noch nicht, aber auf dem besten, nein, auf dem schlechtesten Wege dahin.

»Eine zynische, geldgierige, demagogische und korrupte Presse wird im Laufe der Zeit eine Gesellschaft hervorbringen, die ebenso niederträchtig ist wie sie selbst.« (Joseph Pulitzer – Erkenntnis, eingemeißelt in der School of Journalism der Columbia University). Oder, wie ein Leser des »*cicero*« schrieb: »Ich habe den starken Eindruck, dass sich die Medien schützend vor die ‚Ikone' Merkel stellen und so eine ‚heile Welt im Sinne der ‚Truman Show' inszenieren, verbreiten und aufrechterhalten. Die Inszenierung der ‚edlen', fast schon sakralen, Bundeskanzlerin gegenüber dem Schmutz der profanen, kleinlichen Politiker ist schon sehr grotesk.«

Der ehemalige Sprecher der Landesregierung von Baden-Württemberg, Manfred Zach, hat dieses Phänomen in einem Buch mit dem bezeichnenden Titel: »Die manipulierte Öffentlichkeit« wie folgt beschrieben: »Presse, Rundfunk und Fernsehen formen unser Weltbild, in dem sie es erschaffen. Wir leben in einer Medienwelt, die wir für Realität halten. In Wahrheit ist sie nicht realer als das Pappszenario, das der russische Fürst Grigorij Potemkin im 18. Jahrhundert auf der Krim errichten ließ, um seiner Zarin Katharina II. den Wohlstand blühender Dörfer vorzugaukeln. Der Mensch des Informationszeitalters sieht, hört und liest mit fremden Sinnesorganen. Tausende von Journalisten in Nachrichten-Agenturen, Zeitungsredaktionen, Fernseh- und Rundfunkanstalten konstruieren für ihn jeden Tag eine neue Wirklichkeit. Nur was die anonymen Medienmacher für wichtig, erfreulich, bedenklich oder skurril halten, findet statt. Themen, die sie ‚hochziehen', verändern das Bewusstsein. Meinungen, die sie suggerieren, Ängste, die sie schüren, lenken das politische Geschehen. Medienmacht ist im Kern die oligarchische Herrschaft einer berufsständisch privilegierten Klasse.«

Ausblick

Wie kann, wie soll es weiter gehen mit Deutschland, mit Europa? Nachdem nun auch in zunehmendem Maße sogar Diejenigen Zweifel an der Ikone Merkel anmelden, die bisher keinerlei Einsicht gezeigt hatten, sind vor allem zwei Fragen zu beantworten: Wird die Zukunft das soziale Gefüge sprengen, das die Systemparteien dem Bürger aufgezwungen haben? Mit anderen Worten: Wird die Armut, in die der Euro schon jetzt einen Teil der Bevölkerung dieses Kontinents getrieben hat, sich noch weiter ausdehnen, wird Massenarmut das Kennzeichen der »Alternativlosen«, der Kanzlerin? Und die zweite Frage: Wenn es zu einer Massenarmut kommt, wie wird dann das »Friedensprojekt Europa« aussehen, werden die Menschen sich wirklich alles gefallen lassen, was da in einer späten Verwirklichung der Marx-These Realität wird, dass nämlich die Reichen immer reicher werden und die Armen immer ärmer?

Schon jetzt kann, was die erste Frage angeht, jeder Bürger an seinem Geldbeutel absehen, was uns der Euro gebracht hat. Der Sozialwissenschafter und Publizist Meinard Miegel meint dazu: »Die Fakten sind eindeutig. Von 2000 bis 2008 verzeichneten nur die obersten zehn Prozent der Bevölkerung Einkommenszuwächse. Die Einkommen der verbleibenden neunzig Prozent stagnierten hingegen oder gingen zurück. Aber neu ist diese Entwicklung nicht. Der Sozialwissenschafter Werner Sombart geißelte sie schon vor hundert Jahren. Damals waren die Unterschiede sogar größer als heute. Und noch größer waren sie in der Antike oder im Mittelalter. Aber diese historische Sicht kann keine Begründung dafür sein, die derzeitige Entwicklung auf sich beruhen zu lassen. Denn allzu große Einkommensunterschiede spalten eine Gesellschaft wie frierendes Wasser einen Felsen. Wer sich eines große materiellen Wohlstands erfreut, ist in besonderer Weise der Allgemeinheit verpflichtet. Entzieht er sich dieser Verpflichtung, handelt er nicht nur selbstsüchtig, sondern auch dumm. Und bei manchen Reichen frage ich mich schon, was ansonsten kluge Leute dazu bringt, so dumm zu sein? ...Was hat uns denn das in neuerer Zeit gebracht? Seit 1990 sind in Deutschland die Nettolöhne und -gehälter um 45 Prozent gestiegen und die Preise um 43 Prozent. Trotz aller Wachstums- und Konjunkturprogramme treten also die meisten auf der Stelle. Zugleich hat sich das Arbeitstempo beträchtlich erhöht und die Geldmenge vervielfacht. Und wozu das Ganze? Von materieller Wohlstandsmehrung kann weithin schon lange keine Rede mehr sein und von Wohlstandssicherung nur noch sehr bedingt. Schlimmer noch: Die Grundlagen des Wohlstands wurden durch unsere Art des Wirtschaftens empfindlich beschädigt.« Bleibt hinzufügen: Auch durch die ans kriminelle grenzende Politik der EZB.

Seit Jahren haben die Etablierten das gleiche Lügengebäude aufzubauen versucht, vom »wir schaffen das« der Kanzlerin über die Verharmlosung der Asylanten-Kriminalität bis hin zu der von den Medien im Stil einer kaputten Schallplatte abgeleierten »uns geht es ja sooo gut«. Und was die EU angeht: Griechenland, Portugal und Spanien seien ja fast saniert, können sich am Kapitalmarkt schon wieder bedienen, die Krise ist praktisch überwunden (was eigentlich nur beweist, wie phantasielos der Bürger immer wieder für dumm verkauft werden soll). In Wirklichkeit durchschaut eine zunehmende Zahl der Menschen jedoch die Hybris der etablierten Parteien, glaubt ihnen nicht mehr, hat aus den Erfahrungen der Krisenjahre und dem Sprechblasen-Gerede die Konsequenzen gezogen. Wenn über Jahre hinweg an einem Tag erzählt wird, dass die Krise vorbei sei und am nächsten Tag dann eingestanden werden muss, dass es eher noch schlimmer ist, wird auch der Gutwilligste hellhörig. Denn inzwischen weiß jeder: Nicht nur in den Krisenstaaten des europäischen Südens, auch in den wirtschaftlich (noch) stabilen Staaten im Norden sagt sich die Pleite an.

Auch die größten Bewunderer der zerfallenden EU müssen heute sehen: Es gibt keinen Grundkonsens (mehr), insbesondere die Finanz- und Wirtschaftspolitik hat zu tiefgreifendem Zerwürfnis geführt, in der Flüchtlingspolitik sind die Staaten unheilbar zerstritten. Kann sich irgendjemand vorstellen, dass diese Konflikte gelöst werden? Dass die EU einen demokratischen Ansatz findet, die unterschiedlichen Interessen zu planieren und die Spaltungsbestrebungen (die logischerweise immer stärker werden) nach dem Brexit einzufangen? Die Kluft zwischen Versprechen und Realität hat auch den letzten Zweifler erfasst, die Reformvorschläge rufen keine Begeisterung, sondern nur Mitleid hervor. Es zeigt sich nun endgültig und in aller Klarheit: Die zentrale Funktion der EU ist, deutsches Geld zu verteilen, statt von einem Gesundschrumpfen ist von »mehr Europa« die Rede, das heißt im Klartext: Noch mehr Murx. Und dies ist zu einem wesentlichen Teil die Schuld Deutschlands. Helmut Kohl hatte wohl recht, als er die Politik seines Ziehkindes Merkel mit den Worten beklagte: »Sie macht mir mein Europa kaputt.«

Angesichts des voraussehbaren Zerfalls der EU gibt es nur einen einzigen Weg in die Zukunft: Die Rückkehr zum Nationalstaat. In der Entstehungszeit der europäischen Gemeinschaft, zu Zeiten der Montanunion, haben souveräne Staaten mit großem Engagement zusammen gearbeitet, meist zum Vorteil aller Mitglieder. Erst als in Brüssel der EU-Moloch entstand, weil Wichtigtuer immer mehr Mitglieder wollten, war der Weg in den Abgrund vorgezeichnet. Mit Frau Merkel hat diese EU ein geradezu symbolhaftes Aushängeschild: Wo vorausschauendes Denken, langfristiges Planen, Mut und Entscheidungsstärke gefragt wären, bietet Deutschland – nichts!

Es ist wohl nur noch eine Frage der Zeit, bis auch der »kleine Mann« merkt, wie er an der Nase herumgeführt wird, wie er belogen und betrogen wird. Die politische Klasse lebt in einem Rausch, wie Drogenabhängige pumpen sie sich ständig (und bei jeder Krise wieder) voll von der Droge Fortschritt – aber wie bei jeder Abhängigkeit kann man davon ausgehen, dass das Erwachen um so dramatischer sein wird. Wenn die Schulden unübersehbar sein werden, weil die Druckmaschinen des Herrn Draghi neue Scheine nur noch mit vielen Nullen produzieren, was dann? Schon jetzt sinkt die Kaufkraft, die Vermögen verlieren an Wert. Der EZB-Chef ist ein Zins-Killer und Vermögensvernichter, der größte Enteigner Europas. Wenn die Banken ihre Schalter schließen müssen und das Volk auf die Barrikaden geht, dann wird man die Frage nach den Verantwortlichen stellen – und dann wird's keiner gewesen sein wollen. Abraham Lincoln hat schon vor rund 150 Jahren gewusst: »Einen Teil des Volkes kannst du die ganze Zeit täuschen und für eine kurze Zeit auch das ganze Volk. Aber das ganze Volk die ganze Zeit täuschen – das kannst du nicht.«

Doch die Versuche halten an. Die deutschen Medien, insbesondere ARD und ZDF, lassen keine Gelegenheit aus, das Volk zu täuschen und zu belügen. Statt die Welt verständlich zu beschreiben und Hintergründe für jegliches Denken und Handeln zu analysieren, ergeht sich der missionarische Aktivismus in volkspädagogischer Anmaßung nach dem Grundsatz: Jetzt zeigen wir euch mal, was ihr verliert, wenn ihr weiterhin so dämlich seid, euch von uns die Welt nicht mehr erklären zu lassen. In dieser Situation scheint die vor Jahren gegründete Partei »Alternative für Deutschland« ein Rettungsanker zu sein. Die AfD über sich selbst: »Deutschland braucht eine Partei, die sich konsequent der verantwortungslosen Politik dieser Kanzlerin und ihrer Bundesregierung entgegenstellt. Wir stehen als einzige ernstzunehmende Kraft für einen grundsätzlichen Politikwechsel in den für die Zukunft unseres Landes relevanten Fragen.« Die regierende »Elite« in ARD und ZDF dagegen sorgt sich um die Pfründe der SED-neu (CDU, CSU, SPD, Grüne, Linke, FDP), die dann natürlich auch die eigenen sind. Wehe dem Bürger oder – noch schlimmer – der Partei, die den Schwachsinn aufzeigt, die Korruption beklagt und eine Vernunftwerdung verlangt. In diesem Fall werden alle Register der Agitation und der Desinformation gezogen, um die andere Seite mundtot zu machen. Meinungsfreiheit? Nur drei Beispiele dafür, wie infam mit Fakten umgegangen wird, wenn es darum geht, die AfD zu diffamieren:

Da schwappte wochenlang die Empörungswelle hoch und höher: »AfD will auf Flüchtlinge schießen!« Wäre dies nur ansatzweise wahr, die Empörung wäre gerechtfertigt, die allseits geäußerte Abscheu wäre verständlich gewesen. Nur: Nichts davon ist wahr, die Medien haben wieder ein Meisterstück der Verlogenheit geliefert, die Lügenpresse hat wieder einmal bewiesen, dass dieser Begriff seine Berechtigung hat. Ein hysterischer Furor bestimmte die Nachrichtenlage.

Was also war geschehen? Die Vorsitzende der AfD, Frauke Petry, hatte im Rahmen eines Interviews mit dem »*Mannheimer Morgen*« für sichere Grenzen, im Zweifelfall auch für Zäune, plädiert und schließlich, auf wiederholte Nachfragen, wie folgt geantwortet:

Wie hoch sollen die Zäune sein?

Petry: Sie können es nicht lassen! (Gemeint ist der Versuch, sie aufs Glatteis zu führen, Anm.d.Red) Schauen Sie doch mal nach Spanien. Die haben auch hohe Zäune.

Was passiert, wenn ein Flüchtling über den Zaun klettert?

Petry: Dann muss die Polizei den Flüchtling daran hindern, dass er deutschen Boden betritt.

Und wenn er es trotzdem tut?

Petry: Sie wollen mich schon wieder in eine bestimmte Richtung treiben.

Noch mal: Wie soll ein Grenzpolizist in diesem Fall reagieren?

Petry: Er muss den illegalen Grenzübertritt verhindern, notfalls auch von der Schusswaffe Gebrauch machen. So steht es im Gesetz.

Es gibt in Deutschland ein Gesetz, das einen Schießbefehl an den Grenzen enthält?

Petry: Ich habe das Wort Schießbefehl nicht benutzt. Kein Polizist will auf einen Flüchtling schießen. Ich will das auch nicht. Aber zur Ultima Ratio gehört der Einsatz von Waffengewalt. Entscheidend ist, dass wir es so weit nicht kommen lassen und über Abkommen mit Österreich und Kontrollen an EU-Außengrenzen den Flüchtlingszustrom bremsen.

Soweit das Interview. Ausdrücklich hat Frauke Petry betont, dass es für sie nicht in Frage kommt, auf Flüchtlinge zu schießen.

Eine klare Aussage aber hilft in dieser Medien-Diktatur nichts, wenn dem Betroffenen das Wort im Mund verdreht werden soll. Und so überschlugen sich Politiker und Medien in der Hoffnung, auf diese Weise der AfD schaden zu können. Vize-Kanzler Gabriel, der sein Verhältnis zur Demokratie damit definiert, dass er rechte Opposition nur als »das Pack« bezeichnet, will die AfD durch den Verfassungsschutz beobachten lassen, die Gewerkschaft der Polizei (GdP) wies Petrys Äußerungen als »radikales und menschenverachtendes Gedankengut« zurück, die Fraktionsvorsitzende der Grünen im Bundestag, Katrin Göring-Eckardt, sagte, Petry offenbare »die hässliche Fratze der AfD«. Und die Tageszeitung »Die Welt« (hier zitiert für alle anderen) triumphierte: »AfD-Chefin Petry wegen Volksverhetzung angezeigt.«

Weder die Politiker noch die Hetzer in den Redaktionsstuben haben sich offenbar dafür interessiert, dass Frauke Petry nur auf die Gesetzeslage hingewiesen hat, die ganz eindeutig ist. Das **»Gesetz über den unmittelbaren Zwang bei Ausübung öffentlicher Gewalt durch Vollzugsbeamte des Bundes (UZwG)«** regelt im Paragraphen 11 den »Schusswaffengebrauch im Grenzdienst« wie folgt: »Die… genannten Vollzugsbeamten können im Grenzdienst Schußwaffen auch gegen Personen gebrauchen, die sich der wiederholten Weisung, zu halten oder die Überprüfung ihrer Person oder der etwa mitgeführten Beförderungsmittel und Gegenstände zu dulden, durch die Flucht zu entziehen versuchen. Ist anzunehmen, dass die mündliche Weisung nicht verstanden wird, so kann sie durch einen Warnschuss ersetzt werden.«

Soweit die Fakten. Aber die interessieren nicht, denn es geht nur darum, eine erfolgreiche Partei zum Staatsfeind zu erklären. Und die AfD hat mit ihrer Forderung, die Grenzen zu schützen, ein Thema besetzt, das immer mehr Menschen auf den Nägeln brennt. Denn andere Staaten zeigen, dass Grenzschutz nötig und möglich ist, sie tun dies zum Teil unter Einsatz des Militärs. Und weder Polizisten noch Soldaten tragen ihre Waffen nur zur Zierde. Ohne Zweifel war die damals offene Grenze in Deutschland ein

Verstoß gegen elementare Regeln des Rechtsstaates – dass diese Regierung, die reihenweise gegen Recht und Gesetz verstößt, dies nicht wahrhaben will, zeigt nur, wie verrottet die Politik in diesem Lande ist. Da ist dann auch kein Vergleich zu erbärmlich: Natürlich wurde in der Lügenpresse immer wieder betont, dass Petry aus Dresden kommt und im DDR-Unrechtsstaat ein Schießbefehl existierte. Vergleiche mit der DDR sind trotzdem angebracht: Die Verleumdung erinnert stark an die Verteufelung des »Klassenfeindes« der kommunistischen Medien im SED-Staat.

Ein zweites Beispiel: Da war in der früher einmal seriösen *FAZ* zu lesen: »Gauland beleidigt Boateng«. Die Frage, warum sollte der AfD-Vize den Fußballer beleidigen, stellte natürlich niemand – die Emotionen kochten hoch. Was war geschehen: Die *»Frankfurter Allgemeine Sonntagszeitung«* hatte mit Gauland ein Interview geführt und plötzlich von sich aus den Namen Boateng eingeführt – Gauland betont, dass er kein Fußball-Kenner sei. Dann hat er einen Satz gesagt, der von ihm auch gar nicht bestritten wird: »Die Leute finden ihn als Fußballspieler gut. Aber sie wollen einen Boateng nicht als Nachbarn haben.« Nun muss man wohl schon sehr bösartig sein (oder im Auftrag arbeiten), daraus eine Beleidigung Boatengs zu zimmern. In Wirklichkeit ist dieser Satz eine Aussage über Alltags-Rassismus, wie er in Deutschland durchaus vorkommen mag, nicht mehr. Dass die Kanzlerin sofort auf der Empörungswelle mitsurfte (»niederträchtig«) passt ins Bild einer Frau, die sich nie um Fakten schert, wenn es darum geht, ein Medien-Hype auszunutzen. Fazit: Der Beitrag der *FAZ* ist in der Tat ein niederträchtiges Stück Journalismus, ein Paradebeispiel für Agitprop.

Ein drittes Beispiel: Da hält der Thüringer Landesvorsitzende der AfD, Björn Höcke, eine Rede, in der er auch davon spricht, dass die deutsche Geschichte nicht nur die bewussten zwölf Jahre ausmacht und er fordert statt der andauernden Vergangenheitsbewältigung eine neue Erinnerungskultur. Der Gemützzustand der Deutschen, so Höcke, sei noch immer der eines total besiegten Volkes. Man sollte also meinen, er habe das Selbstverständlichste der

Welt gesagt. Nun musste sogar die Staatsanwaltschaft Rechtsstaat und Meinungsfreiheit gegen 91 aufgeregte Bürger verteidigen, die Strafanzeige wegen Volksverhetzung und der Verunglimpfung des Andenkens Verstorbener gestellt hatten. Die Justiz, die sonst schon mal gerne »Zeichen setzt«, was man sagen darf und was man besser nicht sagt, bestätigte hier, dass die Rede keine strafrechtliche Relevanz gehabt habe. Aber das nehmen die Journalisten nicht zur Kenntnis, Höcke wird weiter als »Rechtsextremist« und »Rassist« diffamiert. Leider hat sich auch der AfD-Bundesvorstand mehrheitlich ins Medien-Bockshorn jagen lassen und sich distanziert. In einer Rede stellt sich der AfD Vizechef Alexander Gauland jedoch hinter Björn Höcke: »Die Gründung der AfD war auch dem Wunsch breiter Bevölkerungskreise geschuldet, wieder frei sagen zu dürfen was man denkt, ohne stigmatisiert und sozial ausgegrenzt zu werden. Meinungsfreiheit, Meinungspluralismus und der Mut zur Wahrheit wurden daher zum Markenkern unserer AfD.« Kein Zweifel, dass der kluge amerikanisch-jüdische Journalist Walter Lippmann uns einen Gedanken hinterlassen hat, den jeder deutsche Politiker auswendig kennen müsste: »Erst wenn die Kriegspropaganda der Sieger Eingang in die Geschichtsbücher der Besiegten gefunden hat und von der nachfolgenden Generation auch geglaubt wird, kann die Umerziehung als wirklich gelungen angesehen werden.«

Im März 2017 wurde in den Niederlanden gewählt (zum Wahlergebnis siehe Seite 86). Die gesellschaftliche Entwicklung in diesem Lande sollte eine Warnung sein: Zwei Mal wurden Menschen auf offener Straße ermordet, weil sie vor dem Islam nicht in die Knie gegangen sind, beide Male wurden linksradikale Mörder zu Helden stilisiert, weil sie »Populisten« aus dem Weg geräumt hatten. Die Medien hatten jahrelang gehetzt, um die unliebsamen Warner zu Fall zu bringen, ihr Rufmord hatte schließlich Erfolg, der dann in aller Scheinheiligkeit betrauert wurde. Und bei uns? Nicht zum ersten Male muss Björn Höcke, müssen wohl auch andere AfD-Politiker Polizeischutz haben, weil linksradikale Antifas mit Anschlägen drohen. Und jene, die mit ihrer Hetze vom ministerialen Schreibtisch aus zu mörderischem Hass aufstacheln, werden – wenn es soweit ist – dann natürlich auch scheinheilig Betroffenheit heucheln, nein, das haben sie natürlich nicht gewollt...

Festzuhalten bleibt: Deutschland braucht eine Partei, die sich konsequent der verantwortungslosen Politik dieser Kanzlerin und ihrer Bundesregierung entgegenstellt. Die AfD spricht, als einzige ernstzunehmende Kraft, die Themen an, die für die Zukunft unseres Landes entscheidend sind: Asyl und Einwanderung, Islam und Identität, EU und Euro-Rettung, Schutz und Sicherheit der Bürger und Zukunft für unsere Kinder und Familien. Wer das Geschwurbel der Kanzlerin und ihres Gruselkabinetts hört, der weiß: All die Versprechen, die nun vor der Wahl mit hoch und heilig versehenen Garantien gegeben werden, halten nur bis zum Wahlabend. Franz Müntefering (SPD) hat dies auch ungeschminkt zugegeben: »Es ist unfair, einen Politiker an seinen Wahlversprechen zu messen.«

Was also hat das deutsche Volk zu erwarten? Von der Kanzlerin – nichts! Sie ersetzt den Begriff »das ganze Volk« durch die Formulierung »die, die schon länger da sind« (eine weltweit einmalige sprachliche, aber auch geistige Entgleisung eines Regierungschefs) und zeigt damit, dass ihr die ethnokulturelle Identität der europäischen Völker kein Begriff ist. Ihr fehlen die historischen Bezüge, vor allem aber auch die menschlichen Emotionen, um zu verstehen, dass andere Völker sich nicht durch törichte Formulierungen in Frage stellen lassen, um ihr auf dem Wege zu einem Schmelztiegel Europa zu folgen. Für sie kommt's auch gar nicht darauf an, völlig unfähige Politik-Darsteller in die erste Reihe zu schieben, wenn diese nur brav der vorgegebenen Linie folgen. Was Frau Merkel nie begreifen wird: Dem unverstellten kulturgeschichtlichen Blick zeigt sich, dass jedes Volk eine historisch gewachsene Kulturgemeinschaft bildet, in der die Menschen eine ganz spezifische seelische Grundhaltung zur Welt einnehmen und zu einer besonderen Art des gedanklichen, künstlerischen und religiösen Strebens hinneigen. Daraus resultiert der kulturelle Organismus, der Europa so einzigartig gemacht hat, der dazu führte, dass sich weltweit jegliche Kultur auf Europa bezieht.

Bei der nun kommenden Wahl ist mit dem Auftauchen einer neuen Volkspartei eine neue Gesamtlage entstanden. Viele Wähler, insbesondere junge, merken nun plötzlich, wie schwach das Führungspersonal der Altparteien, wie unglaubwürdig deren Programme, wie opportunistisch die Praxis derer geworden ist, die sich staatstragend nennen. Die immer weiter nach links rückende CDU wird sich überlegen müssen, ob sie mit ihrem Linkstrend weitere Wähler an die AfD verlieren will. Das »*Handelsblatt*« hat diese Entwicklung so beschrieben: »Die Wählerschaft und die Funktionärsriege der AfD sind Fleisch vom Fleische des deutschen Bürgertums. Es tummeln sich dort langjährige CDU- und FDP-Wähler, die sich der neuen Formation zuwenden, weil ihnen die CDU unter Angela Merkel einfach zu weit nach links gerückt ist.« Oder, wie es die »*Zeit*« kurz und bündig analysiert hat: »Hier ist eine Gruppierung entstanden, die den konservativen Teil der politischen Mitte repräsentiert, der sich sonst nirgends mehr vertreten sieht.« Über die Zukunft der AfD meinte die »*Junge Freiheit*«, sie hänge von der Anziehungskraft ab, die die Partei auf diejenigen gewinnt, die bisher abgewartet haben: »Jüngere Leute vor allem, die noch etwas vorhaben in ihrem Leben, gut ausgebildet und ehrgeizig, die nach Chancen und Möglichkeiten suchen, sich aber nie aus reinem Idealismus einer Sache verschreiben würden, dann um die Menge der fähigen Opportunisten und derjenigen, die eine feine Witterung dafür haben, ob sich ein Trend durchsetzt oder nicht.« Dämonisierung und Diffamierung, die bisher vorherrschenden Töne, werden auf Dauer jedenfalls nicht ausreichen, die AfD aus dem Bundestag fernzuhalten.

Und so werden die Etablierten weiter einen Wahlkampf lang gegen »Rechtspopulismus« kämpfen, sie werden von Freiheit sprechen und eigentlich Verbot meinen, Berufsverbote für alle jene, die sich nicht rechtzeitig angepasst haben. Um nur zwei Beispiele zu nennen: Die Bücher des Sozialdemokraten Thilo Sarrazin sind zwar nicht verboten, aber Lesungen verhindern die Antifa-Trupps, ermuntert von Regierungsseite. Um solche Veranstaltungen zu sprengen werden die Chaoten ebenfalls eingesetzt, wenn es darum geht, den Deutsch-Türken Akif Pirinci (dessen Buch, »*Deutschland von Sinnen*« den drohenden Totalitarismus beschreibt, der von den »Eliten« ausgeht) mundtot zu machen. Die Medien lassen sich instrumentalisieren (die willigen Helfer, man kann auch sagen: die nützlichen Idioten), sie werden mit den Geldern des Steuerzahlers für Desinformation benutzt, um das gewünschte Ergebnis zu erlangen. Zensur und die Einschränkung der Grundfreiheiten gehen dabei Hand in Hand. Ein durch Denunziation, Entrechtung und staatliche Maßnahmen geschürtes Angstklima (Razzien, Strafverfolgung, ökonomischer und emotionaler Druck) lässt widerspenstige Positionen verstummen und damit für die gutgläubigen Massen den fatalen Eindruck von Normalität entstehen. Ein intellektueller Lynch-Mob übernimmt die Macht.

Es wird der AfD wohl auch nichts nützen, sich zweimal täglich gegen »rechts« abzusetzen (siehe Fall Höcke), denn der politische Gegner nimmt das nicht zur Kenntnis, er sieht sich im Gegenteil in seinem Verleumdungsfeldzug bestätigt. Auch hier ein bezeichnendes Bild: Während sich die AfD immerzu und glaubhaft von rechtsextremen Kräften distanziert, findet eine Abgrenzung der gemäßigten Linken vom Linksextremismus so gut wie gar nicht statt. Man demonstriert gemeinsam »gegen den Kapitalismus«, man hetzt gemeinsam gegen Andersdenkende; von Schwarzem Block und der Antifa über vermeintliche »Rechtsextremismus-Experten« und politisch motivierte Journalisten bis hin zu Politikern der Altparteien heißt es, links ist gut und rechts ist böse. Das Jakobinertum unserer Tage kennt keine Gnade, wenn da einer als »Rechtspopulist« enttarnt worden ist.

Am Balkan waren OSZE-Wahlbeobachter unterwegs gewesen, um einen fairen Ablauf der Wahlen zu gewährleisten – in Deutschland (und anderen Staaten der EU) wäre es nun dringend notwendig, derartige Beobachter einzusetzen, sie müssten, soviel ist jetzt schon klar, ein desaströses Ergebnis vorlegen. Diese Wahlbeobachter müssten berichten, dass von Chancengleichheit keine Rede sein kann, dass die überwiegende Zahl der Medien, insbesondere ARD und ZDF, sich zu Büttel der etablierten Parteien degradiert haben, dass gegen »rechte« Gruppierungen ein Hass gesät wird, der jeden Demokraten erschrecken muss. Um so bemerkenswerter, dass die einzige wirkliche Oppositionspartei, die AfD, bisher durchgehalten hat, dass alle Versuche, sie zu spalten und damit auszuschalten, bisher fehlgeschlagen sind. Dabei haben hier wie kaum irgendwo anders die Demagogen alle Register der Diffamierung gezogen, die Faschismuskeule ausgepackt, die Antifa-Truppen zur Jagd auf die bösen »Rechten« ermuntert und mit Verleumdungen (wie christlich, liebe CDU!) Politik zu machen versucht. Es wird spannend sein zu verfolgen, wie das Wahlergebnis zustande gekommen ist, ob erneut Unregelmäßigkeiten bei der Auszählung zu melden sein werden. Unsere Kanzlerin hat ja diverse Erfahrungen auf diesem Gebiet. In der DDR sagte man: Es ist nicht entscheidend, was gewählt wird, sondern wer auszählt.

Darum gilt es für den Normalbürger, darum zu kämpfen, dass Begriffe wie Vaterland, Muttersprache, Heimat, usw. nicht einer pseudo-fortschrittlichen Ideologie zum Opfer fallen, es gilt, eine grundlegende Erneuerung zu versuchen. Im Jahre 1982 hat Helmut Kohl in Deutschland eine »geistig-moralische Wende« angekündigt, woraus freilich nie etwas geworden ist. Eine solche Wende braucht Deutschland insbesondere in einer Zeit, in der sich schon bald (30, 40 Jahre sind für die Entwicklung der Völker wirklich ein »bald«) eine Mehrheit von Nicht-Europäern abzeichnet. Eine geistige, moralische, seelische, wirtschaftliche und soziale Erneuerung, in der Nation und Familie wieder die zentrale Idee menschlichen Zusammenlebens sind. In diesem Zusammenhang ist auch bedeutsam, dass die EU in ihrer Verfassung – heute Vertrag von Lissabon genannt – einen Bezug auf das Christentum vermeidet und damit das Wort Robert Schumans, einem der Väter des europäischen Gedankens, ignoriert: »Es wird entweder ein christliches, oder aber kein Europa geben«. Im Lissabon-Vertrag heißt es lediglich: »Schöpfend aus dem kulturellen, religiösen und humanistischen Erbe Europas.« Es sagt alles über die Feigheit der europäischen Politiker, dass sie – wohl wissend, dass Europa in seiner Gesamtheit auf der abendländischen Kultur des Christentums aufbaut – nicht den Mut fanden, das Christentum zu erwähnen – die Türkei könnte ja böse sein!!!

Es ist auch bezeichnend, dass im EU-Jahreskalender 2011 alle jüdischen, buddhistischen, hinduistischen und muslimischen Feiertage sowie die der Sikhs aufgeführt sind, nicht aber die christlichen – angeblich aus Versehen. Versehen?

Martin Schulz, Selbstbereicherer und Worthülsenproduzent, nun Kanzlerkandidat der SPD, hat im letzten Wahlkampf als Präsident des Europäischen Parlaments mehrfach öffentlich gefordert, dass alle Kreuze aus öffentlichen Räumen aller EU-Mitgliedstaaten verschwinden müssten, weil es in Europa »das Risiko einer sehr konservativen Bewegung zurück gebe, die im Sinne der Anti-Diskriminierung bekämpft werden müsse«. Nun weiß natürlich jedermann, dass Schulz kaum je einen zukunftweisenden Gedanken von sich gegeben hat, aber er hat damit immerhin belegt, dass diese EU ein sinnfreies Unternehmen ist – das wussten wir freilich schon vorher.

Die Neukonstruktion Europas war gewollt als eine Friedensunion. Die Schlüsselbegriffe der ersten Verträge wie Weltfriede, gemeinsames Schicksal, tatsächliche Verbundenheit mit anderen Völkern und neues Vertrauen waren zu der Zeit revolutionär und haben als politische Vision eine starke Dynamik ausgelöst. Die »Seele Europas« – ein Wort von Papst Johannes Paul II. – hatte ein christliches Fundament, ein verbindliches Ethos wurde gedacht als eine »Gesinnung«, wie Romano Guardini in der Nachkriegszeit bemerkte. Gibt es heute noch ein verbindliches Ethos in der EU? Was macht ihre Identität aus?

Die Vielfalt der europäischen Kulturen, ihr Eintreten für Frieden, Versöhnung und Wohlstand, für Freiheit, Demokratie und Beachtung der Menschenrechte waren eine große moralische Kraft für ein neues Europa, als nach dem Zweiten Weltkrieg Adenauer, de Gasperi und Schuman sich um die Zukunft Europa Gedanken gemacht haben.

Dass heute Figuren wie Schulz und Merkel diese Zukunft verspielen, ist die große Tragödie der europäischen Gegenwart. Politiker, die keinen Bezug haben zu Identität, zu Ethos, zu Gesinnung, die nur auf ihre Macht schauen, die die Geschichte des Abendlandes nicht zur Kenntnis nehmen (sofern sie sie überhaupt kennen), haben bewirkt, dass die EU – aber nicht nur die EU, sondern ganz Europa – in einer existentiellen Krise gelandet sind. Die Ideologen von rot und grün suchen ihr Heil in der Zerstörung des Hergebrachten, weil sie sich als fortschrittlich aufspielen, in Wirklichkeit sind sie kurzsichtig und provinziell. Der Fortschritt, das können sie nicht begreifen, liegt in der Nation, in der Heimat, im Vaterland. Das hat nichts zu tun mit übersteigertem Nationalismus.

Das Bekenntnis zur Heimat ist gerade das Gegenteil von Chauvinismus. Die abendländische Kultur erhalten zu wollen, das bedeutet das Eintreten für den Fortbestand Europas. Wenn dieses Europa scheitert, dann nur an der totalitären Ideologie der EU-Fanatiker, jener Herrschaften, die die Idee Europa entweder aus kurzfristigen Karrieregründen oder aber aus materiellen Interessen verantwortungslos verspielen.

Deren ständige Rettungsaktionen treiben die Völker in die Armut, lassen sie immer weiter abdriften vom Ideal der Demokratie und der Freiheit. Aber es gibt Licht am Ende des Tunnels: In ganz Europa gewinnen die Populisten – ich ersetze das Wort durch den Begriff Patrioten – und verweigern den Systemparteien die Gefolgschaft. Immer mehr Menschen erkennen, dass der Nationalstaat alternativlos (hier stimmt der Begriff endlich einmal), dass die politisch erwünschte Mitgestaltung der Bürger, die demokratische Meinungsbildung nur im Nationalstaat möglich ist. Das vereinte Europa kann deshalb nur in der Form des de Gaulleschen Begriffes »Europa der Vaterländer« zu einer zukunftweisenden Idee werden.

Machen wir uns nichts vor, lassen wir uns nichts vormachen: Die Nation kommt wieder, wer heute auf den Nationalstaat setzt, der setzt auf die Zukunft, die bornierten EU-Ideologen sind Reaktionäre, über die in wenigen Jahren die Geschichte hinweggegangen sein wird. Die historische Kraft der Nation wird Recht behalten, der Versuch des EU-Establishments, Internationalismus – also Einheitsbrei – als Fortschritt zu verkaufen, wird scheitern, ist eigentlich schon gescheitert. Die Nation als emotionale Heimat der Menschen abschaffen zu können, ist ein kläglicher Irrtum der selbsternannten Intellektuellen, denn die Herzen der Menschen schlagen österreichisch, französisch, britisch, deutsch usw., sie sollten wissen, dass Nation Wärme und Schutz bedeutet – gegenüber der Eiseskälte des zentralistischen Schmelztiegels »Vereinigte Staaten«.